ミネルヴァ日本評伝選

大僚を動かして、自己の意見を貫けり

井上毅

大石眞著

ミネルヴァ書房

刊行の趣意

「学問は歴史に極まり候ことに候」とは、先哲荻生徂徠のことばである。

歴史のなかにこそ人間の智恵は宿されている。人間の愚かさもそこにはあらわだ。この歴史を探り、歴史に学んでこそ、人間はようやくみずからの正体を知り、いくらかは賢くなることができる。新しい勇気を得て未来に向かうことができる。徂徠はそう言いたかったのだろう。

「ミネルヴァ日本評伝選」は、私たちの直接の先人について、この人間知を学びなおそうという試みである。日本列島の過去に生きた人々の言行を、深く、くわしく探って、そこに現代への批判を聴きとろうとする試みである。日本人ばかりではない。列島の歴史にかかわった多くの異国の人々の声にも耳を傾けよう。

先人たちの書き残した文章をそのひだにまで立ち入って読み、彼らの旅した跡をたどりなおし、彼らのなしとげた事業を広い文脈のなかで注意深く観察しなおす——そのとき、はじめて先人たちはいまの私たちのかたわらによみがえってくる。彼らのなまの声で歴史の智恵を、また人間であることのよろこびと苦しみを、私たちに伝えてくれもするだろう。

この「評伝選」のつらなりのなかから、列島の歴史はおのずからその複雑さと奥ゆきの深さをもって浮かび上がってくるはずだ。これを読むとき、私たちのなかに新たな自信と勇気が湧いてきて、その矜持と勇気をもって「グローバリゼーション」の世紀に立ち向かってゆくことができる——そのような「ミネルヴァ日本評伝選」にしたいと、私たちは願っている。

平成十五年（二〇〇三）九月

上横手雅敬
芳賀　徹

井上毅肖像

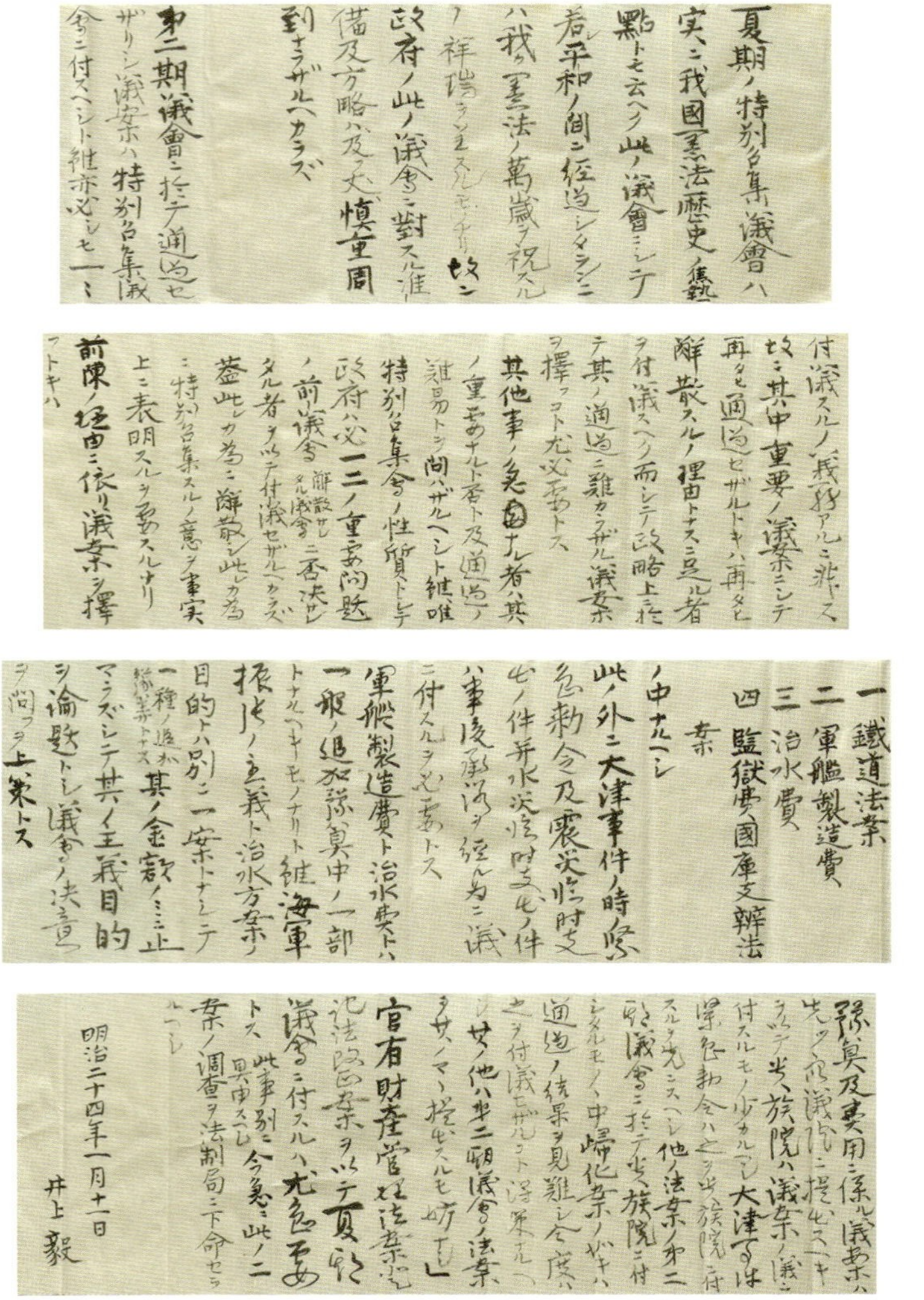
夏期ノ特別召集ノ議會ハ
実ニ我國憲法歴史ノ集
點トモ云ヘク此ノ議會ニシテ
若平和ノ間ニ経過シタランニ
ハ我カ憲法ノ萬歳ヲ祝スル
ノ祥瑞タランコト 故ニ
政府ノ此ノ議會ニ對スル準
備及方略ハ及フ丈ケ慎重周
到ナラザルヘカラズ
第二期ノ議會ニ於テ通過セ
ザリシ議案ハ特別召集議
會ニ付スヘシト雖亦必シモ一〃ニ
付議スルノ義務アルニ非ズ
故ニ其中重要ノ議案ニシテ
再タヒ通過セザルトキハ再タヒ
解散スルノ理由トナスニ足ル者
ヲ付議スヘク而シテ政略上ニ於
テ其ノ通過ニ難カラザル議案
ヲ撰フコト尤必要トス
其他事ノ急迫ナル者ハ其
ノ重要ナルト否ト及通過ノ
難易トヲ問ハザルヘシト雖唯
特別召集會ノ性質トシテ
政府ハ必一二ノ重要問題
ノ前ノ議會（解散セシタル議會）ニ否決セシ
タル者ヲ以テ付議セザルヘカラズ
蓋此レカ為ニ解散シ此レカ為
ニ特別召集スルノ意ヲ事実
上ニ表明スルヲ要スルナリ
前陳ノ理由ニ依リ議案ヲ撰
フトキハ
一 鐵道法案
二 軍艦製造費
三 治水費
四 監獄費國庫支辨法案
ノ中ナルヘシ
此ノ外ニ大津事件ノ時緊
急勅令及震災臨時支
出ノ件并水災臨時支出ノ件
ハ事後承諾ヲ経ル為ニ議
ニ付スルヲ必要トス
軍艦製造費ト治水費トハ
一般ノ追加豫算中ノ一部
トナルヘキモノナリト雖海軍
振張ノ主義ト治水方案ノ
目的トハ別ニ一案トナシテ
一種ノ追加豫算案トナス其ノ金額ノミニ止
マラズシテ其ノ主義目的
ヲ論題トシ議會ノ決意
ヲ問フヲ上策トス
豫算及費用ニ係ル議案ハ
先ツ衆議院ニ提出スヘキ
ヲ以テ此ノ貴族院ハ議案ノ議ニ
付スルモノ少カルヘシ大津事件ノ
緊急勅令ハ之ヲ貴族院ニ付
スルヲ尤ニスヘシ他ノ法案ノ第二
期議會ニ於テ貴族院ニ付
シタルモノ中帰化案ノ如キハ
通過ノ結果ヲ見難シ今度ハ
之ヲ付議セザルコト得策ナルヘ
シ其ノ他ハ第二期議會ノ法案
ヲ其ノママ提出スルモ妨ナシ
官有財産管理法案及
池沼法案ヲ以テ貴族院
議會ニ付スルハ尤急要
トス 此事別ニ今急ニ此ノ二
案ノ調査ヲ法制局ニ下命セラ
ルヘシ
明治二十四年十一月十一日
井上毅

渡辺国武宛て井上毅意見書「夏季特別議会対策意見」

はしがき

井上《いのうえ》毅《こわし》は、しばしば「明治政府の参謀」（徳富蘇峰）とか「陰沈たる鬼才の謀臣」（長尾龍一）とも言われる。これでは権謀術数に長けた属僚というイメージが強すぎるきらいがある。井上の全生涯を通してみれば、むしろ「法憲編成の時代」において最も効用を見たという「明晰の頭脳、該博の学識」の持ち主であり（本書二九頁参照）、いわば明治官吏の模範という姿が立ち現れる。これこそ、井上という人物の働きを物語るのにふさわしいのではないか。

その意味で、民権派に与し、政論・政策論で対立した矢《や》野《の》龍渓《りゅうけい》が、のちに「この人が生きていたなら、今日のわれわれの目に触れている政治上の失態は、あるいは防ぎ得たろうにと思うことがある」（森銑三編『明治人物逸話辞典〈上巻〉』一〇三頁参照）と語っているのは印象的である。

そうした評価にふさわしい言動と活躍ぶりを示した井上ではあるが、奢侈壮麗や華美を嫌い、決して驕り高ぶることはなかった。かつて親交のあった中《なか》江《え》兆民《ちょうみん》は、その姿をみてきた者として、「近時に於て眞面目なる人物、横着ならざる人物、ヅウ〴〵しからざる人物」と描いたが（四一頁参照）、井上の生きざまと篤実さ・恩情の篤さは、その漸進的な保守主義の政治姿勢とともに、終生変わることがなかった。

さて、一八八七年（明治二〇）春、宮内省図書頭だった四十五歳の井上毅は、内閣総理大臣伊藤博《いとうひろ》文《ぶみ》のもとで憲法や皇室典範などの立案検討に忙しかったが、この頃、大蔵省主計局長渡辺国武《わたなべくにたけ》に宛てて、「外《と》つ國の千種の糸をかせきあけて日本錦《やまとにしき》に織りなさはやな」との腰折れの歌を送っている（三月二七日書簡。井上伝史〈四〉六六二頁）。憲法案の起草を含めて、諸外国の事例を調査し参考にしながら、日本の政治・国柄に合わせていく作業の妙味とともに、彫心鏤骨の辛苦の後に来たるべき未来への期待を託したのであろう。

井上毅の遺文書、『梧陰文庫《ごいんぶんこ》』には、同じ頃に詠まれた「外つ國の千くさの糸をかせきあけて日本錦におらましものを」という歌も収められているが（詩文「折にふれて」井上伝史〈六〉一九頁）、井上は旅先のいたるところで多くの腰折れを遺している。そうした文人的な技芸を身につけた法制官僚としての一面も、井上は持ち合わせている。

伊藤博文によれば「殊に有用の学識を有し、明治八年以来、岩倉大久保二老之信任を受けしのみならず、枢機の事務与《あずか》らざるは無く、十有余年間、軍国の大計に関する機密の文案、十中七八同人之起草に之あり」と言われ、とくに「立憲組織の計画及び憲章立案の重事」に「満腔の熱血」を注いだ「忠実無二の人物」である（徳大寺宛て書簡）。しかし、井上毅は自ら政治的に行動するのではなく、要路者を説得することにより、政治・国政を動かそうとする能吏であった。徳富蘇峰も言ったように、「自から動かざるも、其の高官、大僚を動かして、自己の意見を貫けり」という人物であった（六頁参照）。

したがって、本書では井上の行動自体を描くより、井上毅が関係した多くの法令に関わる意見書や書簡に光を当てることによって、思想的な営みや生き方を浮かび上がらせようと考えた。そういうかたちで井上毅の全体像に迫ろうと試みたのであるが、井上の事績はきわめて多くの分野に及んでおり、それが奏功しているかどうか、はなはだ心許ないものがある。とはいえ、少しでも井上毅の実像に迫ることができたとすれば幸いである。

いずれにせよ、本書執筆の依頼を受けて約二十年にもなろうとしている。この間、ミネルヴァ日本評伝選の編集者及び辛抱強くまっていただいた書肆並びに読者にはたいへん迷惑をかけてしまったが、とくにミネルヴァ書房編集部の岡崎麻優子氏には、長いあいだ格別のご尽力を恭くした。ここに特記して謝意を表したい。

二〇二四年（令和六）八月二十日　井上毅歿後百三十年を前に

大石　眞

井上　毅——大僚を動かして、自己の意見を貫けり

目次

はしがき

第一章　遺筆に見る人となり……1

1　朋友来訪……1

晩年の面影　葬儀・菩提寺　遺族と会葬者

2　訃　報……6

国民新聞　文武叢誌

3　遺　言……10

薄葬主義　同郷の葬式委員

4　病魔とのたたかい……13

第二章「井上毅」の誕生……15

1　追　慕……15

飯田多久馬　母への想い

2　勉　学……18

木下門下三秀才　時習館居寮生——漢学と洋学とのあいだ
横井小楠との対話

3　井上毅の登場……23

井上多久馬へ　井上と梧陰
4　官歴はじめ……25
短い大学南校勤務　学制意見――大学南校学則批判
5　井上像……27
識見と文藻　茲に記憶すべき人あり

第三章　司法省時代……31

1　江藤司法卿……31
官歴のスタート　司法省江藤派　司法省体制整備
2　欧州司法制度調査……35
パリ中心の調査　ボアソナードとの出会い　比較法制への関心
イレブラン『プロシア国制論』との出会い　リヨンと中江兆民
「ケレルモン」と地方自治の発見
3　国内実装へ……44
帰国後の政情――征韓論の変　欧州調査の成果　省内批判　左院批判
司法省改革建言　拷問廃止論とボアソナードとの連携
建国法への視点、司法関係職の考察
4　制度改革提言……56

不平士族の動き　官吏制度改革案　備警兵（憲兵）設置・士族登用案

第四章　「法制官僚」としての歩み……61

1　政治家との距離……61

2　立憲政体樹立の詔勅……63

詔勅の起案　正院・元老院・大審院　地方官会議の再開

3　法制官時代……68

讒謗律・新聞紙条例　成島柳北との対決

4　政治への関与・進出……72

国憲起草問題　儀制調査局（奉儀局）開設問題　再び憲兵設置意見

5　士族授産問題……77

西南戦役への対応　井上毅の関心　戦後復興――「力食社」設立運動

三卿宛て憲兵設置意見

6　地方官会議御用掛……83

第二回地方官会議　地方税規則案「勧業費」削減問題

井上の異議申立て　元老院の再議　大久保遭難と政府組織の改編

第五章　外交問題への関わり……93
1　清国との外交問題……93
台湾事件の処理　井上毅の献策
2　沖縄帰属をめぐる外交問題……96
いわゆる琉球処分　外交問題化——琉球問題　井上の琉球意見
外国新聞と井上の反駁　ヤング記者の観察　対清談判の基本方針
宮古・八重山二島割譲案　二島割譲論の発案者
再び清国へ——対清談判の顧問役　一時帰国と立憲政体建議案
急展開——三たび清国へ　十五年回顧録
3　その後の清国との関わり……113
壬午事変への対応　甲申事変の収拾　強行日程の日々
外交交渉の秘密と新聞検閲論
第六章　激動の明治十四年……123
1　立憲政体構想の競演……123
自由民権運動の展開　福沢諭吉・交詢社への警戒
伊藤参議の立憲政体意見　大隈意見書　大隈・伊藤の対立と「協和」
2　岩倉意見書……131

三大臣との連携　ロェスラーとの政体比較問答　憲法起草手続問題
岩倉意見書　岩倉・伊藤との関係　伊藤の決意
3　急転回……143
政費節減問題と北海道開拓事業　開拓使官有物払下げ願い
払下げ決定と政府非難　井上毅の立場
4　十四年政変――新体制へ……150
大政渙発案　大隈・大隈派の排除　内閣組織問題と立憲政体路線
元老院改革問題　改革構想の揺れ　議政院から参事院へ

第七章　議会開設への助走……159
1　政変後の展望……159
人心教導政策　官報発行問題　ドイツ学の奨励　三大臣立憲政体意見
治安立法の強化　「武断」政治批判――「世変論」
岩倉とのあいだ――皇室財産設定論の是非
2　伊藤の欧州憲法調査……173
調査団と調査項目　グナイスト、モッセとシュタイン
「留守政府」と内外協力　井上毅の法制通信
3　条約改正・外交問題……179

法権・税権の回復　条約改正予議会　条約改正案への批判と怒り
4　内政上の問題……184
諸課題への対応　陸軍治罪法案　井上毅の問題意識
制度取調局御用掛・宮内省図書頭　憲法立案問題
第八章　立憲君主制への試練……193
1　責任政治への課題……193
立憲君主制と太政官制　政府組織改革への動き
太政官制廃止と内閣制度　臨時官制審査委員　公文式・各省官制など
関西清遊
2　基本法の起草……202
起草方針　皇室関係法の検討　皇室典範草案と高輪会議
憲法甲案・乙案　「議院法」構想
3　条約改正問題……212
条約改正会議と裁判管轄条約案　ボアソナードの憤激、井上毅の呼応
条約改正中止論　井上毅の勲功　条約改正会議の無期延期
ボアソナード機密漏洩処分問題
4　憲法起草グループ……221

夏島での検討　夏島草案批判　十月草案への動き　井上毅の覚悟
憲法上奏案に向けて
クルメツキ意見書の衝撃——憲法・議院法上奏案の見直し　確定稿の上奏

第九章　憲法制定から憲政実施へ……235

1　基本法審議……235
枢密院会議　皇室典範諮詢案　永世皇族主義の問題
三条グループの牽制　憲法諮詢案　議院法上奏案の作成
議院法諮詢案——混乱と収拾　その他の基本法

2　再検討と調整……246
議決済み諮詢案の問題　総合的再検討　再審会議　第三審と最終調整

3　関係法令の整備……252
憲法発布式典と三大椿事　憲法制定後の課題——法令審査と法令改正

4　再び条約改正問題……255
二つの公文　「帰化法」構想　井上毅の改説　条約改正中止論
井上の心情　条約実施延期へ

5　憲政実施へ……267
欧米議院制度調査　臨時帝国議会事務局　議会開会・憲法施行

教育勅語への関与

第十章　新時代に向けて……275

1　前法制局長官として……275
大津事件の試練　パテルノストロの教示　大審院特別法廷
国家性と法治性

2　文部大臣時代……281
着任前の状況　井上大臣の動き
教育行政方針の策定――文部方針七カ条
教育費国庫補助と実業教育の振興　憲法・議院法の専門家として

3　終焉の地へ……287
大臣辞任の前後　葉山の日々

参考文献　291
井上毅略年譜　297
人名・事項索引

図版一覧

井上毅肖像（國學院大學図書館蔵）……カバー図版
井上毅肖像（国立国会図書館蔵）……口絵一頁
渡辺国武宛て井上毅意見書「夏季特別議会対策意見」（国立国会図書館蔵）……口絵二頁

尾崎三良（国立国会図書館蔵）……2
尾崎三良墓（青山霊園・筆者撮影）……2
瑞輪寺（筆者撮影）……3
井上毅墓（筆者撮影）……4
安場保和（国立国会図書館蔵）……5
徳富蘇峰（国立国会図書館蔵）……7
国民新聞（公益財団法人「後藤・安田記念東京都市研究所」市政専門図書館蔵）……8
必由堂跡と井上毅誕生地記念碑（筆者撮影）……19
竹添進一郎（国立国会図書館蔵）……20
横井小楠（国立国会図書館蔵）……21
岩倉瘞髪《えいはつ》碑（筆者撮影）……28
穂積八束（国立国会図書館蔵）……29
江藤新平（国立国会図書館蔵）……32
川路利良（国立国会図書館蔵）……36

ボアソナード（Wikimedia Commons）……37
中江兆民（国立国会図書館蔵）……41
中江兆民瘞骨之標（青山霊園・筆者撮影）……42
『治罪法備攷』（筆者蔵）……46
伊地知正治（国立国会図書館蔵）……48
大久保利通（国立国会図書館蔵）……50
木戸孝允（国立国会図書館蔵）……63
古沢　滋（国立国会図書館蔵）……69
末広重恭（鉄腸）（国立国会図書館蔵）……70
成島柳北（国立国会図書館蔵）……71
成島柳北墓（雑司ヶ谷霊園・筆者撮影）……72
中島信行（国立国会図書館蔵）……73
岩倉具視（国立国会図書館蔵）……74
前島　密（国立国会図書館蔵）……86
陸奥宗光（国立国会図書館蔵）……86
高崎正風（国立国会図書館蔵）……94
宍戸　璣（国立国会図書館蔵）……97
井上　馨（国立国会図書館蔵）……104
田辺太一（国立国会図書館蔵）……110
花房義質（国立国会図書館蔵）……114

西園寺公望（国立国会図書館蔵）……124
福沢諭吉（国立国会図書館蔵）……124
馬場辰猪（国立国会図書館蔵）……125
矢野文雄（龍渓）（国立国会図書館蔵）……125
小野　梓（国立国会図書館蔵）……126
大隈重信（国立国会図書館蔵）……128
大隈意見書（伊藤筆写、国立国会図書館蔵）……129
大隈意見書（梧陰文庫、國學院大學図書館蔵）……132
憲法起草手続意見（国立国会図書館蔵）……137
井上・憲法綱領之議（国立国会図書館蔵）……140
黒田清隆（国立国会図書館蔵）……144
五代友厚（国立国会図書館蔵）……145
元老院改革案（公益財団法人「後藤・安田記念東京都市研究所」市政専門図書蔵）……154
谷　干城（国立国会図書館蔵）……160
福地源一郎（国立国会図書館蔵）……161
福地源一郎墓（谷中霊園・筆者撮影）……161
官報第一号……162
加藤弘之（国立国会図書館蔵）……164
品川弥二郎（国立国会図書館蔵）……164
伊藤博文（国立国会図書館蔵）……174

寺島宗則（国立国会図書館蔵）……174
伊東巳代治（国立国会図書館蔵）……175
牧野伸顕（国立国会図書館蔵）……191
金子堅太郎（国立国会図書館蔵）……191
三条実美（国立国会図書館蔵）……194
阪谷芳郎（国立国会図書館蔵）……203
ロェスラー（Wikimedia Commons）……206
ロェスラー憲法草案・ドイツ語原文（梧陰文庫、國學院大學図書館蔵）……207
末松謙澄（国立国会図書館蔵）……211
三好退蔵（国立国会図書館蔵）……213
明治憲法草創碑（横浜市金沢区、一般社団法人「横浜金沢観光協会」提供）……221
逐条意見第二（部分）（国立国会図書館蔵）……223
クルメツキ意見書（国立国会図書館蔵）……230
旧赤坂仮御所御会食所（憲法諮詢案審議場、東京都教育委員会提供）……236
森　有礼（国立国会図書館蔵）……253
『内外臣民公私権考』（梧陰文庫、國學院大學図書館蔵）……262
中橋徳五郎（国立国会図書館蔵）……267
衆議院帝国議会議事速記録一号……270
元田永孚（国立国会図書館蔵）……272
児島惟謙（国立国会図書館蔵）……276

大津事件・皇室御往復書信（国立公文書館蔵）……277
井上毅書簡（京都大学公文書館蔵）……284
三宅雪嶺（国立国会図書館蔵）……285
星　亨（国立国会図書館蔵）……286
葉山別荘群（『葉山町の歴史とくらし』より）……288

関係系図

（初代）山田権兵衛 ― （二代）山田郷平 ― （三代）山田七兵衛

（四代）井上嘉平次 ― （五代）井上弥兵衛 ― （六代）井上佐平太

（七代）井上茂三郎 ― （八代）井上　毅

生母神山氏美恵子（飯田権五兵衛妻）。明治十八年五月二十三日没。
妻二宮氏常子。肥後熊本二宮九平長女。
嘉永六年誕生。明治十七年十一月二十日没。
後妻木下氏鶴子。肥後熊本木下真太郎長女。
嘉永二年五月二十三日誕生。昭和十年七月十三日没。

― （九代）井上匡四郎 ― （十代）井上匡一

（木野主計『井上毅研究』より）

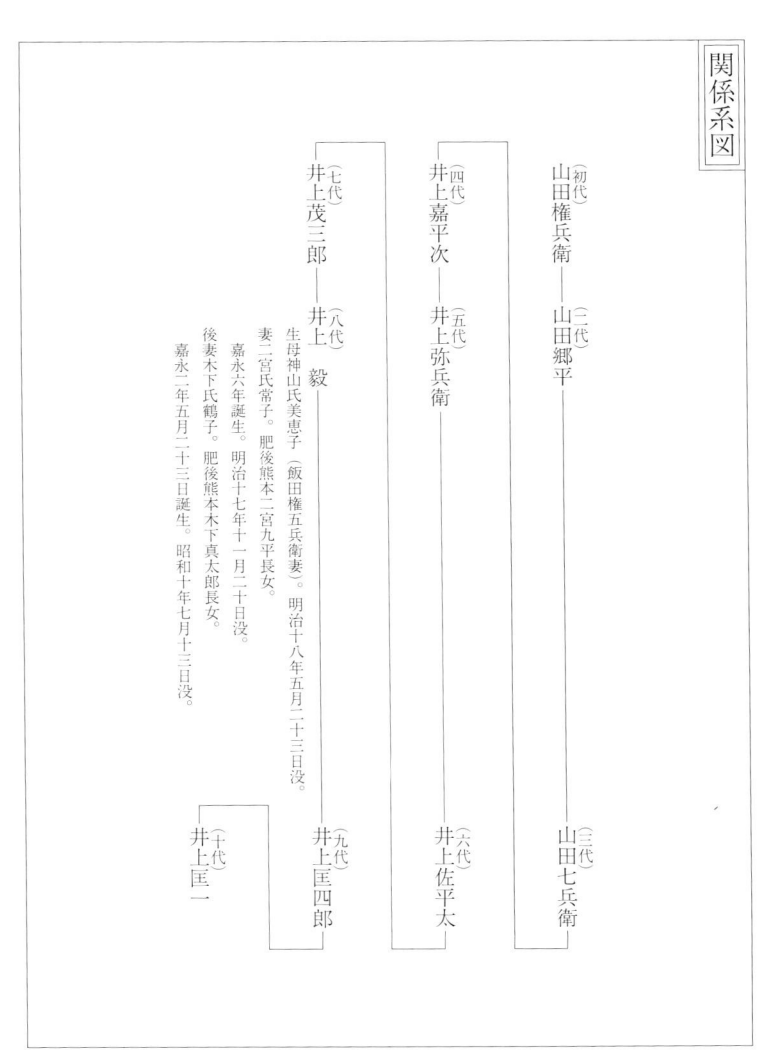

第一章　遺筆に見る人となり

1　朋友来訪

晩年の面影

井上毅《いのうえこわし》の容態がきわめて悪いと聞いた年来の友人尾崎三良《おざきさぶろう》は、一八九四年（明治二七）大晦日、慰問のため神奈川県三浦郡の葉山に井上を訪ねた。この時の様子を尾崎は、後に「顔色憔悴蒼白にして如何にも衰弱に見えたり。密かに細君に聞くに、全く結核にして到底回復の望なく、未だ旦夕《たんせき》と云ふ程にはあらざれども、只月日の問題なりとの医師の説なり」と回顧している（尾崎自伝〈下〉三一頁）。

その日記には、より詳しく「井上容体甚衰弱なり。今日初より四回の吐血あり。体温も三十七、八度の間に在り。気息奄々として、音声を発して話する能はず。然れども猶国事を忘れず。岩公［岩倉具視］の遺書を示し、又柳原伯の皇室典範に関する功労を説き、其の湮滅せざらん事を願ふの情あり。予之を諾し、且其書類を借用する事を約す。其の容体に付き妻君に聞くに、此の喀血さへ止れば差し

尾崎三良

尾崎三良墓

当り危篤と云ふことはなし、との医者の言なりと云ふ」と記している（尾崎日記〈下〉五八頁）。

この「柳原伯」とは、同年九月二日に逝去した麝香間《じゃこうのま》祇候《しこう》・伯爵柳原前光《やなぎはらさきみつ》を指すが、その「皇室典範に関する……書類」は、まもなく使者を通じて尾崎の許に届けられた「柳原伯手簡一巻」を指す（尾崎日記〈下〉六〇頁参照）。この時、井上に男児がいないことから養子をとることを強く勧めており、「井上も漸く其の意に為り、岡松甕谷《おかまつおうこく》の二男を養子とする事に決す。今の子爵匡四郎、是なり」という（尾崎日記〈下〉五九頁）。もちろん、こういう重大な話を突然持ち出し、井上も受け容れたというようなことはまず考えられず、日頃から話に出ていたのであろう。年が明けた一月四日、岡松匡四郎《ただしろう》は井上の「婿養子となり、追て庶長女、富士子と結婚の約をなし、家名を継ぐ」ことになったと、井上家系譜は記している（梧陰文庫Ⅱ四〇三）。

そのように勧めた尾崎は井上より一歳年上で、井上と同じく一八七五年（明治八）四月十四日に出された立憲政体樹立の詔勅の約一週間後に六等出仕として太政官政体取調御用掛となった。フランス法学に詳しい井上とイギリス法学を多用する尾崎は時に衝突することもあったが、この時以来「非常に莫逆《ばくげき》の親友」になったという（尾崎自伝〈上〉一九一頁）。

葬儀・菩提寺

一八九五年（明治二八）三月十五日、枢密院書記官長・法制局長官・文部大臣などの要職を歴任した井上毅は、神奈川県の三浦郡葉山村の別荘で息を引き取った。享年五十三。一週間後の三月二十二日、東京都台東区（現在）の谷中《やなか》にある日蓮宗の瑞輪寺《ずいりんじ》で法要が営まれた後、寺内の墓地に埋葬された。井上は今もその地に眠っているが、墓石の正面に戒名はなく、ただ「正三位勲一等井上毅之墓」とのみ刻まれている。いかにも簡素なたたずまいは「碑銘不用 仏諡に依らず ――井上毅之墓にて足れり」とする井上の遺志に従ったものである（後述一〇頁参照）。徳川家康ゆかりの寺として創建された瑞輪寺の山門には、中央に横書きで大きく寺名を記し、その左横に細い縦書きで「正三位勲一等 井上毅」と書かれた扁額が掛かっている。井上が揮毫したもので、その叙位にあずかった一八九〇年（明治二三）七月二十九日から後に作成されたものであろう（井上家系譜。なお後述二五三頁参照）。

瑞輪寺

井上毅墓

瑞輪寺やその扁額と井上の間にはどのような関係があったのか。井上が遺した明治法制関係の膨大な第一級史料『梧陰文庫《ごいんぶんこ》』を所蔵する國學院大學の記録によると、熊本の井上の「宗派が日蓮宗であったところから、谷中で最も大きい瑞輪寺を東京での菩提寺に選び、住職と懇意になって、請われるままに揮毫したのだろう」という（國學院大學校史六巻「没後百年を閲する」。なお、益井邦夫『井上毅』掃苔」。梧陰研・井上毅所収）。

井上の遺骸は十七日に「市ケ谷薬王寺前町」の自宅に着き、四日後、勅使により「白絹二匹、祭粢料金二千圓」が恩賜された。当日の葬列は「同日仏式を以て谷中瑞輪寺に葬る、其儀は悉《ことごと》く君の遺言に拠り、非常なる質素を以て行はる、故に其葬送の行列たる、四対の提灯《ちょうちん》に名旗一旒、当日の導師として瑞輪寺の住職馬車にて独行し、次に香爐、其の後に位牌を捧持して徐歩す、位牌は長さ二尺の方柱にして、単に「正三位勲一等子爵井上毅之墓」と記《しる》されしのみにて釈号を用ひず、一、二、三等の各勲章、及造花の蓮華之に次ぎ、霊柩亦極めて質素なる白棺にして、毫も金銀の妝飾なく、其紋章の如きは、悉く黒の色紙《いろがみ》を剪貼《きりつけ》せしのみ」と記されている（文武叢誌《ぶんぶそうし》一八号〈二八年四月〉三四～三五頁）。

遺族と会葬者

この記事は、「神惟徳《しんいとく》」名による「前文部大臣正三位勲一等井上毅君の畧傳」という輯録の伝えたところである（参照、柴田紳一「井上毅の死」前掲・井上毅所収）。つづけて同記事は、当日の遺族や会葬者の様子についても「会葬者は、黒田〔清隆〕枢密議長、榎本〔武揚〕農商務大臣、等を初めとして、貴顕碩学の雲集するも、之に対して善美を尽せる飲食物は無かりしも、接待は慇懃を尽せりとぞ、造花等寄贈品の如き一切謝絶せられしも、世人は君を欽慕するの情に堪へずして、供薦せし香奠《こうてん》等も少からざりし由なるが、遺族は飽くまでも遺命を守り其の集まれる金員は、悉く慈善教育費に寄附する趣なり（中略）而して最も感服すべきは、遺族の克く世儀を排斥して遺誡を確守し、忠愛なる君の素懐を達行せしなり、亦以て家庭の訓誨素あるを窺ひ知るべし」と詳述している。

二十年来仕えてきた伊藤博文《いとうひろぶみ》やその秘書官を長く務めた伊東巳代治《いとうみよじ》の名は見当たらない。この時、伊藤総理大臣と伊東内閣書記官長は、日清戦争の講和条約交渉のため外務大臣陸奥宗光《むつむねみつ》などとともに東京を離れ、下関で清国との講和談判に臨んでいたからである（後述一〇頁参照）。

安場保和

他方、その「貴顕碩学」の一人に貴族院議員安場《やすば》保和《やすかず》がいる。安場は同郷の八年先輩で、右の記事にはないが、熊本を代表して棺前で弔辞を朗読した。そこで、故人の「性行、材器」とともに「郷国の為めに尽せし事業の一班」、つまり西南戦役で荒廃し、多くの士族が失職した郷里における勧業のために設立された「力食社《りきしょくしゃ》」についても伝えられた（後述八〇頁参照）。

もう一人、宮内庁御料局測量課長神足勝記《こうたりかつき》がいる。神足は、同郷出身で時習館に学んで大学南校に進んだ井上の後輩にあたり、三月二十日に井上邸におもむいて弔儀を述べたのにつづき、二十二日の会葬にも臨んでいる。その日記は「正午より、市ヶ谷薬王寺前町井上氏に至り葬式に会葬。谷中〔瑞輪〕寺に埋葬す。遺言により質素を主とし、造花生花等一切なし。会葬人甚だ多し」という（大澤覚『御料局測量課長 神足勝記日記』一一二頁）。皇室財産の問題は早くから井上の関心事の一つであったから（後述一七一頁以下参照）、御料局勤務の神足の名が見えるのも不思議ではない。

2 訃報

国民新聞

井上の死は、当時どのように報じられたのか。東京の暮らしが長かったせいか、熊本新聞・九州自由新聞・九州日日新聞などの地元メディアは、いずれも三月十九日付で東京からの電報として井上の死を短く伝えるのみである。これに対し、同郷で二十歳も後進であったジャーナリスト徳富蘇峰《とくとみそほう》の主宰する国民新聞は、葬儀の前日に井上の死を大きく報じている（二八年三月二一日一五六一号）。その死を伝える在京新聞は他にもあるが（同一九日毎日新聞、二〇日東京日日新聞など）、国民新聞の取扱いは際立っている。その記事は、「明治政府の新井白石」と讃え、「彼は制法者のみにあらず、彼の眼と手とは、活ける政機に向て動けり……彼は自から動かざるも、其の高官、大僚を動かして、自己の意見を貫けり」と評している。

同新聞は井上の「葬儀に関する遺言」を紹介しているが、ある日「家族を集め枕上遺誡して曰く」として伝えた内容は、先の文武叢誌が載せた記事と大きく重なっている。いわく、「余〔毅〕死せば、葬儀は極めて質素を旨《むね》とせよ、或は世人之を譏議するもの有らん、固より辞する所に非ず……虚飾は一切之を廃せよ、然れども習俗の久しき猶ほ此類の寄贈品あらんも保し難ければ、前以て世に広告し堅く之を謝絶す可し、余生きて大臣の官を辱《かたじけな》ふし勲一等に叙せらる、されば葬式に臨み、或は儀仗兵を賜る如きこと有らん、今や軍国多事の際なり、若しもさる事あらば、謹み畏《かしこ》みて辞謝し奉る可し、又我が一族中、婦人の会葬は無用たり、唯々子女は親を送る大礼なれば必捻香せしむ可し、仏式に依ると雖も、法号の如きは不用なり、唯「井上毅之墓」と記せば可なり、且つ石碑は決して両親より大なる可からず、又近来碑銘の流行甚きも、余は此挙あるを欲せず、会葬の客に菓子の美なるを供して奢侈を誇る如きの風あるも、固より我が望まざる所、只慇懃に接待して其礼を欠ざるに注意す可し云々」（同誌三三〜三四頁）。

　この記事は国民新聞のそれとよく類似しており、先の「神惟徳」なる輯録者は、実は徳富蘇峰その人なのではないかと思われる。その詮索はここでは措いておくが、井上が家族に遺誡した時期については、一月十五日付の遺書「葬祭之事」（後述）の追記にある「來客ニ靴ヲ脱カシムル等之不體裁あるへからず」などのことばが見当たらないので、一月四日から十四日までの間のことであろう。国民新聞に紹介された「我死せば葬儀は極めて薄葬を断行せよ」から始まる「葬儀に関する遺言」は、死期の近いことを悟った井上が前年（明治二七）末に葉山を訪れた徳富に語ったところと遺書を合わせて記したのであろう。

徳富蘇峰

國民新聞
明治廿八年三月廿一日
井上梧陰先生
皇后陛下廣島行啓
衆議院の上奏案
衆議院の決議案
内閣の小吏迭
子爵井上毅氏畧傳

国民新聞（明治28年 3 月21日）

国民新聞で興味ぶかいのは、長く内務省に勤務し、地方自治制や参事院の確立に尽力した大森《おおもり》鍾一《しょういち》と井上の関係も示している点である。今日、公益財団法人「後藤・安田記念東京都市研究所」（旧東京市政調査会）の所蔵する大森鍾一旧蔵文書は、新聞類を除いた多くの貴重な史料・文書類を収めているが、新聞類としては井上の死を伝える国民新聞だけを保管している（同蔵「大森鍾一文書」一三八）。大森が伊藤や山県有朋《やまがたありとも》とともに井上をとくに「恩誼永く忘るべからず」（池田・大森鍾一六四頁）と敬仰していたことを想い起こすと、その訃報記事を保存したのは井上への報恩の念からであろう。実際、大森は司法省にいた時に井上に見いだされ、太政官に移った井上の推挙により太政官権少書記官になるなど（池田・前掲書八三、九一頁）、その厚い信頼を得つつ要職に就いてきた。そこから深い恩義を感じていたのである（後述一五五〜一五六頁参照）。

文武叢誌

先の輯録を載せた文武叢誌は、もともと私立成城学校の有文会が発行していた『有文叢誌』（改称前は「有文会誌」）の後身として、一八九三年（明治二六）十一月に創刊された日本体育会の啓蒙誌で、三年後まで毎月刊行された。体育・スポーツ関係の記事はきわめて少なく、むしろ「創刊当初より、軍事教育的性格を持っていた」と評されるが（伊東明編『文武叢誌 記事索引目録』参照）、そもそも「神惟徳」名による井上毅略傳の輯録は、どうして文武叢誌に掲載されたのか。その経緯は詳らかにしないが、やや気になることはある。

日本体育会は、もともと日高藤吉郎《ひだかとうきちろう》により「国民体育の振興」を目標とする「体育会」として設立され（二〇二四年八月）、翌年に名称が変更された（『学校法人日本体育会百年史』九頁以下参照）。その機関誌として『文武叢誌』が発刊された当時、井上はちょうど文部大臣の職にあって教育改革事業に力を注いでいたから（後述二八三頁以下参照）、この関係で何らかのつながりがあったのかもしれない。あるいは、柔道家・教育者として活躍していた嘉納治五郎《かのうじごろう》は、文部省図書課長として知り合いであったから（二六年七月一五日、八月九、一一日嘉納宛て井上書簡参照。井上伝史〈二〉六一〇～六一一頁、六二三～六二四頁、同〈四〉三七五頁）、その関係かもしれない。

3 遺言

薄葬主義

井上が明治「二十八季一月四日」と墨筆した遺書の一つ、「塟祭之事」（梧陰文庫Ⅱ四九六）には「塟式は薄塟主義を断行すへし世の謗を冒すも可なり／生花造花は新聞に公告して堅く断るへし交戦の折に付、儀仗兵を断るへし／塟祭の贈物は一切返禮なし親類並特別の外、遺物贈事不要／葬儀ニハ婦人之会葬無用ナリ但子供ハ必会葬捻香スヘシ後見ハ未亡人又ハ姑可然前以テ習禮セシムヘシ／石碑は両親様の形た竝《ならびに》寸法に従ふ」とし「碑銘不用佛諡に依らず——井上毅之墓にて足れり」とも記されている。ここに「交戦の折」云々とあるのは、当時、日清戦争（二七年八月～翌年四月）がほぼ決着し、下関では日清和平交渉が進められる（前述五頁参照）、という背景を映している。実際、前記の葬儀記事でも儀仗兵の姿は見当たらない。

もっとも、国民新聞や文武叢誌が紹介した「葬儀に関する遺言」と井上自身が記した遺言とのあいだには、微妙な違いがある。国民新聞には、「思ふに近代の葬式、動もすれば生花造花放鳥等の行列の如き観あるものなり」「会葬の客に美菓を供して驕奢を誇るが如き風あるは、素より我望まざる所」

という文があるが、井上の遺言にはない。現世の風潮に対して井上がふだん苦々しく思っていたところを、葬儀に託して輯録者が語ったのかもしれない。

先の遺言書「塟祭之事」は一月四日付になっているが、そこには約十日後の「廿八年一月十五日」に井上が墨筆した数行の「追加」も見える。それは、「會塟の客を十分容る、丈之方丈を備ふるか……又は斎場を借る事必要なるへし」「來客に靴を脱かしむる等の不體裁あるへからず」というもので、井上らしい気遣いが偲ばれる。

同郷の葬式委員

井上は遺言書の中で「細目は委員の取捨に任す」とする。その委員とは、「薄塟主義を断行す」るために委嘱する同郷の「熊本人にて塟式委員」の四人のことで、「佐々氏」のほか「清浦氏」「志水氏」「木下廣次氏」の三名を記している。ここで井上自らが葬式委員として指定した人物と井上の関係について確認しておきたい（肩書はその当時のものを示す）。

井上がみずから委員長を託した「佐々氏」は、十一歳下の熊本第一区選出の衆議院議員、佐々友房《さっさともふさ》を指す。井上との付き合いは長く、フランス司法制度調査の模様を詳しく伝えた書簡（六年六月。後述四二頁参照）から、大隈重信の憲法意見書に対抗すべく調査に余念がなかった時（同一三一頁以下参照）、「交詢社にて起草せる憲法案」を借りたいと頼んだ短い書簡（一四年六月一八日）など、多くのやりとりが遺されている（井上伝史〈四〉四一四頁以下参照）。しかも両者は、かつて保守派の政治団体「紫溟会《しめいかい》」を組織し、熊本県会議長を三期（一五年五月～二〇年一二月）務めた郷里の名士、白木為直《しろきためなお》の偉業を讃えて建設された墓道碑に名を連ねている（明治二六。同書〈六〉二五～二六頁参照）。ここに「紫溟会」というのは、明治十四年九月に熊本で結成された政治的結社で、井上起草の設立「主旨」

は、当時の自由民権派が高調していた「社会は民約に始まると謂ひ、主権は国民に存すと謂ひ、法は衆庶の好欲に成る」というような欧州起源の「詭激政論」に対抗することを鮮明にしたものである（同書〈五〉三七二頁以下。本書一六七頁以下参照）。

次の「清浦氏」は、司法省の後輩でもある司法次官清浦圭吾《きようらけいご》を指す。井上の参事院議官時代は内務大書記官として員外議官補を務め、その図書頭《ずしょのかみ》時代は内務省警保局長を務めるなどしている。また、「志水氏」は、陸軍省法務官の志水小一郎《しみずこいちろう》を指し、のち、井上により地方官第一候補に推薦されたこともある（二五年一一月一三日井上馨内務大臣宛て書簡。井上伝史〈四〉三一三〜三一四頁参照）。さらに「木下廣次氏」は、肥後の藩校、時習館の訓導（教員）であった木下犀潭《きのしたさいたん》（後述一八頁参照）の次男木下廣次《ひろつぐ》のことである。ちなみに、四年前の大津事件（二四年五月）に際し、東京から派遣される大審院判事の中に木下廣次の弟、木下哲三郎《てつさぶろう》がいる（後述二七九頁参照）。

この遺言書を実見して気がつくのは、井上が「木下廣次氏」の後に初め「徳富氏」を挙げながらすぐに削っていることである。言うまでもなく国民新聞の創始者で同郷の後進、徳富猪一郎（蘇峰）を指すが、いったん挙名しつつ消した理由について、井上毅研究の第一人者木野主計《きのかずえ》氏は、徳富蘇峰の平民主義への傾斜を井上が快く思っていなかったことを挙げる（木野・井上研究四頁）。

確かに、そうした一面があるかもしれない。しかし、それとともに、蘇峰は次第に対外強硬派に接近し、日清戦争時には井上が文部大臣を務めた伊藤内閣（第二次）に対する批判的姿勢を打ち出していた。そのため、自分の葬儀に政府要人が参列することを想って井上が配慮したという事情も考えられる。もちろん、それなら最初から名を挙げないはずだと反論されそうだが、蘇峰は井上が遺言書をしたためる直前の年末に井上を訪ねており、一瞬その名が頭に浮かんだのではないか。

4　病魔とのたたかい

もともと井上は病弱の身で、要職に就いてからもずっと体調不良に悩まされ、その生涯は宿痾とのたたかいの連続でもあった。それは、井上が太政官大書記官（一〇年一月、三五歳）、参事院議官（一四年一〇月）、宮内省図書頭（一七年八月）、法制局長官（二一年二月。四月枢密院書記官長兼任）、枢密顧問官（二四年六月専任）、文部大臣（二六年三月、五一歳）と官歴を重ねるとともに悪化していく。

憲法施行前の一八九〇年（明治二三）秋、病状はいっそう進み、山県総理大臣宛てに「神祇院設立の建議に関する意見」を届ける書状の中でも、井上は「生、病気稍速度を加へ前日は左肺のみ疼痛を覚えおり候ところ、近日は右肺に延久し、此の儘にては激職を肩に荷《にない》候こと、何分にも無理に存じ奉り候、それのみならす、神経益々過敏になり、間々中夜に寝ねられす、憂慣交々《こもごも》至り、蹴枕狂呼することもこれあり候」と表白している（一〇月一〇日、井上伝史〈二〉二八〇頁）。

枕を蹴って狂ったように叫ぶとは尋常ではないが、容体は憲法施行後も変わらなかった。翌年（明治二四）早々には、「生、事氣管斯加多児《きかんしカタル》［気管支炎］は漸く全快を得候へども、脳充血の為に脳部疼痛を覚へ」る状態で、「執筆困却《こんきゃく》仕り候間、已むを得ず代筆を以て申し上げ候」と伊藤に伝えている（一月七日、井上伝史〈四〉一七六頁、伊藤文書〈一〉四一一頁）。その一カ月後、大蔵次官渡辺国武《わたなべくにたけ》にも、「小生、一身病魔に悩まされ、日間胸腸覚痛、頭面涔々《しんしん》大声あたわず、此の際実に遺憾の至りに候」

として理解を求め、「シニモセズタケビモヤラズ蠢《うごめ》ケル虫ノマ子《ね》シテ世ヲカコツカナ」という自虐の歌を添えている（同二月八日、井上伝史〈四〉六八〇頁）。

その二年後、文部大臣として第二次伊藤内閣に入るが、病状はさらに悪化し、「病勢頻に進候に付ては、脳神困乱の折もこれあり、とても公務に当り難き有様に至り候」と伊藤に伝え、「春来、腹痛下痢盗汗等諸般の悪候に付ては、ベルツ・橋本《はしもと》［綱常《つなつね》］両医よりも懇々清閑の事忠告いたしくれ、橋本の説にては、とても官務と両立し難しとの意見にこれあり候」と医者の見立てを添えつつ、「今日に至り候ては、其言着々験《しる》しありて欺くべからざる次第」であり、「此上は閣下の明察を冀《こいねが》ひ、静養の恩を與へられ、病余の閑日月を送りたく一意懇願の外他なき事に候……辞表は呈出可仕候へとも、先ず以て微衷陳瀝いたし、御採納を冀ひ奉り、且、折を以て然るべく御奏上仰ぎ上《たてまつ》られたく願い奉り候」と辞任を哀願した（二七年六月二〇日、井上伝史〈四〉二五〇頁、伊藤文書〈一〉四六三頁）。井上の悲痛な叫びが聞こえるが、退任が認められるのは二カ月後のことであった（後述二八八頁参照。後任は司法大臣芳川顕正《よしかわあきまさ》が臨時兼任）。

井上は「病《やまい》を忍《しの》んで告《つ》げざることなかれ」との戒めを家訓として遺している（富島・井上先生六六頁参照）。生涯を病魔とのたたかいとともに歩まざるをえなかった井上だからこそ、遺範として銘記しなければならなかったのであろう。

第二章　「井上毅」の誕生

1　追慕

飯田多久馬

井上毅は、一八四三年（天保一四）の陰暦十二月十八日、肥後藩細川氏の三家老（松井・米田・有吉三氏）の一人である長岡是容《ながおかこれかた》（監物《けんもつ》）の家臣、飯田権五兵衛の三男（末子）として、熊本城下の坪井《つぼい》村竹部《むらたけべ》という地にある藁葺の家で生まれた（母の美恵《みえ》も同じ家中の神山安《こうやまやす》太《た》の許に生まれた）。

毅の幼名は多久馬《たくま》と称した。郷里でも「至って微賤《びせん》の格」（富島・井上先生七頁）と言われるほど貧しい家に育ったものの、幼少の頃から英敏だったようである。そのことを示す逸話として、二人の兄が読書していたのを傍で聞き覚え、いつの間にかその書物を暗誦していたとか、四、五歳頃には母から教えられた百人一首をすべて暗記したとかいったエピソードが伝えられている（古城・井上伝三七頁、富島・前掲書一〇～一一頁。井上家から伝記執筆を頼まれた古城貞吉《こじょうていきち》も熊本出身）。

長兄の騏七郎《きしちろう》は飯田家を継ぎ（明治四年四月）、次兄の彦太郎《ひこたろう》（良樹）はのちに市野家を継ぐことになるが、父の飯田権五兵衛は、一八八一年（明治一四）一月に卒中で他界した。ちょうど、琉球処分問題に端を発する外交交渉のため井上が清国に出張していた留守中のことだった（後述一一〇頁参照）。父の死を看取ることができなかった井上は、三月四日に帰国して帰宅した後すぐに仏壇の前に額《ぬか》づき、位牌を抱えて悲嘆にくれたという（富島・同書四〇～四一頁）。

井上は、残された母美恵にいっそうの孝養を尽くすことになるが、岩倉具視や伊藤博文などの信頼を得て官途を昇りつつある身は、その想いに関わりなく、次第に多忙を極めていく。その三年後の十二月初めに起こった、いわゆる甲申《こうしん》政変への対応のために特派全権大使井上馨《いのうえかおる》に随行した、あわただしい朝鮮国出張もその例であるが、この時の「朝鮮行は非常の火急であったと見えて、命を受けたま丶家にも寄らずに出立」したという（富島・同書四五頁）。

母への想い

そこで年末にいったん帰国したいとの希望を出したが、願いは叶わなかった。その事情を井上は、宮内卿伊藤博文に「小生一家之私情は申し立つべき事にこれ無く候へども、内実は今度も裏口よりソロリと抜け出、老母に暇乞《いとまごい》いたし兼ね候くらいにて、荊妻死亡後、老人の余喘《よぜん》は已《すで》に旦夕《たんせき》に迫り候へば……一日も速に帰朝仕《つかまつ》りたく、其辺御含み偏《ひとえ》に冀《こいねが》いたてまつり候、公私の別これあり候事に候へば、此際、是等之内情は他に訴ふべきにあらず候へども、特に閣下之推酌を禱《いの》るのみ」と説明している（一七年一二月二七日書簡、井上伝史〈四〉八〇頁）。

ここにいう亡「荊妻《けいさい》」とは、最初の妻の常子《つねこ》（同年一一月二〇日没、享年三二）を指すが、それは、もともと交渉の進展具合を伊藤に伝える書簡であった（後述一一八頁参照）。その中で井上はあえて私情を告げ、一時帰国を懇願したのである。今回の出張は、もともと、中風症にかかって不自由な身体になった実母を気遣いながらのものであった。途中の下関からも長兄騏七郎、次兄良樹などに宛てて、「俄かの打立て〔出発〕にて母様御気遣い如何とそれのみ懸念仕り候……日々生肴と煮肴と牛肉三品は御膳に差上げる候様致すべし」云々と頼んだが（一二月九日。富島・前掲書四五～四六頁。井上伝史〈四〉三頁参照）、井上の懇願は、かつて父の最期に立ち会えなかった無念さを投影している。

その母も、井上が特派全権大使伊藤博文の随行として改めて渡航し、清国との外交交渉に力を注いだ天津談判から帰国して約ひと月後の十八年五月に長逝している（享年八六）。井上は、その年の夏の総常紀行の折に「なき人のかたみとみえて夕月の旅寝の窓に影ぞさしくる」と詠んだが（井上伝史〈六〉八頁）、そこには母の姿が重なっていたであろう。翌年も「母君の世を去り給ひし次の年の春」との詞書きを添え、「空蟬の世をあちきなく送る身は花見るさへに哀なりけり」（井上伝史〈六〉二二頁）と詠んで母を偲んでいる。

このように母への想いには特別のものがあった。明治二十年五月二十三日、井上は憲法甲案と議院法案を伊藤博文に提出したが（二〇九頁参照）、そこでも「本日生亡母祭日に付き、出勤仕《つかまつ》り兼ね候」と断りを入れている（井上伝史〈四〉一〇四頁）。

2 勉学

一八五二年（嘉永五）一月、十歳になった多久馬は、長岡家家塾「必由堂《ひつゆどう》」に入塾し、十五歳になるまで勉学に励んだ。ここでも英才ぶりを発揮し、漢籍「文選」を流暢に諳んじたのはもちろん、「左伝」「史記」などを塾生が会読する際に、字音の疑わしいものがあるとすぐに反切して読みつづけ少しも淀みがなかったので、一同舌を巻いてしまったという（古城・井上伝三七～三八頁参照）。

その必由堂があった土地一帯には米田家の別邸（下屋敷）があったらしいが、現在、熊本市立の必由館高校（旧熊本市立高等女学校）の校地の一角となっている（熊本市立必由館高等学校百年史（下）三九九頁参照）。その正門を入ってすぐ左に歩くと、「必由堂」という柱碑とともに重厚な「井上毅先生誕生地碑」が建っている（現住所は熊本市中央区坪井四丁目一五番一号）。

木下門下三秀才

一八五七年（安政四）七月、十五歳になった多久馬は、肥後熊本の藩校「時習館《じしゅうかん》」の訓導（教諭）で儒学者でもあった木下犀潭《きのしたさいたん》の塾に入門した。当時、木下は肥後藩における名高い碩学であって、いわゆる木下門下の三秀才（後述）をはじめとして、岡松甕谷《おかまつおうこく》・安場保和・鶴田皓《つるたあきら》など、近代熊本や明治国家形成に寄与した多くの門下生を輩出している（木野・井上研究二〇八頁以下）。そこに井上が入塾できたのは、主君、長岡監物の推薦による。その狙いは、木下塾に行くことが藩内随一の「時習館への進学塾」であり、その訓導である木下犀潭の推薦を受けることができれば、陪臣であったとして

必由堂跡（左）と井上毅誕生地記念碑（右）

も居寮生への途が開かれるというところにあった（森川・ドイツ化構想一一〜一二頁参照）。その際、長岡家からとくに修業のための学費も支給され、「学問を主にいたし、向後いよいよ以て相励み申すべき」こととされた。破格の計らいであるが、同門の先輩には一年上に竹添進一郎《たけぞえしんいちろう》、国学者で教育者となる五年上の木村弦雄《きむらつるお》がいて、井上とともに「木下門下の三秀才」と呼ばれていた（小早川・梧陰先生四頁）。竹添は、のちに琉球問題への対応のため清国との事前交渉やソウルでの「甲申政変」の処理について、井上と緊密な連携をとることになる（本書一〇二頁以下、一一六頁以下参照）。

時習館居寮生——漢学と洋学とのあいだ

飯田多久馬は、一八六二年（文久二）十月、二十歳の時に、熊本藩士の師弟を教育する藩校、時習館への居寮を命じられ、「いよいよ以て学問研究いたし候」よう言い渡された。そして二十三歳の時、一八六五年（慶応一）十一月に所定の三年の修学期限を終え

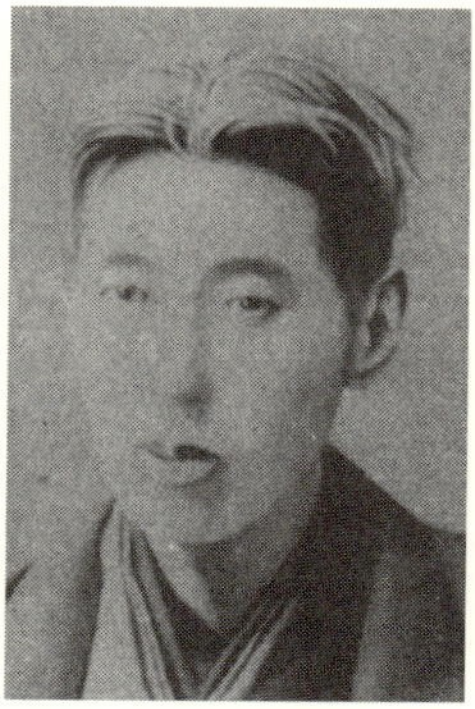

竹添進一郎

て退寮したものの、藩からさらに「相替らず赴館致し、居寮生同様勤学致し候」よう命じられた（木野・井上研究一七頁参照）。井上と時習館との関係はかなり深かったことになる。

　もちろん、時習館の生徒のすべてが居寮生となったわけではない。居寮生とは、「藩中の子弟より学力才幹の衆に秀で群を抜き、将来有望の目ある者を採りて之を特待し、学費を給し優遇を為して館中の寮舎に居らしめ、学問を勉強せしめ、他日之を重用して藩政の要地に立たしむる者」を指す（小早川・梧陰先生六頁）。このように時習館では「特に才学の優れた者」のみを選抜して寄宿舎に入れて学ばせるしくみがとられていた（富島・井上先生二三頁参照）。時習館での井上の身分は「藩学に於ける官費寄宿生」で、将来の要職を約束された特待生に与えられる称号でもあったのである。

　時習館における井上の勉学事績は、木下塾にいた頃から筆録し続けていた「燈火録」（一一冊）や「骨董簿」（九冊）と題する相当量の読書・研究ノートなどに示されているが（前者は梧陰文庫D一・五三、後者は同D二）、これらについては木野主計《きのかずえ》『井上毅研究』に詳しい紹介と分析が見られる（木野・井上研究三一頁以下参照）。これによれば、木下犀潭の許に入塾して以来、井上の勉学は、もっぱら漢学、すなわち中国で著された経史子集の四部――経部は儒教の経典・注釈を、史部は地理・歴史を、子部は孔子・老子・荀子などの諸子と儒家・道家・法家などの百家のほか諸科学技術を、そして集部は詩歌等の作品や評論などをそれぞれ表す——にわたる漢籍に依拠した学術研究に親しんできたように見える。

そのように見る限り、西洋学との接点を見いだすことはむずかしい。そうすると、井上がとくにフランス学を修める道へと向かう契機、あるいは転機はどこにあったのだろうか。専門家は、「このターニング・ポイントは、井上毅が文久元年［一八六一年］より諸外国の記事を写し、元治元年［一八六四年］十月に横井小楠と対談するに及んで『交易論』を書くに至って、世は漢学の時代を去り、洋学の時代に入ったと彼が認識した時にある」と結論している（木野・同書五四頁）。

横井小楠との対話

ここに登場する横井小楠《よこいしょうなん》は、時習館の大先達である著名な儒学者を指す。横井は、井上の実父、飯田権五兵衛が仕えた長岡監物とともに、同館の主流で佐幕主義をとる「学校党」に対抗して、尊王的な政治的志向の強い「実学党」の有力者でもあった。この横井と井上の対談というのは、時習館居寮生だった二十二歳の飯田多久馬が、当時五十六歳だった横井の沼山津《ぬやまづ》にある自宅「四時軒《しじけん》」を訪ねて教えを乞い、問答を重ねたことをいう。実際、その模様は井上自身によって記録され、「横井沼山問答書留」として遺されている（梧陰文庫Ⅱ三七九。井上伝史〈三〉一頁以下所収）。

横井小楠

両者の問答については、日本政治思想史の専門家である坂井雄吉《さかいゆうきち》氏が、①主体的な思想と実践との関係を問う学問論、②海外で主流を占めるキリスト教の秩序観を問う耶蘇《ヤソ》教論、③開国、すなわち西欧列強との交流と鎖国の是非を問う交易論、④国内秩序に反する藩内「分党」の動きへの対処法の四点にわたって、若き井上の「横井小楠との対決」というかたちで生き生きと再現している（坂井・井上毅と明治国家二三頁以下参照）。

木野氏の論にいう『交易論』（井上伝史〈三〉一四頁以下）とは、その第三論点に焦点を絞り、時代の流れとして「開国」をみとめつつ、農業を基本とする日本の「国体」は、本来、鎖国という自給自足的な体制になじむものとして、横井小楠の積極的な国際交易論を強く批判したものである。これについても坂井氏が詳しい解明を試みているが（前掲書三七頁以下参照）、井上の開国論が時代の流れにそう方策であったとしても、それが洋学への関心へと向かわせたことは間違いない。

このように井上の洋学への接近の契機を横井との対決に見る考え方に対しては、近年、井上の修学時代を別の角度から丹念に掘り起こし、そうした特定の契機ではなく「井上が早い時期から実学を志向し、しかも海外の動向に関心を抱いていたこと」に求め、すでに一八六〇年頃（安政七〜万延一）からその傾向が見られる、という日独文化交渉史の専門家の見方がある（森川・ドイツ化構想九頁以下）。確かに、ある一つの出来事を思想上・学問上の転回点とすることもできるが、むしろ実学あるいは実践的思考という観点からの自然な流れと見るほうが理に適っているように思われる。

3　井上毅の登場

井上多久馬へ

飯田多久馬は、退寮後も時習館で勉学に勤しんでいたが（前述二〇頁参照）、翌年（慶応二）二月、二十四歳の時、同じ家中の井上《いのうえ》茂《も》三郎《さぶろう》の養子となってから、「井上多久馬」と名乗るようになった。ところが、過度の勤勉のためか、その前からずっと病気がちでたびたび勉学の途を阻まれる。実際、翌年（慶応三）一月には、時習館の居寮生にのみ開かれていた満期後の留学というチャンスに恵まれ、フランス学修業のために長崎遊学を認められたものの、病気のため翌月に断念している。また、二年後（明治二）には東京転学の命を受けたものの、翌年（明治三）一月にも、また病を得て転学命令を免除されている。

こうして井上は病気のためいったん長崎遊学を断念したものの、一八六七年（慶応三）九月下旬、今度は横浜に向かい、仏蘭西学伝習所において修学することになった。ところが、その前後から世情が激しく変転し、二カ月後には大政奉還となり、翌年（慶応四）初めから王政復古の宣言、五箇条の誓文そして「政体」書の発布などを経て、明治改元を迎えることになる（九月）。井上は、そうした政治変動に伴う江戸の混乱のため熊本に帰藩するよう命じられたが、まもなく再び長崎に遊学すると（七月）、この地の広運館《こううんかん》において、外国通事名《な》村《むら》泰蔵《たいぞう》に就いて、フランス学に勤しむことになった（森川・前掲書一六頁参照）。しかし、この時、政府軍と幕府側との間に会津・北越戦争が起こり、旧主君で熊本藩家老の米《こめ》田《だ》虎《とら》雄《お》が政府側に立って藩兵を率い、会津・仙台方面に転戦したため、井上も会津付近で合流する。その際、佐幕に傾斜した所見を述べ、米田に叱責されるが、実際の戦況を観察して自らの見聞の偏狭を反省し、引き返したという（小早川・梧陰先生七〜八頁）。

井上は、病気が治るのをまって明治三年四月、改めてフランス学修業のため東京転学を命じられ、大学南校に貢進生として入る。貢進生というのは、各藩からの推薦を受けて大学南校に入学を認められた者を指し、その総数は三百名を超える。各藩からの推薦ということでエリートのイメージを伴いがちだが、英仏独語のいずれかは必修で、学業についていけなかった者も多かったようである（東京大学百年史〈通史一〉一四七頁参照）。勤勉な井上にその心配はまったくなかったが、そうした現状への苛立ちを示したのが井上の学制意見書（後述）であろう。

井上と梧陰

井上年譜などを見ると、一般に、明治維新からしばらく経った一八七二年（明治五）六月十五日から「井上毅」と称するようになったとされる（三〇歳）。しかし、郷里の後進田中賢道《たなかけんどう》に宛てた書簡には、すでに「井上毅」と記されている（五年三月一七日、井上伝史〈六〉二八九頁。本書三一頁参照）。公的な『諸官省官員録』（同年四月改定）でも、司法省「中録」として「井上毅」の名が記されている。そうすると、井上毅と名乗り始めた時点はもう少しさかのぼる必要があろう。

ちなみに、井上が遺した膨大な文書類は「梧陰文庫」と呼ばれるが、「梧陰」という雅号について木野氏は、木下塾同門の竹添が対清談判中に天津から井上に一刻も早い上海への来訪を促した書簡（一三年二月三日。井上伝史〈五〉一五二〜一五三頁参照）に「梧陰大兄」とあることから（後述一〇四頁参照）、「この雅号を名乗ったのは明治十年代」——正確には十年代前半——からだろうと推定する（木野・井上研究五頁）。他方、「梧陰」とはあおぎりという高木のかげを意味するが、その由来については、幕末の思想家「松陰吉田寅次郎を意識してのものと考えてもよい」との説もある（辻義政『評伝井上毅』一六頁）。ただ、そこでも認められている通り「確証には欠ける」ようである。

4　官歴はじめ

短い大学南校勤務

井上は、大学南校に入って半年後の九月二十日、木下塾の大先達で直前まで大学少博士であった岡松甕谷の推薦により南校の小舎長に任じられ、まもなく中舎長となる（一二月一〇日。舎長とは宿舎の長）。形式的にはこれが井上の官歴の起点となるが、二カ月も経たない翌明治四年二月一日に南校を依願免官になっている。その経緯はよく判らないが、直前に当局に提出した「辛未《しんび》学制意見」（井上伝史〈一〉一頁以下。古城・井上伝四四頁以下）が関係者の心証を害したことと関係すると見られる。

南校の「教員浮薄、生徒慢忽《まんこつ》、諸弊多端」という現状を前にして提出したその意見書は、新たに定められたばかりの大学南校学則（明治三年閏一〇月）を「名は潤色［修正］として実は紛更に類せんこと」だと厳しく批判するものであった。それは「中舎長　井上毅」名で提出されたが、「広く書生の公論を採る」もので「一人の私見にあらず」と記されている。同じ中舎長として四歳上の平田《ひらた》東助《とうすけ》などとの連携を示唆するものである（森川・ドイツ化構想二二一〜二二三頁参照）。

学制意見——大学南校学則批判

その意見書に盛られた条目は、①「語学正則の便宜」、②「変則便捷の法」、③「編聚寮を設く」、④「教員を督励す」、⑤「生徒の行節を正す」、⑥「洋行生を広選す」である。この④・⑤はもちろん、各種翻訳の需要に応えるための技術的な提案である③もあまり説明を要しないが、最初の二点は、当時の大学規則や南校学則の規定との関係もあって解りにくく、少し補足する必要がある。

まず、「語学正則の便宜」とは、本来、開港地に設置されるべきだが、都下にあることを前提にすると、語学教師を増員して語学生の定数を減らすとともに、正課の外に「間課」を設けて教師と学生が交流できる機会を確保し、いずれでも日本語を使うことを禁止する。これにより、語学の要点である「習慣浸漸の功」、つまり馴れることで次第に身に付いてくる、と説く。そこで教えられる語学が「迂遠艱渋《けんしゅう》なる」もの、遠い世界のものとして難しく感じる要因を「語学校を設くる其地」「生徒過多にして教師不足」「教師不力」「生徒無精」の四点に求めた上での提案である。

次に、「変則便捷の法」は、訓読・解意を主とし、教官の教授を受ける三年在学の変則生については、初歩的な発音・会話から始める在学期限五年の正則生とは異なる修業システムを採用すべきである。つまり、変則生は、普通科(いわば一般教養に当たる課業)を略して法科・理科・文科からなる専門科に注力させ、法科は「異常才識の士及び漢籍に富みたる」者を選び(二割)、代数・幾何学などをも学んだ者には化学・地質学・器械学などの理科を勧めて「舎蜜《せいみ》[=応用化学]、鉱山、農科、諸工」を修得させ(四割)、残りは漢学の素養ある者を選んで洋文を読み翻訳に当たらせる(二割)、という。

いずれもかなり具体的な内容をそなえた提案であるが、これが当局をいたく刺戟し、南校教員の間に波紋を広げたことは容易に想像できる。井上としては、むしろそうした反応を見越し、覚悟の上で建言書を提出したのであろう。この「辛未《しんび》学制意見」には、現状の問題点を指摘し、その要因を分析し、具体的な提案を行うという後年の井上の献策スタイルがすでに見られる。改めて驚かされる。

5　井上像

識見と文藻

井上は献策スタイルに優れていただけではない。これまでの学修事歴や知的関心が示すように、井上は、法制的な作業に携わりながら、独自のレトリック（修辞学）を身に付け、説得力のある文飾にも長けていた。実際、木下犀潭塾の同門で五年先輩であった木村弦雄によれば、井上の「暢達の文、絢爛の辞」は舌を巻くほどであったというし、同門の友枝庄蔵《ともえだしょうぞう》も、その「識見の該博にして、弁舌の勁峭《けいしょう》なる」ことに戸惑ったという（古城・井上伝三九頁参照）。

ここに、政府の要路者が相次いで井上を重用し、各種の詔勅の案文や意見書などの代草を委ねた所以を見いだすことができる。伊藤博文は、立憲政体樹立の詔勅を起案する際に井上を初めて登用したことを自ら語っているが（後述六四頁参照）、『明治天皇紀〈六〉』の「参事院議官井上毅をして図書頭を兼ねしむ。毅、学術・文章に秀づるを以て、宮内卿伊藤博文特に奏薦して宮中に置き、詔勅文案の起草に與《あずか》らしめんとしてこの任あり」（二八〇頁）という記述も、その抜擢事情を示している。

また、井上が岩倉具視の憲法意見書（一四年七月）を起案したことは広く知られているが（後述一三六頁参照）、岩倉が死去の二日前、右大臣辞職を乞うため天皇に提出した骸骨表（一六年七月。岩倉実記〈下〉一〇〇五〜〇六頁）も、井上が代草したものであった（井上伝史〈六〉一五二〜一五三頁参照）。二年後の十八年七月に、岩倉の遺命により幕末の幽居時代の旧蹟（現在、京都市左京区岩倉上蔵町一〇〇番地）に建てられた石碑、「岩倉村瘞髪碑《えいはつ》」（遺髪を埋めて建立）に記された長文の碑文も、「参事院議官兼図書頭従四位勲三等　井上毅」が撰んだものである（徳富猪一郎『岩倉具視公』二九一〜二九二頁参照）。これもまた、広い識見と豊かな文藻がなければとうてい務まらない役目であった。

岩倉瘞髪碑

茲に記憶すべき人あり

大学南校の後身、東京帝国大学の憲法学講座の初代教授穂積八束《ほづみやつか》は、病を得て依願退職するに当たって学生向けに「憲法制定の由来」と題する告別講演を行った（一

穂積八束

九一二年〈大正一〉八月二〇日）。それを閉じるに際し、穂積は、岩倉・伊藤の名を挙げたのち「茲《ここ》に一の記憶すべき人あり」として井上のことを紹介し、その功績を讃えている（穂積八束博士論文集九九六頁。穂積は講演一月半後に逝去）。

いわく、「氏は、当時、官貴からざれども、夙に廟堂重臣の間に信用せられ、賛画する所少なからず。初めは大久保《おおくぼ》［利通《としみち》］公に信任せられ、中ごろ岩倉公を補佐す。公の憲法意見書の類、大抵井上権大書記官、旨を承けて筆を執りしものの如し。後に伊藤公の憲法調査を補助し、功ありしことは顕著なり。憲法の事、小生教を此の人に受けたること多し。明晰の頭脳、該博の学識、荘重典雅の文章、此の法憲編成の時代に於ては、最其の用を見たるなり。人多く氏を知らず、故に茲《ここ》に一言を加ふ」と。

井上毅の人となりは、死期の近づいた時に家族に宛てた「家範附録」の中で、「余、一書生より進みて重職に居り漸く報効の機を得たるは、全く岩倉、大久保、伊藤、山縣諸大人の誘掖《ゆうえき》に倚る、余が子孫たるもの、此諸家に対して交誼を忘るべからず」（梧陰文庫Ⅱ四九四）と記したことにもうかがえる。もちろん、その活躍は、先に見た病魔とのたたかいやさまざまな辛苦・懊悩を伴うものであった。これからその生涯を辿ることにしよう。

第三章　司法省時代

1　江藤司法卿

官歴のスタート

井上毅は大学南校を去った後（明治四年二月。前述二五頁参照）、しばらく横浜でフランス語を学ぶとともに、佐賀出身ではあるが同じく木下犀潭に学んだ先輩、鶴《つる》田皓《たあきら》の世話により司法省で翻訳の仕事に従事した（鶴田・元老院議官一一五～一一六頁参照）。その間の事情は、井上が郷里の後進で木村弦雄《きむらつるお》に師事した田中賢道《たなかけんどう》に「去夏来、僕横浜に於て舌学〔フランス語会話〕演習いたし……客冬来、旧読書友鶴田彌太郎肥前と申すもの世話にて、暫く司法省に出頭いたし、翻訳の課に就き、糊口の計を為す」（明治五年三月一七日、井上伝史〈六〉二八九頁）と伝えている。

鶴田は、大学校少助教の時、刑法典へとつながる「新律綱領」の編纂に関わり、刑部省刑部大録に転任して、その完成と施行を見届けた後、少判事・権中判事と司法省で官歴を積み、井上などとほぼ同時に同省欧州派遣団の一員を命じられ、フランスへの旅程を共にすることになる。

江藤新平

井上は、「客冬来」つまり明治四年十二月十日に司法省十等出仕となり、翌年（明治五）二月十五日には同官位の「司法中録」に任命され（前述二四頁参照）、四カ月後には司法卿江藤新平《えとうしんぺい》を理事官とする九月からの司法制度調査の随行を命じられる（六月一四日）。南校時代の期間（同二五頁参照）とその後の法制官僚の歩みを考えると、ここでの勤務が実質上井上の官歴の始まりとなるが、実際、この時期における井上の活動には目を見張るものがある。

司法省江藤派

司法省は、井上が勤め始めた年の七月に刑部省が二年前に設けられた監察機関、弾正台《だんじょうだい》を事実上吸収するかたちで発足した。当初、刑部大輔《たいふ》佐々木高行《ささきたかゆき》に率いられていたが、翌年四月、左院副議長だった江藤新平を初代司法卿に迎えてから活発な動きを見せるようになる（毛利俊彦『江藤新平』一四二頁以下参照）。江藤は着任して約一年後、参議に任じられて司法省を去るが（六年四月）、その短い間に「司法省江藤派」といわれる動きが形づくられ、急進的な司法改革が進められた（笠原・明治官僚制一七三頁以下）。その動きに井上も共感し、改革を強く支持する。二年後、井上はその時代について「江藤前司法卿の司法省に在るときに、果決鋭為、一挙して進むの勢あり。其の章程を作れる、日夕督責、十日にして案成り、四十日にして活版に付するに至る」と、そのスピード感を肯定的に振り返っている（八年三月一一日山県宛て井上書簡。後述四七頁参照）。

そうした江藤の動きとして広く知られているのは、いわゆる尾去沢鉱山疑獄事件における大蔵大輔井上馨《いのうえかおる》（四年七月任）に対する責任追及である。この事件は、大蔵省が幕末に南部藩から請け負って尾去沢鉱山を経営していた豪商村井茂兵衛《むらいもへえ》の鉱業権を没収したが、その後、貿易商岡田平蔵《おかだへいぞう》に村井の負債額と同額で払い下げた、というものである。当時の井上馨は、とくに「大蔵卿大久保利通欧米巡回中は、大蔵卿代理の資格を以て事務を専決し、殆ど当るべからざるの勢いあり」と伝えられるほどの地位にあり、司法卿江藤は「最も其の反対の地位に立つ」と評される（明治政史〈上〉一七七頁参照）。しかも、両者の対立の背景には「当時の大蔵省は、後の内務・大蔵・逓信・農商務の各省を併合せるが如きもの」（明治紀〈三〉六四頁）だったという行政組織上の事情がある。そのため司法省要求の予算を大蔵省が大幅に削減し、これに反撥した江藤が司法大輔福岡孝弟《ふくおかたかちか》とともに辞表を提出する事態にいたったこともある（六年一月）。ただ、この事件は結局あいまいなまま落着した。江藤はまもなく参議に転じ、井上馨も大蔵大輔を辞任したからである（五月）。

明治政史にいう「欧米巡回」は、岩倉右大臣を特命全権大使とし、参議木戸孝允《きどたかよし》のほか大蔵卿大久保利通、工部大輔伊藤博文、外務少輔《しょうゆう》山口尚芳《やまぐちなおよし》を副使、司法大輔佐々木高行、侍従長東久世通禧《ひがしくぜみちとみ》、陸軍少将山田顕義《やまだあきよし》などを理事官とし、書記官・随行員などを伴った四十六名からなる米欧遣外使節団による各国訪問ミッションを指す（田中彰『岩倉使節団「米欧回覧実記」』参照）。この一行は、一八七一年（明治四）十一月に横浜を出帆し、米英仏独・ベルギーなどを歴訪したのち、約二年後に帰国した（六年九月）。それは、幕末から明治初期にかけて欧米列強との間に結ばれた不平等条約――領事裁判制度がありかつ関税自主権がないため、そう呼ばれる――の改正談判に向けた交渉を進めるためであった。

しかし、アメリカで条約交渉のための全権委任状がないことを指摘され、大久保・伊藤両副使が必要な手続を求めていったん帰国したものの、政府の同意を得られなかったため再びアメリカにおもむいて合流し（五年六月）、その後はもっぱら訪問の礼を修めるにとどめた。日本側は、条約改正のような外交談判にはその手続が必要なことを知らなかったのである。

司法省体制整備

江藤司法卿時代（五年四月～六年四月）には、省組織を整備するための重要な改革が行われている。まず、裁判所を含む司法省の職制・事務章程や留置規則などをも内容とする包括的な司法職務定制が定められた（五年八月。全二二章一〇八カ条）。これにより、司法省が「全国法憲を司り、各裁判所を統括す」る組織とされ、それまで地方官が担っていた裁判を司法省派遣の官吏に移す府県裁判所も設置されたが、前年七月の廃藩置県を実質化する意味を持つ。その三カ月余り後に定められた行政事件の処理手続に関する司法省達（一一月）には、次のように、場合に応じた規律が設けられた（毛利・前掲書一五六頁）。

①「地方官及びその戸長等にて太政官の御布告及び諸省の布達に悖《もと》り、規則を立て或は処置を為す時は、各人民（華士族卒平民を併せ称す）より其の地方裁判所へ訴訟し又は司法裁判所へ訴訟苦しからざる事」、②「各人民此地より彼地へ移住し或は此地より彼地へ往来するを地方官にて之を抑制する等、人民の権利妨ぐる時は、各人民より其の地方裁判所又は司法裁判所へ訴訟苦しからざる事」、③「太政官の御布告及び諸省の布達に付き、地方官にて誤解等の故を以て右御布告布達の旨に悖《もと》る説得書等を頒布する時は、各人民より其の地方裁判所又は司法裁判所え訴訟苦しからざる事」とされた。

右の②は、司法権が人民の移住・往来の自由の保障者となることを宣言し、行政訴訟の途を開くもので、まもなく表面化する小野組転籍事件（六年四～一二月）で威力を発揮した。この事件は、全国的な為替商、小野組が神戸・東京に移転しようとしたところ、減収をおそれた京都府が阻止しようとし、これに同調した京都裁判所も送籍命令の審理を進めようとしなかった、そのため、司法省が担当裁判官を交替させて送籍命令を出したものの、なお強硬な反対論に立つ大参事槇村正直《まきむらまさなお》などの率いる府は命令を拒否しつづけた。そこで京都裁判所が槇村を拘束、収監するなど強い態度に出た結果、小野組の転籍がようやく実現した事案である（笠原・前掲書一八八頁以下参照）。

このように行政事件処理手続に関する司法省達は、いわば行政裁判制度の濫觴《らんしょう》を意味する画期的なものであったが、地方官の権力、行政と司法の癒着に対する強い牽制となり、その当否が政治問題化したのを機に、二年半後、取り消された（八年五月）。

2　欧州司法制度調査

パリ中心の調査

江藤司法卿は、欧州各国の司法制度調査の理事官に任命され、前年秋に出発していた米欧遣外使節団の追加調査を期待されたが、太政大臣三条実美《さんじょうさねとみ》の求めにより留守政府の一員として国内にとどまった。そこで井上は、五年九月十三日、他の六名の随員とともに横浜港を出発する。そこには司法省少丞《しょうじょう》河野敏鎌《こうのとがま》、前記の鶴田のほか、七等出仕沼間守一《ぬまもりかず》、名村泰蔵、権中判事岸良兼養《きしらかねやす》、川路利良《かわじとしよし》などがいるが三十歳の井上は、出発前、官位八等の司法大録（七月）、次いで明法大属に補任されている（八月）。

川路利良

一行は、遠州灘・琉球島沖・台湾沖などを経て「航洋必由の地」香港で大型船に乗り換え、シンガポール、マラッカ海峡を経てインド洋を西に進み、アラビア海を横切り、紅海を北上して完成まもないスエズ運河経由で地中海に入り、ナポリ・ローマ東沖、エルバ・コルシカ島を経てマルセイユに上陸後、汽車でパリにいたる。横浜発後、実に四十四日後の十一月一日だった（鶴田・前掲書一二四〜一二五頁。井上伝史〈五〉三三三頁以下「航海日記」参照）。

一行は、パリ滞在中の岩倉使節団佐々木理事官と会い、調査課題の確認とスケジュールの調整を済ませ（一一月六日）、本格的な調査を始める。帰国のためマルセイユを出港するのは翌六年七月であるから、実質上の調査期間は八カ月余りにすぎない。この滞仏中に井上がこなした調査・研究の様子も、木野氏『井上毅研究』（五九頁以下「仏蘭西留学と司法制度研究」）に詳しい。

ボアソナードとの出会い

当時弁理公使であった鮫島尚信《さめしまひさのぶ》が憲法・刑法の講義をするのに適任な人物を探したところ、パリ大学法学部講師だったE・ボアソナードを紹介され、その講義を受けることになる。日本側は、その受講会合を「諮問会」と称していたが、派遣団のメンバー、井上・名村・鶴田・川路などのほか文部省派遣の今村和郎《いまむらわろう》なども参加したという（大久保泰甫『日本近代法の父 ボアソナード』参照）。その一端は、帰国後の井上『仏国大審院考』の草稿になる（井上伝史〈三〉八〇頁以下解題参照）。

この諮問会を機に、ボアソナードは司法省顧問として名村泰蔵とともに来日するが（四八歳、六年一一月）、日本で最もよく知られているお雇い外国人——政府雇い（官傭）と民間雇い（私傭）がある——で、司法省明法寮・法学校などで教鞭をとって優れた法学者を育て、法学教育の確立に努めるかたわら、政府の諮問に応じてさまざまな意見や改革案を提出し、民刑法など法典起草を手掛けるなど日本の近代的法制度の確立に大きな貢献をしている。当時司法省法学校第一期生だった加太邦憲《かぶとくにのり》の記憶によると、ボアソナードは「教場に臨むに一の法律書をも携帯することなく、素手臨場して前日講義せし末尾の一項を学生に尋ね、その続きを講ずる」という講義スタイルで、「講じたき廉々《かどかど》脳中に簇出《そうしゅつ》し、止まる所を知らざるを以て自ら……秩序なく、時には横道に入り、遂には本道への戻り道をも失することあり」（同・自歴譜一一四頁）という状態であったから、初学者には大変だったらしい。

当時の政府雇い外国人の待遇は、往復旅費の支給や大臣並みの俸給が保障され、無償で住居が提供されるなど破格だった（梅溪・お雇い外国人二三七頁、同・お雇い研究七四頁以下参照）。ボアソナードやロエスラー（後出）などは右大臣相当であったが（六百円・七百円）、ボアソナードほど長く在留した法学系外国人は珍しい。最初の契約期間は三年だったが、その力量と貢献度から何度も更新され、司法省のほか太政官正院・外務省・元老院・陸軍省などからも顧問として迎えられたからである。

ボアソナード

一八九五年（明治二八）三月八日、ボアソナードが二十一年以上を過ごした日本を離れ、帰国の途に就く頃には、かつてパリの諮問会で知遇を得た日本人のうち、岸良・川路・鶴田・今村などはすでにこの世を去っていた。また、来日後ずっと付き合ってきた井上毅も、宿痾との長いたたかいを終えようとしていた（本書三頁参照）。帰国後は、南東フランスのイタリアに隣接したアルプ・マリチーム県の地中海に臨むアンティーブ市（ニースとカンヌの間）に住んだが、一九一〇年（明治四三）六月二十七日昇天、市内のラビアック墓地に眠っている。

ちなみに、歿後二十五年を控え、杉山直治郎《すぎやまなおじろう》・城戸又一《きどまたいち》など当時の在仏日本人が発起人となって、パリ大学法学部にその胸像を建立する計画が進められ、一九三四年（昭和九）六月、日本政府からの寄贈というかたちで除幕式が催された。その像は、現在もパリ第二大学法学部の建物の二階にたたずんでいるが、同じ原型から作られた胸像は、最高裁判所と法政大学のボアソナードタワーにもある（同ホームページ「ボアソナード博士 胸像物語」参照）。

比較法制への関心

さて、一八七三年（明治六）四月までつづいたボアソナードなどの諮問会のほかは、実地調査や翻訳などに忙しかったためか、その後の井上の行動記録は、ほとんど見当たらない。それでも、滞仏中の行程と法制の研究渉歴を辿り、勉学ノート・覚書類に迫ることによって井上の動静はかなり明らかになるが、多くは帰国する年のことである。

井上は、まず、同年五月二十二日、司法省明法権頭楠田英世《くすだひでよ》に詳しい状況報告をしている。ここでは「只々口耳不熟、百事不如意隔靴掻痒《かっかそうよう》の類多く、誠に汗顔の至り、恐縮此の事に御坐候」と嘆きながらも、パリからベルリンまで出かけて十日余り滞在したこと（五月上旬）を記し、仏独両国の法制度や法意識の違いを裁判制度や刑法・治罪法と民法などに即して指摘し（井上伝史〈四〉三八四頁以下）、フランスとプロイセンを対比した興味ぶかいくだりも見られる。いわく「独乙《どいつ》之刑法治罪法は大抵フランスに倣ひたるものにして、フランス千八百五十三年の治罪法改正前之旧法と相類似す……其の民法に至ては各地に局法と云ものありて全く仏蘭西と同じからず……仏にては全国一律と云こと、法家之元則にして、凡そ法を説くの書は、開巻第一に此の義を掲げざる事なし。那破倫《ナポレオン》コド〔code、法典〕は即ち此の義を施行せるものなり。独乙人の論に据れは、刑法は国法に属するを以て、固より全国一律ならざるべからず、民法に至ては、独り其の大則数条一律を表掲すべしといへども、其の細目に至ては、各所各邑皆な其の習慣に従ひ、民心自ら安するの旧貫《（ママ）》あり、即ち名けて局法とす。若し其の局法を消滅して必す全国を槩《がい》して是を一律に約せんとするにおひては……人民を束縛して其の自然の好みを奪ひ、正に残刻を施すに過ぎざるのみ、此れフランスの如き人民軽剽之国に在ては、或は行ふべしといへども、独乙に在て決して行ふべからざるの事たり」と。

こうした対比がどれほど正鵠を射ているかはここでは問わない。重要なことは、井上の関心が単なるフランス法制でなく比較法史的な視点にあった点である。もちろん、井上自身の発想というより、パリに着いた際、佐々木理事官から提示されたであろう項目、「各国法律之概略幷風土人情に依て各法同じからざるところ等、実境《（ママ）》見聞」されたいという指示に対応しており（前述三六頁参照。木野・井上研究六二頁以下参照）、それを意識した結果と考えられる。

イレブラン『プロシア国制論』との出会い

注目されるのは、楠田宛て書簡の終わりに「幸ひ独乙の事、仏文にて著せるものあり」と記していることである。その著書は、ドイツ生まれのジャーナリスト、K・ヒレブラントがフランス語で著した『現代プロイセンとその諸制度』（*La prusse contem-*

poraine et ses institutions, 1867）を指す。ヒレブラントは、ボルドー・ソルボンヌ両大学に学んで学位をとり、フランス国籍をも得て有名誌にも寄稿していた。その著書は井上のプロイセン・ドイツ国政理解の基礎となったが（木野・前掲書一〇〇頁参照）、井上が帰国後に著した『王国建国法』（八年三月、井上伝史〈三〉四二二頁以下）では、フランス語読みした「イレブラン」がたびたび登場する（後述五四頁参照）。

しかも、それは、著書がフランスにおける民主的革命の挫折とともに政治思想家トックヴィルの講義から学んだとされる信念、つまり自由は民主制の中にはなくプロイセン的な啓蒙絶対主義の中で最もよく扱われるとする見方に立って、ドイツ国政を理解してもらうため書かれたものだった（Wolfram Mauser, Hillebrand, Karl, in: *Neue Deutsche Biographie*, Band 9, 1972, S. 147 f.）。その信念は、井上が追い求めていた「政を為すに仁を以てす」「仁は君徳」といった孔子的な統治の理想（井上伝史〈五〉三七六頁以下「行政の目的」参照）にもよく符合する。その意味でも、イレブランは井上の愛読書となり、その自信を深める契機になった（なお、井上毅「行政の目的及範囲」国会学会雑誌三巻二五号一五一頁以下参照）。

リヨンと中江兆民

井上の調査と関心のありかをよく示す資料として、地方制度研究のために第二の都市リヨンに移って一週間ほど滞在し、別の地方都市をも訪ねた際の二通の通信をみてみよう。まず、リヨン市（「里昂府」と記す）は、パリから約四七十キロメートルほど離れたフランス南東部に位置する。ここから井上は、同じ調査団の河野と岸良に対し、当地における裁判所の構成・裁判の方法などを実見したことなどを伝えるとともに、司法省派遣で同地に滞在していた

中江兆民

中江篤介（兆民）が、文部省管轄として学費を受けていたため帰国を迫られていたことに同情し、商工都市リヨンに商法を専攻する「一人の書生」を置くことを提案しつつ、その留学延長の便宜を図るよう強く依頼している（六月六日書簡、井上伝史〈四〉三九九頁以下。井田進也『中江兆民のフランス』一一一頁以下参照）。いわく、「彼れをして今両三年留学する事を得せしめば、彼れの私幸にあらず、必ず本省［司法省］一科の用を成す事、小生不肖敢えて保証をなさん。中江は十年来の仏学者、嘗《かつ》て南校の教授職たり。……此の事小生至願に御座候あいだ、御帰朝の上、至急に御詮議下されたし。尤も、文部省今一左右次第、又御両君御評決の有無、御寸筆を以て小生へ御垂示下されたく、伏して願い候」と。

ちなみに、この時の記憶が中江の心情を動かしたとは考えがたいが、「東洋のルソー」と呼ばれて政府と距離を保ちつづけた兆民は、死期を前に著した『一季有半』（明治三四年九月）の中で、「今や我邦中産以上の人物は、皆横着の標本也、ヅウ〲しき小人の模範也」と冷評しつつ、「余近時に於て眞面目なる人物、横着ならざる人物、ヅウ〲しからざる人物、唯両人を見たり、曰く井上毅、曰く白根専一《しらねせんいち》、今や則ち亡し」（同書二五頁）と記している。しかも、「我邦人は利害に明にして理義に暗らし、事に従ふことを好みて考ふることを好まず、夫れ唯考ふることを好まず、故に天下の最明白なる道理にして、之を放過して曾て怪しまず」という風潮にあって、「近時我邦政事家井上毅君、較や考ふることを知れり、今や則亡し」（同書七〇～七一頁）と、ふたたび井上に賛辞を送っている（参照、中江兆民〈井田進也校注〉『一年有半・続一年有半』三〇頁、五六～五七頁）。

中江兆民瘞骨之標

日頃、月旦の厳しかった兆民が政府の要職を歴任してきた井上に捧げる賛辞について、たんに矛盾と見ることはできない。もともと、当時の政治的な思想状況を民権派・政府側といった二項対立の図式でレッテルを張ることに無理がある。山室信一氏が語るように「その哀悼の想いには、通り一遍のつき合いにとどまらない久しくかつ深い友人としての交わりと共感がうかがわれるのみならず、事実としても政敵として相対峙した二人が自陣営への裏切りにもなりかねないギリギリのところで相通じ合っていた」（山室・法制官僚一二一～一二二頁）。そうした知的交友関係への視点が必要であろう。

井上は河野・岸良宛ての書簡で「明日よりケレルモンへーランと云ふ景勝の地に赴く筈に御座候」と記している。「巴里を去ること九時間」もかかる所らしいが、次にこれを話題にしよう。

「ケレルモン」と地方自治の発見

そこに着いて十日ほど経った時、井上は、郷里の後輩で後に自分の葬式委員を務めることになる佐々友房（前述一一頁参照）に長文の書簡を送っている（六月一七日頃。井上伝史〈四〉四一四頁以下）。そこでは、フランスに到着してから翻訳の仕事に追われたが、夏を迎えて時間がとれるようになったのを機にベルリンを訪ねたり南フランスを旅したりしたこと、パリの「紛華盛麗炊玉《すいぎょく》衣金」ぶりは口では言えないほどであること、「巴里の南七拾余里」にある「ケレルモンと云ふ町」に移ったことなどを詳しく描いている。

この都市は、リヨンから西に約百五十キロ離れたクレールモン－フェラン（Clermont-Ferrand)、現在ピュイ・ド・ドーム県の県庁所在地を指し、ここでの記録が「佛国地方都市見聞録」として遺されている（井上伝史〈三〉五二頁以下。「ケレルモン行随筆」も参照。井上伝史〈補二〉一一六頁以下）。かつて単なる「クレールモン」と誤って紹介されたこともあるが、これはパリの北々西約六十キロメートルにあるオワーズ県の人口わずか七千七百人余りの町にすぎず、明らかな同定ミスである。

先の書簡（六月一七日頃）の中で井上は、とくに地方行政の組織・運営のあり方に光を当て、「凡そ欧州政事の美果は、尤も地方治務及び警保法等に有りと思はる。是れこそ我が東方に在て甚だ羨むべき事にして、幾百年の後を待たず、急に肩を均しくせんことを庶冀《こいねが》ふなり。窃《ひそか》に思ふ、目今の務は只県政一事にあるのみ」と述べる。実際に見聞したところを書き留めたもので、経験者でなければとうてい書けない臨場感に溢れており、地方自治の重要性を指摘した貴重な資料といえよう。「仏蘭西国政覚書」（井上伝史〈三〉二二頁以下）が、ボアソナード「諮問会」に臨み、フランス書を読みつつ西洋ノートに記したため、制度や組織の平板な叙述に終始しているのと比べると、その違いは歴然としている。

井上は、帰国を前にしてベルリンに滞在し、明治六年「五月十四日」付で記された「伯耳靈《ベルリン》に於て筆記」との表紙を持つ講説録も遺している（井上伝史〈三〉四五頁以下参照）。これは、西洋ノートに当日「夜執筆」した草稿を後に浄書したものであるが（同時期の記録は「伯耳靈行筆記」としても遺されている。同書四八頁以下参照）、そこに「我が独乙に在て」という興味ぶかい記述が見える。これは、当時、留学生としてベルリンにいた青木周蔵《あおきしゅうぞう》などの助けを得て紹介されたドイツ人の識者から聞き取ったという趣旨なのか（その間の事情について森川・ドイツ化構想六四頁以下参照）、フランスにはないとする「局法の論」に「ドロアロカル」とルビが付されているところからフランス語を解するドイツ人によるものなのか。先の楠田宛て書簡では、「幸ひ独乙の事、佛文にて著せるものあり」とする注記（前述三九頁参照）につづけて、「又独乙人仏語にて小生輩の為に講説するものあり」と記されている（井上伝史〈四〉三八四頁）。

3　国内実装へ

帰国後の政情 ——征韓論の変

その頃までに調査を終えた司法省派遣団（後にボアソナードとともに帰国する名村泰蔵を除く）は、一八七三年（明治六）七月二十日にマルセイユ港を発ち、鶴田皓などとともに九月六日に横浜に着いたが、まもなくいわゆる征韓論の変が起こり、国内は大きな変動に揺れる。この変乱は、陸軍大将兼近衛都督西郷隆盛《さいごうたかもり》を中心とする対外派が強く主張した朝鮮征伐がほぼ内定していたのに、帰国した岩倉・木戸・大久保など内政整備を急務とする内治派が強く反対したことに起因する。

この政府内不統一という状況を前に、三条太政大臣はなす術もなく大臣職を岩倉に託したため、西郷一派は岩倉右大臣にも直談判するなどの挙に出たが、岩倉の強い拒絶にあって朝鮮遣使の発令にいたらず、ついに征韓論は敗れる。その結果、西郷は辞職し、左院事務総裁後藤象二郎《ごとうしょうじろう》・外務省事務総裁副島種臣《そえじまたねおみ》・板垣退助《いたがきたいすけ》も一斉に辞表を提出するにいたる（一〇月二五日）。また江藤は、左院副議長から司法卿に着任し、司法省を牽引してきたが（前述三二頁参照）、参議職を解かれて下野した後、佐賀に帰郷して朝鮮半島への進出を唱える征韓党の代表に迎えられ、のちに乱を起こすことになる（後述五六頁参照）。

この時、参議大隈重信《おおくましげのぶ》を大蔵卿兼任とし、工部大輔伊藤博文を参議兼工部卿に、海軍大輔勝安芳《かつやすよし》を参議兼海軍卿に充てるなどの内閣更迭が行われ、司法卿の後任に参議大木喬任《おおきたかとう》が就くが、井上にとって大木司法卿時代は決して仕合せの良いものではなかったらしい（後述四七頁以下参照）。

欧州調査の成果

フランス調査から多くの成果と知見を得た井上は、帰国後二カ月して司法省七等出仕となる。この「七等」出仕は、当時の官制上、十五等まであった官等――各省大臣に相当する勅任の卿は一等、司法大輔・大判事は二等、奏任トップの司法大丞・中判事は四等、少判事は六等――の中で奏任の最下位になるが、井上の著作はその肩書で著されたものが多い。その一端は「司法大意」「仏国警察制度考」「仏国大審院考」などにまとめられたが（井上伝史〈三〉五六、六六、八〇頁以下参照）、ここではまず憲法的刑事手続に関する著作を見ることにしよう（憲法関係著作については、後述五四頁以下参照）。

井上毅編纂として出された大部の『治罪法備攷』（七年八月〜一一年三月、井上伝史〈三〉一一一頁以下）は刊行が多年に及んだため、肩書が「司法省七等出仕」から「太政官大書記官」に変わったが、

『治罪法備攷』

大きく捜査・公訴を扱う上編と公判・裁判を扱う下編に分かれる。治罪法という題名は「罪犯を糾弾し、及び裁判するの法則」を意味するが、単なる刑事手続の解説本ではなく、憲法的視点や実務的な諸式なども採り入れた浩瀚な著作である。

その緒言は「仏国諸学士の書を参伍」するとともに、「命を奉し、西行するの日」を得て自ら「目撃耳聞する所」をまとめ、「立法官の裁酌」の参考に充てるとして、本書刊行の趣旨を述べる（上編第一巻）。そこではとくに当時の現行法である新律綱領改定律例（六年六月）が、「凡ソ罪ヲ断スルハ口供《こうきょう》、結案《けつあん》ニ依ル」とし、自白制度を定めていた点に強い疑義を呈し、自白を要件とするため拷問が行われるので、拷問を廃止するためには「先づ口供結案を廃せざるべからず」と断じている。このように「緒言」の中で特定の規定や論点について是非を論じるのは異例であるが、相応の理由と根拠があったのである（後述五三頁参照）。

本論は「治罪」のあり方として人民各自が罪人を訴え「告訴法」と、検察官が立件する「糾問法」の二種類があるとの説明から始まる。その上編第一巻は、体系書の定石通り「治罪法の沿革」から始まり「治罪法大意」を説き、つづく「各国建国法治罪原則」は、米仏英やプロイセン・オーストリアにおける「治罪論刑ノ原則」を定めた憲法規定を確認し、第四章（章名なし）は、「人身自由」「家宅不侵」の二つの要素こそ各国憲法に共通する「民権の大義」だと説く。いわば憲法的刑事手続を記す重要な総論部分を形づくるが（その後、公訴手続・警察・告訴・告発などを扱う）、その際に参照されたのは、ブロック編『国政事典』（*Dictionnaire général de la politique*, 1863-64）の諸論考である。同書は井上の座右の書として、憲法意見書の起草に際しても重宝される（後述一三八頁参照）。

省内批判

井上は、江藤新平司法卿が率いた時代を「果決鋭為、一挙して進むの勢あり」と高く評価したが（前述三二頁参照）、後任の大木喬任（六年一〇月〜一三年二月）に対しては「長官たるもの」としての働きに厳しい眼を向けていた。司法省の現状に対しても「今の道に由りて行くときは、十年を経ると云へども、恐らくは以て効《しるし》を見るに足らざる」ものと業を煮やし、その苛立ちと決意を「一事為すことなく、以て両三年を閑却するに至れり。今日……内にして、法制立たず、拷問廃せず。一に武門の旧習に因循し、開化諸国の嘲笑する所たり。外にして、我が国法、我が国土の内に行はれず、外人我が婦女を強奸して、罪犯捕獲すべからざるに至る……是れ偏に司法の権振はざるに因る。今、司法に仕ふるもの、当《まさ》に日夜勤勉、且つ議し且つ行ひ、三、五年を期し、以て法権の回復、律章の備具を要すべし」と記している（八年三月一一日大久保宛て建言書。井上伝史〈一〉五四〜五五頁）。

井上にとって、司法省に課せられた最大の使命は、幕末以来の不平等条約に由来する治外法権の撤廃と「法権の回復」にあり（後述一七九頁参照）、そのために法制度を整備することであるが、司法省の現状はそれに応えていない、と厳しく批判したのである。その背景には司法省と左院の対立があったことも無視できない。井上が『治罪法備攷』上編を刊行した当時（七年八月）、伊地知正治《いじちまさはる》を議長と

伊地知正治

する左院は、「議政官ニシテ正院ノ補佐トナリ、其垂問ノ事ヲ議スル所」とされたが、それまでは「国憲民法ノ編纂或ハ命ニ応ジテ法案ヲ草スル」ものとされた（六年六月）。

この「国憲」について、江藤派はフランスにいう五法（刑法・治罪法・民法・商法・訴訟法）を指すとの立場をとり、左院の「国憲」編纂に否定的だった（明治紀〈三〉九二～九三頁参照）。そこで、左院事務章程の改正（七年二月）により「正院ニ於テ国憲ヲ議……スルコトアレバ、特命ヲ以テ本院議官ヲ選任シ其事ニ与リ議セシムベシ」として格下げされた。それでも臨時下命事項として要望が裁可されて「国憲編纂局」が設けられ、取調掛も選任されたが（同書二五七～二五八頁参照）、その後目立った進展はなく、翌年四月には立憲政体樹立の詔勅とともに左院自体が廃止された（後述六五頁参照）。

左院批判

こうした事情から、左院が司法省に強い対抗意識を持ったとしても不思議ではない。その空気の一端を示すのが、「問駁議一則」と題し「法制を論じて左院に駁するの議」と記した文書であるが（井上伝史〈一〉一九頁以下）、制度改革案ではない。むしろその司法省批判に対し「本省に於て省議の在る所を備述して、以て公論の帰する所を仰がざることを得ず」として、強い語気で記した反論の書である。

この「駁議《ばくぎ》」は、当時左院で有力に展開されたらしい司法省批判、つまり同省がフランスの法制度を模倣し、「形貌を模擬し、理論に拘泥し、各国の沿革変遷を詳らかにせざる者」であることを非とし、むしろイギリスとロシアの法が「平易にして民情に便なる」ものと推し、「仏を捨てて英を取らんと欲する」論調を痛烈に批判する。そこでは、「法律と司法職制を混看したり」する「左院の論」や「羅馬の法律を以て、旧にして且つ弊《つい》へたる者とし、仏国の法を羅馬に采《と》るを以て已むことを得ざるに出つる者」とする「左院論者の云ふ所」を明らかな「誤」としてしりぞける。

その際、「公論の在る所」を見るために「羅馬の法を学べよ、而して爾《なんじ》の法に従って生活せよ」との確言（前記「伯耳霊行筆記」、井上伝史〈三〉五〇頁）を援用しているところも、井上が欧州調査で身に付けた確信を示すものとして興味ぶかい（森川・前掲書六八～六九頁参照）。それは、ベルリンで共感をもって書き留めた「普魯西の碩学「ワンゼロン」氏」、すなわちドイツの民法学者ヴァンゲローのことばであったが、ここに見た左院への反論は、雑駁な議論などでは決してなく、「仏国教師を雇ひ、理事官を派し、務めて内外の宜を酌み、其のこれを事実に施す」ことに専心し、数年来、制度改革に実績を積んできた司法省の立場を鮮明にするものであった。

とはいえ井上は、先の『治罪法備攷』上編を刊行した頃から、司法制度を中心とする内政問題に関わることができなかった。四年前に起こった台湾事件の処理のため、清国との外交交渉に携わるようになったからであるが（後述九六頁参照）、その頃の国内状況は井上に政体取調べに向かう契機を与えることになった。すなわち、征韓論の変以来、政府は、民撰議院設立の急進論者板垣が西郷・副島・後藤とともに下野する一方、征韓論に反対した漸進論者木戸も参議兼文部卿を辞任するといった分裂状態に陥っており、抜本的な立て直しに迫られていた。そこで井上馨・伊藤などの有力参議の間で、木戸と板垣を内閣に復帰させる計画が練られ、政界巨頭大阪会合（伊藤伝〈上〉八八七頁）、世にいう

大久保利通

大阪会議が実現する（八年一月〜二月）。これを機に参議に復任した木戸・板垣と大久保・伊藤の四名が正院の政体取調御用掛に命じられ（三月一七日）、十日後にはその調査がほぼ結了（三月二七日）という時機にあった（明治紀〈三〉四一四頁。政体取調案の要旨は明治政史〈上〉二五五頁、自由党史〈上〉一六七頁など参照）。

司法省改革建言

　この前後、司法省の状況を憂慮した井上は、同省改革に関する建言書を、司法卿宛てにではなく内閣の第一人者と目される大久保参議兼内務卿に提出した（三月一一日。井上伝史〈一〉五四頁）。この時期がポイントである。その建言書は、「一昨日、口上を以て申し上げ候末、猶書取を以て御内見に備へ候なり」とあり、二日前に口頭で申し入れた「司法省は必ず更張あるを要す」という提案を改めて書面にしたにすぎないように見えるが、むしろ井上の考えを知った大久保が、政体取調べの参考材料とするため、確認のため要点を書き留めるよう依頼したのであろう（後述六四頁参照）。

　この建言は全部で七項目あるが、まず「目下急に行ふべきもの」として以下の四点を挙げる。いわく、「第一に、人を得る」、具体的には河野敏鎌などの有用な人材を登用すること。「第二に、課を分け任を責め、無用の官吏を省く」、すなわち事務組織を簡素で責任ある体制とする。「第三に、議事規則を設く」、つまり「省務の大事、及び新法の草創」など「省官の衆議を経議するもの」は「衆説」又は「長官の意見」により必ず決定する。「第四に、各種法律専務官を設く」、とくに裁判官の中から

「事務を実歴したる者」と「洋書を読み、洋書を知る者」を選び、「治罪法、刑法、訴訟法、民法、商法、及び万国公法中私法の部を起艸《きそう》する」専務官を置き、その成案をまって「公議に付す」こととし、二年後には完備する（ただし、民法は急成を要しない）など、かなり具体的に示している。

他方、「其の目的を定め、漸を以て歩を進むべし」とする漸進主義的な提案として三点がある。いわく、「第五に、裁判権を判《わかち》て、司法省と分立し、行政官と相干冒《かんぼう》せざらしめ、以て其の独立を保す」「第六に、全国に二十五、六カ所の上等裁判所を置き、以て覆審《シラベナオシ》を行ひ、各地方の大区に、下等裁判所を置く」「第七に、東京に大審院を置く」ことを挙げ、この「大審院は、裁判の不当なる者を改正し、裁判官を監視する所にして、以て全国の司法権を統一す」る。第五・第六点はいずれも「急に行ひ難し」とし、第七点は第五点と一体であるため「裁判権の分立の日に行ふべし」という。

この建言から約ひと月後、立憲政体樹立の詔勅（四月一四日）によって大審院を設けることが政治公約となった。さらに、ひと月後に制定された大審院・諸裁判所職制章程（五月）において、大審院は「民事・刑事の上告を受け、上等裁判所以下の審判の不法なる者を破毀して、全国法憲の統一を主持する所」とされ、初審からの控訴事件を「覆審」する「上等裁判所」も設けられた（後述六六頁参照）。ここで井上の司法省改革建言の文言との符合が見られることは注意をひくが、さらに興味ぶかいのは、最初の二点にはそれぞれ理由が示されていて、裁判権の独立については「法律未だ備はらず」とするのに対し、全国に設けるべき上級裁判所・下級裁判所をめぐる問題点について、「裁判官其の人なきを以てなり」と断定していることである。

この厳しい診断の背景には、当時、国家的な資格試験制度が存在せず、司法官は自由任用か司法省法学校卒業生から任用されていた、という任用問題がある。後年「司法省を置かれて以来、人事改革の最も大なるもの」（加太・自歴譜一七〇頁以下）と言われる異例の人事刷新処分が断行された老朽司法官淘汰問題（三一年六月）もそこに由来するが、判事登用試験――今日の司法試験――は、十年後の明治十八年八月になってようやく始まる（一七年一二月「判事登用規則」参照）。

司法省改革建言の第五以下の改革案には、行政組織と裁判権の分離、司法権を統一する大審院の設置など、重要な憲法原理に関わる論点が並んでいる。その意味で、井上の司法省改革論は単なる司法省内の政策決定を超える要素を含む大がかりなもので、一月の大阪会議から四月の立憲政体樹立の詔勅にいたるまでの間に井上が関与したとみる根拠もそこにある（木野・井上研究一二六頁）。

この建言書が評価されたことによるのであろう、井上は約十日後に司法省出仕兼任というかたちで正院の政体取調局御用掛書記官に転任している（三月二三日）。これは、木戸・板垣・大久保・伊藤の有力参議による政体取調べに他の属僚とともに井上が深く関与し始めたことを意味し、意見提出先である大久保参議兼内務卿に見込まれて、単なる法制官から一種の政治職へと転身する契機になったと考えてよい（後述六四頁参照）。

拷問廃止論とボアソナードとの連携　立憲政体樹立の詔勅から一カ月後、井上は、先にふれた改定律例「口供結案」条（前述四六頁参照）の廃止を強く主張する「拷訊廃止意見」を大臣・参議宛てに提出した（五月一三日、井上伝史〈一〉五八頁）。約一カ月前、ボアソナードが大木司法卿宛てに拷問の廃止を説く書簡を送り（四月一五日）、司法省にも「拷問の廃止に関する建白書」を提出したこと（二〇日）と密接に連動する。

実際に拷問が廃止されたのは、翌年（明治九）六月十日、同条を「凡ソ罪ヲ断スルハ証ニ依ル」と改められたことによる。その三カ月前、ボアソナードは井上に「君は全く正理と人情とに基きたる、此の改革に熱心以て與みしたる人の一人なりしと聞く。余は、君と共に、貴国の爲に、勉励したるより深く君を愛するの念ありしが、右の一事以て其情を深くせり。故に……此の大主旨に関したる余が新意見を君に向て陳述せんと欲す……君、親ら此時機に乗じ、正院に於て、再び此の論題の調査をなさしむるを得べく、且つ君日本語を以て、我が論説を他人に説明さるべし」と伝えている（三月三一日、法制史料〈八〉二一五頁以下）。一年前に拷問廃止の建白書を司法省に提出し正院にも廻されたにもかかわらず、一向に変わらないことを嘆き、関係者を説得するよう依頼したのである。両者が拷問廃止に向けて共同歩調をとったことは明らかであろう。

ボアソナードの要点は、「被告人は、之を抗告する社会に対して、抗言するの不抜の権利を有す」（第一）、「日本は、正理を以て、且つ国位の為に、外国人を裁判する権利を求む」（第二）、というものである。後者は、日本が国際法に無知の間に西欧列強と結んでしまった不平等条約の問題の一つ、「法権」の回復という重要な政治課題に直結する。そこで「一般に、且つ十分に拷訊を廃止することを以て、刑法改革の第一着手と為すに非ざれば、恐くは此権利を得る能はざるなり」と言い、井上に「直ちに一般に且つ十分に拷訊を廃止せんことを乞ふ」とし、維新以来「日本の新政府が……行ひたる諸事業の中に就て、其の政府に最大の名誉を與ふるものにして、日本を他の開けたる国と同等の地位に置くべき事業は、之を除て他にあることなし」と説いている。

井上がフランスから帰国した後に著したもう一つの重要な業績として、『王国建国法』がある（八年三月。井上伝史〈三〉四二二頁以下）。第一部はプロイセン憲法、第二部はベルギー憲法の邦訳と注釈を収めているが、冒頭の「小引」は出典（E. Laferrière et A. Batbie, *Les constitutions d'Europe et d'Amérique*, 1869）を示しつつ、「建国法とは、根本憲法の謂なり。上《か》み君権を定め、中《な》か官制を規し、下《し》も民権を保し、上下共に誓ひ、守て逾《こ》えず。之を根本憲法とす」と説いて立憲国家の要諦を平易に説くとともに、立憲各国の共通点を指摘して言う。「民権は……国民平等、人身自由、住居不侵、私有通義、上言、論述、礼拝社会の自由、此の類是れなり。君権は……立憲の国に在ては、国王上下二院と、立法の権を三分し、諧同の後、方《まさ》に定法を成す……独り王の身位、得て侵すべからす。其の王命に至ては、輔相名を署し、事、憲法に乖《そむ》く者あれば、直に人主を責めずして、罪其の輔相に加ふ……官制如何……法を議し税を徴するは、国の大事とす。必ず之を衆に詢《はか》る、詢らざるの法は必しも順《したが》はず、問はざるの税は必しも納めず……議院の設けあり。民衆推選して、議士集り、多数決を挙て、公論定まる……各省の事は、細大となく、該省大臣、窮《み》を以て責に任ず……訟獄の事に至ては司法の官あり、特立不羈……法に徇《したが》ふことを知て、権に順ふことを知らず、国王と雖も臨て其の決を格《とど》むことを得ず」。

このように君権・官制・民権の要素からなる憲法の代表例として、ベルギー憲法（一八三一年制定）とプロイセン憲法（一八五〇年公布）を抜萃したのである。しかも、後者を対象とする『王国建国法』第一部では、条文注記でイレブランを多用している（前述四〇頁参照）。その導入部分で「「イレブラン」氏ノ普魯西《ぷろしや》国制」が見られるほか、「教旨ノ自由」つまり信教の自由、民事婚に関する「民婚ノ法制」、「王室ノ経費」、大臣訴追（執政責任）、上院組織法、予算の議定、現行法にもとづく租税徴収権といった条項にも、「ヒレブラン」氏によることが記されている。また「現行の租税は、旧に依て収入すべし」とする条項は、「建国法の大節目」である予算の毎年議定制と矛盾するとのイレブランの指摘も、強く印象づけられている。

プロイセン憲法については、七年前の訳文を再検討し、新たに一書にした著作もある。明治十四年政変後に刊行された井上毅訳『孛国憲法』（一五年五月。井上伝史〈三〉五〇四頁以下）である。これは、政府内部にあった立憲政体構想をめぐるイギリス準拠派とドイツ・プロイセン準拠派の対立が大隈重信の下野というかたちで決着がつき、後者が政府の基本方針として確定したことをうけたものである（後述一五三頁以下参照）。

時期的には少しあとになるが、欧州調査の成果を示すものとして、太政官大書記官時代に著した『仏国司法三職考』も挙げることができる（一一年一二月。井上伝史〈三〉四六五頁以下）。これは、フランスにおける「代言人」（弁護士）、「代書人」（代訴人）、「目代」（検察官）について紹介したもので、もともとフランス帰国後まもなく出版予定であったが、まえがきの日付は「明治十年十一月」となっている。その内容は、先行した岩倉使節団の佐々木理事官から課せられた調査項目に見える「代言師、代書師、公事師など唱る者の職務境界」とぴったり符合する。ここでも「余、巴里に於て、法庁に至り見る、代言師、且つ訴へ且つ罵り、左指右顧、幾《ほと》んど狂人の路に叫ぶに異ならん」として、弁護士の法廷活動の実相を活写するなど、実地調査の成果が生かされた。そして代言人・代書人、目代職制について『ブロック氏国政字類』（国政事典）を参照した説明を施しつつ、比較法的な視点を取り入れて「代書人各国異同」「各国目代制」や「孛国代言人」とフランスの代言人の比較にも及んでいる。井上の調査は、パリ中心の行程ではあったが、広く欧州司法制度を調査するものであったのである。

4　制度改革提言

不平士族の動き

さて、征韓論の変は不平士族による不穏な動きをもたらし、井上による建白書（後述）にも影響を与えている。その動きについて詳述する余裕はないが、明治七年になると、東京では征韓論を唱える高知県士族による岩倉暗殺未遂事件が起こる（一月。赤坂喰《くい》違《ちが》いの変）。また、前秋田県権令島義勇《しまよしたけ》を代表として封建制への復帰を唱える保守的な憂国社などをも加えた不平士族集団も、二月初めから不穏な動きを示していた。

そして、征韓論に敗れて佐賀にもどった江藤新平について不穏情報を得た陸軍省は、熊本鎮台に出兵を命じるとともに大久保参議兼内務卿に九州出張を求め、侍従番長米田虎雄《こめだとらお》のほか司法省の権大判事河野《こうの》敏鎌《とがま》、大検事岸良兼養《きしらかねやす》などにも随行が命じられた。同時に大阪鎮台・熊本鎮台に要員を派遣するなどの措置がとられ、政府の危機感を表しているが、やや遅れて井上毅も「臨時御用これあり」として九州出張を命じられた（二月一三日）。

当初、佐賀県庁の陥落、熊本鎮台兵の死傷・敗走とつづいて政府の苦戦が目立ったが、東伏見宮《ひがしふしみのみや》嘉彰《よしあき》（小松宮彰仁《こまつのみやあきひと》）親王を総督とする征討軍の派遣によって戦況は変わり、江藤などが敗走するに及んで平定布告が発せられた（三月）。まもなく動乱に関係した者や首謀者と目された江藤は逮捕され、佐賀県出張裁判所――司法職務定制（五年八月）所定の地方に設けられた司法省裁判所――の判決に従っていずれも処刑されたが（四月）、井上の出張は所定の司法手続をふむための臨時要員だったと考えられる（木野・井上研究一一六～一一七頁参照）。

官吏制度改革案

先に見たように井上は、外国調査の成果を積極的に世に問うだけでなく、その知見を基にさまざまな改革案を策定することに力を注いだが、国内情勢をふまえて二つの建白書を提出している。まず太政大臣宛ての「官吏改革意見案」（明治七年四月一五日）は、世上の「政府は益々左して人民は益々右す」という現状を憂慮し、将来「欧州の変革を名とし、以て大乱を揚成せん」とするおそれを指摘して、当局者に「痛く自ら励精し、務めて弊事を除く」ことを進言した（左院受付。井上伝史〈一〉一四頁以下、井上伝史〈補一〉二頁以下、明治建白集成〈三〉三三五頁以下）。不平士族の反乱に見られる不穏な動きに対する警戒を示すものであるが、それ以外にいろいろな論点を含んでいる。

その官吏改革意見案はいう、「一に曰く、官吏に規律なし」。現状を見ると、「官吏たる者、蕩として紀律なし。往々賤民だも敢えて為さざる所を為す」。したがって「官吏の風儀を正し信倚《しんい》すべからしめ」ることが重要である。「二に曰く、選挙に法なし」。そこで、人材の登用には選挙の法を導入して「俊才の士」に「望を係くる所」を示すことが肝要である。「三に曰く、官制冗濫」。こうした「官制愈々濫にして事務愈々滞る」ような現状を打破するため、「今日に在て奏任以上の半を省くに非ざれば、以て冗官の害を痛正するに足らず」と考える。「四に曰く、民政修まらず」、つまり「維新以後、地方の民政、旧幕に優ると云へども、或は旧各藩に及ばず」という実情がある。したがって、「戸長の撰は本邑老朴有望の人を用ひ、其の人民に忠なる者を勧奨し、又専ら教育を誘《いざ》なふを以て務とし、其の它才を鶩《は》せ、功を喜ぶこと」を基本とすべきである。「五に曰く、文法太繁」。すなわち「各省争て新令を布く、昨日一号を頒ち、今日一章を下す。旬日の間、堆然巻を為す。方に多事を為し、人民をして徒に嘔吐するの気を生ぜしむ」という弊害を改めて、国法・刑法は全国一律とするが、民法は「民俗に適する」ように「各地各法を行ふ」ものとすることが望ましい。

井上はここでも、その他の提言を含めて「欧州各国の制」、その国家行政組織のあり方を例証とし、「仏蘭西の書」や前年自ら「仏国に在り県邑を巡行」したことに言及している。この意見案も欧州調査の成果と言えるが、最後の提案は朝令暮改と法令の洪水を危惧したものであろう。こうした意見を受けた左院の対応も興味ぶかいが、左院は「逐条実際適当の至論と相考へ候条、緩急の順序を以て御採用これあり然るべくと存じ候也」とする積極的評価を付して内閣の大臣・参議への回覧に付す手順を踏んでいる（五月八日。井上伝史〈補一〉八頁、明治建白集成〈三〉三三八頁参照）。それ以上にどのような反響があったのかよくわからないが、注目されるのは、右に紹介した官制改革案五点が十一年後の内閣制度の発足に当たって伊藤総理大臣が各省大臣に訓示した「官紀五章」（一八年一二月）につながることで、ここにも視点の一貫性をみることができる（後述一九七頁参照）。

備警兵（憲兵）設置・士族登用案

井上は、六月三十日にも、岸良兼養との連名で「備警兵を設けるを乞うの議」という建白書を左院に提出している（井上伝史〈六〉三五七頁以下、明治建白集成〈三〉五三四頁以下。その草稿「備警兵設置請願案」は井上伝史〈一〉一二頁以下参照）。これは、フランスから帰国する前に起こった前年の福岡・鳥取・名東《みょうとう》［現在の徳島・淡路島・香川］各県下の騒擾（六年六月）などに接し、その要因を「兼て地方警備の設けなく、害を未然に防ぎ、禍を微小に止め、盛大に至らしめざるの具なき」ことと見たからで、急いで「警兵を設立し、以て世治を保持せんこと」が今日の最重要課題であると説く。

この建白書で興味ぶかいのは、備警兵を設置するための具体的な方策まで提示し、旧士族を人的資源とすべきことを説いている点である。ここでは旧士族の窮状を指摘すると同時に、「人臣たる者、使用を得るより栄なるは莫《な》く、義務なきより辱なるは莫し」という状況がもたらす社会不安を抑えるとの観点から、「今の人民稍や智識ありて、且つ義行を知る者、士族に若《し》くは莫し」として、「警兵を士族に采り、掲げて其の義務」とすべきことを強く主張した。この建白書は、備警兵を雇用する費用の捻出方法についても言及し、「専ら士族に采る」提案を「偏私なり」とする批判に対する反論も用意し、そもそも備警兵は「検視証告の任」に当たるもので、「必ず字を読み、文を草するの人を待つ」ことから、「勢ひ士族に采らざることを得ざるなり」という。

これに対する左院の反応はどうだったのか。主務である内務課と合議に当たった兵務課は、備設警兵の設置の必要性自体は認めるものの、備警兵は「建白者の言の如く必ずも（ママ）士族に限る可からず、広く四民の内より抜粋して之に充て」るとして徴兵制を志向しつつ、その「費用は之を分て、半を其の府県下の人民に課し、半を官費に定めば、左程大蔵の出費にも相成るまじく候へば、早速御設置相成りたく存じ候」と好意的な反応を示した。これに対し、兵務課は「一応内務省の意見をも御下問の上、御決議これありたし。此議愈《いよい》よ御採用相成り候はば、尚其編制設置の方法規則等、詳細取調べ上申可致すべき候」との審査意見を最後に付している（九月。明治建白集成〈三〉五三六～五三七頁参照）。

左院の反応はいわば「総論＝賛成、各論＝修正ないし反対」の響きを持つが、関係資料には「内務省の回答、および陸軍省との照復のあとを発見し得ない」という（中原・明治警察史五一頁）。その見立てによれば、陸軍が士族召募反対論であって、むしろ庶民徴兵制に立っていたことが背景となって、政府は井上・岸良の提議に応じなかったのだろう（同書五八頁参照）。現実の「政治」は一介の司法官僚の建言をさながら採り入れるほど甘くはないが、当時の井上の地位なども考えれば、内務省や陸軍省の対応はむしろ当然であったというべきかもしれない。

右の建白書には、井上などが欧州調査で収集した「仏蘭西備警兵考」が「参酌」資料として添付されていた（井上伝史〈六〉三三八頁以下、明治建白集成〈三〉五三五〜五三六頁参照）。ここで先に言及したブロック編『国政事典』の項目「憲兵隊」も活用されているが、帰国後に著した前記『治罪法備攷』上編に記された「備警兵」も、その備警兵考を少し改訳しつつ大部分を利用したものである（井上伝史〈三〉一六二頁以下）。井上は、司法省から太政官正院という政治部門に移った後も、こうした備警兵、すなわち憲兵を設置すべきことを持論としつづけたのである（後述七六頁参照）。

第四章　「法制官僚」としての歩み

1　政治家との距離

井上毅は「自から動かざるも、其の高官、大僚を動かして、自己の意見を貫けり」という人物である（本書六頁参照）、半ば法制官半ば政治家である。制度創設期・変革期に特徴的に見られる官僚像であるが、要路者からすると、時に地位と役割をわきまえない不届きな言動に苛立ちを覚えるタイプでもある。井上は、その識見・文才から岩倉右大臣に重用され、大臣・参議による閣議で決定すべき政策などにも影響を及ぼすことがあった。そのため岩倉との関係を快く思わない関係者もいた。

実際、伊藤博文に面会して所用を済ませたことを岩倉に伝えつつ、井上は「事已《すで》に成就の件を小子輩の容喙候より一転候は、甚だ然らざるべく候へば、何卒小生より云々の訳、内閣にて御発言これなきよう願ひ奉り候」（明治一四年五月二九日。井上伝史〈四〉三三七頁）と懇願している。伊藤は、閣議の場でよく岩倉が井上の名を挙げ、その献策によることを公言することに苦言を呈したのである。より厳しい態度に直面する場面もあった。井上が、岩倉の内命を受けて、大隈提出の憲法意見書に対抗できるものを仕上げ、その一端を「欽定憲法考」として提出した時のことである（後述一三九頁参照）。その模様を「再申」として伊藤に伝える中で井上は、「憲法取調の大事を自ら御負担」になるか「退いて密かに一部の私擬憲法を草創し、御上奏」に及ぶかのいずれかを採り、「一歩も譲るべからざるもの」と迫り、もし他の人が担当することになれば、「官を辞して熊本の一人民」となって国に報いたいと「予め言明いたし候」と記した（七月二日、同四五～四六頁）。井上としては、伊藤を「憲法取調の大事」を担うことのできる唯一の政治家と見込んだ上での進言のつもりである。

二日後の朝、井上は、伊藤から「此の如き重大事件に付き、書記官輩の関係然るべからずに付き、内密の御用辞退いたしたく」云々と、厳しく叱責される（五日岩倉宛て書簡、同三四二頁）。そこには、岩倉などの三大臣が事務官にすぎない井上に密命を下し――伊藤には内密に――憲法取調べを進めていたという背景がある。そこで井上は岩倉に、今後「枢密の御用向きは御免仰せ付けられたく」と伝えたが、伊藤からすれば、ものごとを進めるには手順があり「遅速の事」を考えざるをえない。独断で進められない以上、「徐《おもむろ》に諸公と熟議廟算を定めざるを得ざること」は当然で、「台閣衆論の帰する所如何これあるか、其の帰否に依り、成否は相定まり申すべく候」（七月一二日井上宛て書簡、同書〈五〉二三頁）という事情があった。

この時、伊藤は数えで四十一歳、井上は二歳下にすぎなかったが、生来の気質の違いに加え、幕末以来の政治への関与と政府の舵取りの難しさなどから、年齢差をはるかに超える経験知の違いが両者には厳然としてあったのである。

2　立憲政体樹立の詔勅

詔勅の起案

井上の官歴を理解するためには、立憲政体樹立の詔勅が出された後の新たな国家機構の概要と変遷を確認しておく必要があるが、出発点となった詔勅自体、井上が起案に深く関与していたことから始めなければならない。一八七五年（明治八）四月十四日に出された立憲政体樹立の詔勅は、大阪会議の構想を具体化すべく出された政治宣言で、これまでの左院・右院を廃止して「元老院を設け以て立法の源を広め、大審院を置き以て審判の権を鞏《かた》くし、又地方官を召集して以て民情を通じ公益を図り、漸次に国家立憲の政体を立て」ることを国民への公約として掲げる。

この「漸次に国家立憲の政体を立て」るというのは、主として木戸孝允の漸進主義の考え方に沿ったものと考えられるが、木戸としては、板垣退助の急進論に反対であることのほか、政府内で方針が完全に一致していないことや国内情勢は未だ不安定だという認識から、立憲政体樹立に向けた取組みは時期尚早だと見ていたとする、やや違った見方もある（齋藤紅葉『木戸孝允と幕末・維新』二五九頁）。

木戸孝允

いずれにしても、伊藤によれば「明治八年四月十四日の勅諚を起草することになったが、その文章は余程うまく書かなければならぬので、思案を凝らして居ると、井上毅が九州から帰ってきたので井上に書かせた、此時から井上毅を用ゐた」という（小松緑編『伊藤公全集』第三巻「直話」二二～二三頁）。この話にも、井上の「暢達の文、絢爛の辞」（木村弦雄）、「明晰の頭脳、該博の学識、荘重典雅の文章」（穂積八束）に対する政府首脳の高い評価と信頼をうかがうことができる（前述二九頁参照）。

しかし、井上への評価はそれだけによるものではない。いわゆる大阪会議ののち参議に復任した木戸・板垣と大久保・伊藤両参議の四人は、正院の政体取調御用掛を命じられた（三月一七日）。この時井上は、司法省改革建言書を――上司の大木司法卿宛てではなく――大久保内務卿に提出していた（三月一一日）。それは、たんに司法省内の組織・運営でなく、行政組織と裁判権の分離や司法権を統括する大審院の設置といった、立憲政体の樹立に欠かせない重要事項を含んでいた（前述五〇頁参照）。まもなく井上は大久保・伊藤などの率いる政体取調局の書記官となり、司法省はむしろ兼務扱いになっている（三月二三日）。井上が立憲政体樹立の詔勅に深く関与したことは疑いない。

正院・元老院・大審院

この詔勅にもとづく国家機構は、二年前の太政官職制・正院事務章程を大きく改定する正院職制・章程により定められた（四月）。これによれば「天皇陛下を輔弼し、立法行政の可否を献替する」太政大臣、「諸機務を議判する」とともに「太政大臣事故あるときは其の代理」となる左右大臣、「諸機務を議判する」参議（定数なし）が、天皇とともに「庶政を統理する所」としての正院を構成する。

そして、「詔誥制勅官記位記等を掌り、機務の文案を草し……諸務を幹理する」内史の下に、当初、内務・外務・財務・法制・兵務など六課と翻訳・修史の二局が設けられたが、まもなく法制課は伊藤を局長とする法制局に組織替えされた（七月）。他方、「文書記録受付伝達官中用度等のことを掌り、諸務を幹理する」外史の下に、記録・用度など三課と印書局が置かれたが、印書局は大蔵省に移管され（九月）、結局、法制局と修史局を除いた諸課局はすべて廃止される。

次に、「立法の源を広め」る元老院は、これまでの左院の跡地に「議法官にして、新法の設立、旧法の改正を議定し、及び諸建白を受納する」機関として設けられた（七月開院）。その職制は、立法権と建白受納権を明記すると同時に、行政官が「既定の法令規則に違背する処あれば之を推問し、その事由を天皇陛下に具奏するを得る」として垂問・具奏権を認めた。そこで元老院は「各行政官吏の非法を推問せんとするとき」の手続規定も設けたが（同月推問条例）、この垂問権は弾劾上奏権につながる要素を含むもので、のちの憲法起草の際に問題となる（本書二五〇頁参照）。

元老院職制・章程の制定後まもなく議官の少なさが問題になり、開院式前に柳原前光・佐野常民・佐々木高行など十名が増員されたが（七月二日）、より深刻な別の問題が生じる。後藤副議長や板垣参議などは元老院の権限拡大論を唱えたのに対し、三条実美太政大臣や木戸孝允内閣顧問などの正院首脳部むしろ権限縮小論を主張し、その対立が激しくなってきたのである（稲田・憲法成立史〈上〉二四九頁以下、大石・議院法制定史二五頁以下、久保田・元老院研究など参照）。

この対立は、結局、その年の晩秋に行われた元老院職制・章程の改正（一一月）によって一応決着したが、それは、主として元老院の権限を縮小するものであった。元老院の議定権は、内閣の定めるところに従って議案を「議定に係る者」と「検視を経る者」に分けることにより制限されるとともに、行政官の法令違反行為に対する垂問・具奏権は削られ、一般的な建白受理権も「立法に関する」建白受理権に限定されたからである。

とくに問題となるのは、新たに導入された「検視」制度である。すなわち議案検視条例（一二月）によれば、議案に対する修正権や可否議決権はなく、議案に現行法との抵触がある場合や議案中に相互抵触部分があると認められた場合などに、太政大臣に対し改正を求めることができるとする手続にすぎない。これは修正や可否議決をともなう「議定」と大きく異なり、「議法官」としての元老院の権限を大きくそこなうことになる。そのため、元老院の組織・権限見直し問題は以後も尾を引き、次第に元老院の更張・権限拡大論が優勢となり、明治十四年十月の政変前後の課題の一つになっていく（後述一五三頁以下参照）。

他方、「審判の権を鞏く」すべき大審院は、「民事・刑事の上告を受け、上等裁判所以下の審判の不法なる者を破毀して、全国法憲の統一を主持する」機関と位置づけられた。東京・大阪・長崎・福島の四カ所に置かれる上等裁判所は、各府県に置かれる府県裁判所の「裁判に服せずして控訴する者を覆審す」る審級とされた（五月）。同時に、初審である府県裁判所に不服のある場合は「上等裁判所に訴へ覆審を求める」ための「控訴」、「各裁判所の終審を不法なりとし、大審院に向て取消を求むる」ための「上告」の手続も整備された。これらの用語の中にも、二カ月余り前に井上が提出した司法省改革建言書の影響を見ることができるが（前述五〇～五二頁参照）、これらの再編成にともない、先の司法省職務定制に代わる司法省・検事職制章程が制定された（五月）。

地方官会議の再開

立憲政体樹立の詔勅で「地方官を召集し以て民情を通じ公益を図」ると位置づけられた地方官会議は、前年五月、「全国人民の代議人を召集し、公議輿論を以て律法を定め、上下協和民情暢達の路を開」くために、まず「地方長官を召集し、人民に代て協同公議せしむ」る組織として設けられた。そのため、議会の基本原則を定める「議院憲法」と幹事・書記官・議員などの職制のほか議事細則をも内容とする「議院規則」が定められていた（七年五月）。会議を開催するため、議員は九月十日に東京に参集すること（六月）、伊藤博文を議長に充てることとされ（七月）、着々と地方官会議の準備が進められた。ここに「議院」というのは地方官会議の会議場を意味し、今のような一定の組織を表すわけではない。実際「湯島書籍館を以て地方官会議所に相定め以来、議院と称し候」（八月）との達示もある。

ところが、台湾事件をめぐる清国政府との紛議（後述九三頁以下参照）の影響を受け、地方官会議の開催は延期されることになった（八月。その後「議院規則」の補足説明である「議院規則小目」も制定された）。立憲政体樹立の詔勅が「地方官を召集し以て民情を通じ」るとしたのは、そうした前年の経緯を念頭に置いたものだった。そこで詔勅の発出後、改めて参議の木戸孝允をその議長に充てることとされ（八年六月）、施行にいたらなかった議院憲法と議院規則などの一部修正も行われて、ようやく初の地方官会議が浅草東本願寺別院を「議院」として開催された（六月）。

その議案の眼目は、地方民会を住民による公選とすべきかどうかだったが、議論が百出した結果、府県会は区長、区会は戸長によって組織されることを議決するなどして、三日延長した後に閉院となった（七月一七日）。地方官会議は「毎年一度之を開くを以て常例とす」（議院憲法）とされていたが、翌年は、天皇の東奥・函館巡幸（九年六月二日～七月二〇日）、つづいて実施された三条太政大臣と寺島・山県・伊藤参議による北海道巡視（八月六日～九月三〇日。元老院幹事の陸奥宗光や一等法制官の尾崎三良なども随行）といった事情のために延期され、翌々年には西南戦役（一〇年二月～九月下旬。後述）のため、いずれも開かれなかった。もっとも、前年に設けられていた地方官会議と新たに「議法官」と位置づけられた元老院とは、どのような関係に立つかが気になるが、この問題については後で触れることにしよう（八七頁以下参照）。

3　法制官時代

井上毅は、立憲政体樹立の詔勅が出される前、司法省から太政官正院に移籍し、その政体取調書記官となったが（前述六四頁参照）、発出後には六等出仕に進む（四月二五日）。その後の官制改革にともなって法制官（七月三日）、二等法制官（九月二二日）、翌年（明治九）には法制局主事・一等法制官（六月一九日）となるが、のちに参事院議官となる尾崎三良、自由民権運動に参加したのち官途に復する古沢滋《ふるさわうろう》も、二等法制官に進んでいる（九月）。

讒謗律・新聞紙条例

この間、井上は、左院議官から法制局に移って以来「莫逆《ばくげき》の親友」となった尾崎とともに、明治前期の治安立法として悪名高い讒謗律《ざんぼうりつ》・新聞紙条例（八年六月）の制定に深く関わり、世間の強い非難を浴びることになった。二人が張本人だと目されたのは、当時の立法手続は「法制局にて其一、二人が之を起草し、内閣へ提出して他の参議も知らざる内に太政大臣が認印を押して公布すれば、即ち法律と為って天下に行はれる」（尾崎自伝〈上〉一九六頁）といった体のもので、おおよそ起案者の見当がついたからである。『明治政史〈上〉』も、「此の法律は、法制官尾崎三良、同井上毅二氏、政府諸公の命を承け以て草せしもの」との噂が流れたことを伝えている（二七一頁。参照、三宅・同時代史〈二〉四五九頁）。

　実際、二人は連名で、両法令が制定される直前、密接な関連を持つ出版条例について「一日も早く御決裁相成りたく候」と伝え（八月二四日伊藤宛て書簡。井上伝史〈四〉一九頁）、制定・施行を急ぐよう求めている。もちろん、用意周到な井上は、これに先立ってボアソナードに、フランス法制の状況と立法措置の是非をも確認することを怠ってはいない（七月三日。法制史料〈八〉八～九頁参照）。それを踏まえた上での伊藤への要請であったが、その出版条例も十日後に制定されている（九月）。

　この讒謗律は、著作・文書や図画・肖像の展観・発売・貼示によって、「凡ソ事実之有無ヲ論ゼズ人ノ栄誉ヲ害スベキノ行事ヲ摘発公布スル」讒毀《ざんき》、「人ノ行事ヲ挙ルニ非ズシテ悪名ヲ以テ人ニ加ヘ公布スル」誹謗《ひぼう》の行為に及んだ者を処罰対象としていた。また新聞紙条例は、新聞紙や雑誌・雑報を発行する場合は、府県庁を経由して内務省に届け出て「允准《いんじゅん》」（許可）を得ることを必要とし、許可なく発行したときは、発行禁止措置をとって社主・編輯人・印刷人に罰金を科すなどしていた。

古沢　滋

　その背景には、「当時世に所謂有志の徒あって、維新前後の慷慨《こうがい》志士（即ち当時の当路者）の気風を学び、或は洋学の初歩に通じ或は和漢学の教育を受け、慷慨憂国の士を以て自ら任じ、相当の意見を抱き、国是確定、紀綱皇張を主張し、朝鮮征討、国権拡充を唱道す。彼の民選議院の建白書出るに及んで、欣然《きんぜん》

末広重恭（鉄腸）

として之を賛成し、挙って民権自由の説に傾き、横議縦論以て政府を攻撃す……政府顚覆論、大臣暗殺論及び民権は血を以て買ふべしと、暴議大呼、傍若無人の言論は、常に世人の聞く所なり……就中《なかんづく》、彼の所謂有志者なるものは、皆過激の論説を振り回し、為めに法網に触れ、禁獄罰金続々踵《きびす》を絶たざるに至る」（明治政史〈上〉二六八頁）という情勢があったからである。実際、朝野新聞の末広重恭《すえひろしげやす》（鉄腸《てっちょう》）、成島柳北《なるしまりゅうほく》（後述）、報知新聞の岡敬孝《おかけいこう》、横浜毎日新聞の塚原靖《つかはらしずむ》などの言論人は「危禍に罹り、数月鉄窓の月に呻吟せり」という（同書二七一頁）。

成島柳北との対決

ここで、井上毅と尾崎三良の二人を讒毀・誹謗したかどで処罰対象となった、朝野新聞社局長成島柳北の讒謗律違反事件を見ておこう（尾崎自伝〈上〉一九七頁以下参照）。問題の記事は、成島を局長、末広を編輯長とする朝野新聞社の次のような狡知を活かした内容で（明治八年一二月二〇日朝野新聞六九六号「論説」）、各新聞紙などにも摘録・抄載されて一時世論を賑わせたという。

当時、両個の士人有り、一を井上三良と云ひ、一を尾崎毅と云ふ。共に才学有て而して頗る狡黠《こうかつ》の術に長ぜり……我輩が法律制度の利害得失を論駁すること有る毎に、彼の二人は必ず我輩を目して誹毀とし讒謗として、勉めて我輩の口舌を箝《かん》し、我輩の志を抑圧せんとせり。我輩は正論公議を以てすれども、彼れが狡黠の詐術に敵する能はず……然るに、彼の二人は今や既に死して其醜名を一杯の土下に留めたるのみ。噫《ああ》亦憫《あわれ》む可きかな。若し彼の二人をして猶生存して今日開明の形勢を見せしめば、則ち驚愕して羞死せん乎。将た猶其の狡黠《こうかつ》の術を墨守し、巧みに其の説を粉飾して当路の人を惑はし、我輩を困迫せしめんとする乎。

井上と尾崎は、二人を入れ替え「狡黠の術」をあやつる「彼の二人」とした論説を問題視し、官吏に対する讒毀・誹謗の罪に当たると訴えたが（同罪は被害者からの告訴を待って立件される親告罪）、大木喬任の率いる司法省の動きは鈍かった。そのため二人は、ここでも「各卿に突出し、卿中の大卿とも云ふべき権威」である大久保兼内務卿に厳格な処理をするよう依頼した。そこで大久保は、大木を内務省に呼び付け、かなり厳しく叱正して担当の検事・判事に然るべく対応するよう仕向けたらしい。それでも、ジャーナリスト成島柳北は負けていない。決して両名のことを讒毀・誹謗したのではなく、「数百年の昔、藤堂の家来に井上三良、尾崎毅と云ふ者があって、是等は非常の佞臣《ねいしん》にして、上に諂《へつら》い、下を凌辱したる一種の小人なりし。夫等《それら》の事を記したまででござる」と弁明するばかりであった。

成島柳北

この事件では、大木司法卿の指名した別の判事の熟練した尋問と裁きによって、井上・尾崎の告訴が奏功すると同時に、成島も比較的寛大な処分で済んだ。東京裁判所は、

成島柳北墓

「朝野新聞第六百九十六号論説中、二等法制官尾崎三良、井上毅を讒毀する存念にて直指するときは、律例犯触の恐れあるを以て、古人の氏名を交換讒毀するを謀るに同意し、古人の氏名を筆記付与し、現在尾崎三良、井上毅を讒毀に及ぶ科《とが》、讒謗律第一条及第四条に依り筆者を以て例し、［末広］重恭の徒と為して論じ、禁獄四ケ月罰金百円申し付る」と判断したのである（明治九年二月一三日判決。翌日付郵便報知新聞九〇七号「府下雑報」による）。

4　政治への関与・進出

国憲起草問題

明治九年六月以来、井上が法制局主事として勤めていた正院は、約七カ月後の翌年（明治一〇）一月の官制改革によって廃止された（一八日。左院・右院はとうに廃止）。その法制官などの官職もすべて廃止され、書記官・属官制度に改められたが（前記修史局も廃止され調査局となる）、井上は、尾崎・中村弘毅《なかむらひろたけ》などとともに太政官大書記官に就き、ここでも法制局専務となっている（一九日）。その間さまざまな政治的な出来事があり、井上も他の属僚とともにその対応に追われたが、この頃から次第に政治面の任務が多くなる。明治八年九月以来、大木司法卿のもと刑法草案編纂委員長として尽力していた司法大書記官鶴田皓も、その一週間後に太政官大書記官兼任となった（二五日）。

同年初秋、有栖川宮《ありすがわのみや》熾仁《たるひと》親王を議長とする元老院に対し、「朕爰《ここ》に我建国の体に基き、広く海外各国の成法を斟酌し、以て国憲を定めんとす。それ宜しく汝等之が草按を起創し、以て聞《きか》せよ。朕将に之を撰ばんとす」という国憲起草の勅命が下った（九月七日、稲田・憲法成立史〈上〉二八三頁以下参照）。この勅命をうけて、元老院では、柳原前光・福羽美静《ふくばよししず》、中島信行《なかじまのぶゆき》・細川潤次郎《ほそかわじゅんじろう》の議官四名を国憲取調委員に選び、早くも十月半ばには各国憲法を参考にした第一次国憲案をまとめた。その後も、取調委員によって第二次案（一一年七月）、十三年十二月下旬には最終案がとりまとめられ、大木議長に提出された（島善高『元老院国憲按編纂史料』参照）。

中島信行

しかし、元老院の国憲案は、政権幹部、つまり正院には不評だった。というのも、岩倉右大臣はかねて元老院で起草されることに不満を持ち、その作業を中止して改めて選ばれた委員の作成した憲法草案を審査すべきものと考えていた（明治紀〈五〉一六八～一六九頁、二四七頁参照）。伊藤参議もまた、起草委員の一人、柳原から「写し一通内々受け取り、熟覧」した結果、「各国の憲法を取り集め、焼き直し候迄にて、我国国体人情等には聊も注意致し候ものとは察せられず候。畢竟、欧州の制度を模擬

岩倉具視

するに熱中し、将来の治安利害如何と顧み候ものにはこれなき」ものとし、「未定稿の儘御引上げ相成り候方、然るべし」と判断した（一三年一二月二二日岩倉宛て書簡。伊藤伝〈中〉一八九頁、明治紀〈五〉二四七～二四八頁）。これに岩倉も同意したため、元老院の国憲案は進奏に及ばず、数次にわたり作成された国憲案は葬り去られてしまう（後述一〇九頁参照）。

儀制調査局（奉儀局）開設問題

岩倉は、元老院の動きに対抗して、当初、儀制調査局開設建議を用意していた（一一年三月）。つまり岩倉は、「物に本末あり、事に終始あり」として「先ず帝室の制規転職の部分を定むべし」とする立場から、「臨時一局を設けて委員を置き、国典を蒐集して、祖宗の遺法を考証し、之に参《くわ》ゆるに外国の良制を以てし、上は帝位継承の順序より下は皇族の歳俸に至るまで、之を調査起草し、以て宸裁を仰がんとす」と提案したのである（岩倉実記〈下〉五二七頁以下。明治紀〈四〉三八九頁以下参照）。その条目は、帝位継承の順序に続いて「女帝践祚すべきや否の事」「摂政の権利に関する事」「皇族の歳奉の事」など計二十七項目に及ぶが、その建議は「此の外に調査すべき要件多々なり」として、なお項目を増やす意向を示している。

井上毅は、その秋、内務大書記官兼任（一一年九月四日）、次いで内務大書記官専任（一〇月三〇日）

となったが、一四〇件余りに及ぶ調査項目をもつ奉儀局の設置という提案を岩倉から示された時、「奉儀局取調不可挙行意見」を提出して、憲法論の立場からその設置に強く反対した（一二月一四日、井上伝史〈一〉一一九頁）。その検討項目の大半は、確かに「政体上に甚だしく関係あらざる者」であるが、君民共和をとるかどうかの「国体」問題に関わるだけでなく、形式的に見える「即位宣誓式」の問題なども憲法忠誠の効果をも見据えた議論を必要とするからである。とくに「皇上不可侵」「国政責任」の問題は、ともに民選議院による責任追及と内閣の連帯責任の是非と密接な関連をもつ。こうした重大事件となる奉儀局の調査項目を突きつめると、「君権を限る」こと、「民選議院を興す」ことに通じるが、首脳陣は「其御用意これあり候や」と、覚悟を怪しんだのである。

井上の説得が功を奏したのか、この時は奉儀局（儀制調査局）の開設にはいたらなかった。しかし、岩倉の提案はのちに実を結ぶ。国会開設勅諭の渙発（一四年一〇月一二日）から一年余り経った時、宮内省の中に、岩倉を総裁心得とし、元老院副議長東久世通禧を委員長とする内規取調局が設けられたからである（一五年一二月。後述一七二頁参照）。

さて、司法省の問題に戻ろう。元老院に国憲起草の勅命が下ってから一週間後、これまでの府県裁判所を地方裁判所に改称して管轄を画定するとともに、それらを包括する上等裁判所の管轄が定められた（九年九月）。二、三県を合わせた地方裁判所を設け、全国二十三カ所に地方裁判所を置いてそれぞれが管轄する府県を定めるとともに、各地方裁判所を分轄する上等裁判所（東京・大阪・宮城・長崎）の範囲を改定したのである。そうすると、約一年半前、大久保内務卿に宛てた井上の司法省改革建言とのつながりが気になる。その中では「全国に二十五、六カ所の上等裁判所を置き、以て覆審《シラベナオシ》を行ひ、各地方の大区に、下等裁判所を置く」ことが提議されていたからであるが（前述五一頁参照）、このたびの裁判所組織再編との関連はよくわからない。

再び憲兵設置意見

この年は反乱や暴動も多く、政府はこれへの対応に追われた。地租改正による増税を不満とする和歌山農民の騒擾（九年五月）を除くと、政府の西洋化に対する旧士族の反感を背景とした暴動が目立っている。とくに熊本における敬神党《けいしんとう》を中心とする神風連《しんぷうれん》の乱、福岡における秋月《あきづき》の乱、前原一誠《まえばらいっせい》を首謀とする萩の乱（いずれも同年一〇月）など、公然たる武力闘争は政府を大きく揺さぶった。

こうした反乱や暴動を前にした井上は、もともと備警兵、すなわち憲兵を設置すべきことを持論としていたが（前述五八頁参照）、「憲兵設置意見案」（同年一月、井上伝史〈一〉一二五〜一二六頁）にも見ることができる。この意見案は、西南戦役（後述）が勃発する直前に草されたが、陸軍省の内部ですでに憲兵設置案があることを前提として、これに対抗するかたちで書かれ、もし「諸官の高評を得ば、陸軍省の上申に附議して閣裁を仰がんこと如何」と述べて擱筆している。これがどのような影響を及ぼしたかはよくわからない。各種資料を博捜した専門家も、「西南暴発をひかえた［明治］十年初頭前後に陸軍省が憲兵設置案を提示したあとを確認し得ない」し、「井上の意見に対する反響も併せて判らない」という（中原・明治警察史六二頁、六四頁）。

5　士族授産問題

西南戦役への対応

旧士族による最大の動乱は、一八七七年（明治一〇）、陸軍大将の前参議西郷隆盛が郷里の鹿児島において挙兵したことを契機として起こった西南戦役である。その頃、もともと孝明天皇崩御十年式年祭の挙行などのために決定されていた天皇の奈良・京都への行幸――三条太政大臣、木戸内閣顧問、山県有朋参議兼陸軍卿など随行――がほぼ予定通り進められていたが（一月二四日東京・横浜港発、同二八日夕方京都着。伊藤参議も遅れて到着）、その最中に西郷率いる私学校党による弾薬等略奪事件（一月三一日～二月三日）が起こり、西郷暗殺の刺客が放たれたという噂も手伝って事態は悪化した。こうした士族反乱や暴動が全国に波及することを恐れた政府は、「鹿児島県暴徒、擅《ほしいまま》に兵器を携え熊本県下へ乱入、国憲を憚らず叛跡顕然」なることを理由に暴徒征討令を発出した（二月一九日行在所《あんざいしょ》布告。行在所とは天皇の旅行中の宿泊所や一時的な皇居をいい、ここでは京都御所を指す）。その二日後、熊本で第一戦が始まり、以後、政府軍（官軍）と薩摩軍（賊軍）との激しい戦闘が鹿児島・熊本・宮崎・大分などのいたるところで繰り広げられたが、半年余り攻防がつづいた後、追い詰められた西郷の自刃とともに、戦火は止んだ（九月二四日）。

その間、事態を憂慮した政府は、緊急の厳戒態勢を敷き、事態の推移に随時対応することになり、東京に還幸する予定も延期したところ、熊本での第一戦の急報が届いたため、天皇は、七月下旬にいたるまで、征討関係事務を処理するため京都に留まることになる（七月二八日神戸港発、三〇日横浜港・

東京着）。有栖川宮熾仁親王を征討総督とする本営は大阪の東本願寺に置かれたが、一時期そこには内閣の出張所も設けられ（二月二八日〜四月二〇日）、木戸内閣顧問、大久保・伊藤両参議なども京阪間を往復するなどして連絡を密にしている（この間の五月二六日、木戸孝允は病死）。

この西南戦役における戦死者は、政府軍で約六八〇〇余人、薩摩軍も六七〇〇余人（諸説あり）という惨状を呈したが、鹿児島県令でありながら西郷に加担して公金を投じるなどして捕縛された大山《おおやま》綱良《つなよし》は、半年後、長崎の九州臨時裁判所で糺問手続に付された後、反逆幇助罪のかどで処刑された（九月三〇日）。その間、鹿児島県令に任ぜられた岩村通俊《いわむらみちとし》は、新任の同県大書記官渡辺千秋《わたなべちあき》とともに、五月二日に鹿児島に到着している。

井上毅の関心

この時期、井上は当初、伊藤参議の京阪地方出張の随行を命じられたが（一月二五日）、西南戦役の報に接し、ともに薩摩出身の大久保内務卿と海軍大輔川村純義《かわむらすみよし》に宛てて一種の戦略を建言している（木野・井上研究一三二頁以下、二一五頁以下参照）。井上によれば、前年に起こった熊本神風連の乱（前述七六頁参照）以降、自ら目撃した熊本鎮台の状況は「兵気振はず、譬《たと》へ守城の力あるも進撃の力なし」というありさまであったが、「熊本の一戦は全国安危の係る所」で、「九州の人は、只熊本の一戦を視て向背を決せんとす」というほど熊本は重要であり、「縦令《たとい》鹿児島を棄《すつ》るも、力を極めて熊本を争ふべし」と説いている（二月一七日。井上伝史〈四〉三六七頁）。

この建言を受け取った大久保と川村は、直ちに連名で、井上に「熊本云々之御旨趣御同意至極に候」との返書を送った（井上伝史〈五〉一一三頁）。これによれば、この熊本の戦略的重要性自体は、熊本鎮台司令長官で陸軍少将谷干城《たにたてき》からの連絡によって、山県陸軍卿も熟知していた。その建言が契機となったかわからないが、直後に井上は伊藤随行の任を解かれ、京都滞在を命じられている（二月一九日）。そして約一カ月後、井上は、京都に来ていて長崎出張を命じられた山田顕義（陸軍少将兼司法大輔）から、九州同行を依頼された。「熊本県人にて彼地に進入に付ては好都合の件も種々これあるべく候」（三月一八日大久保宛て山田書簡）という理由からである。長崎に着いた井上は、山田を司令官とする別動隊第二旅団付き兼務を命じられ（三月二六日）、すぐに熊本に入っている。そこで見た「戦地の実況は、京阪にて聞く所と遙に異なり、賊、猶《なお》弾薬に富む」（四月三日尾崎ほか宛て井上書簡）という情勢であったが、その頃には「最早平定近き」情況になっていたようである。

そこで井上は、むしろ戦後処理の問題に強い関心を寄せ、「流民救恤《るみんきゅうじゅつ》の事」について見込書を要路者に示すとともに、兵庫の豪商、京都の本願寺や滋賀県令の籠手田安定《こてだやすさだ》などに対して、各種物資の周旋や義援金・醵金の提供を呼びかけている（三月一六日浅井栄懐宛て井上書簡。井上伝史〈六〉二四五頁）。その後しばらく熊本にあった井上は、薩摩軍による城下の包囲が解けたことを見届けた上で、京都への帰還の可否を問う急電を大久保と伊藤に打っている（四月一九日、井上伝史〈四〉三六七頁参照）。両参議には、すでに約二週間前の尾崎三良ほか宛ての前記書簡（四月三日）の中で、「熊本へ滞留か、又西京へ一応帰るか、又は直に東京へ帰るか」について「両参議へ御伺ひ取り御差図下さるべく候也」と打診していたが、確たる返答がなかったため、やむなく電報に訴えたのであろう。大久保・伊藤の対応は、その頃まだ戦況が判然としなかったし、天皇の京都行幸中、施政を任された東京の岩倉右大臣との連絡・協議の必要があり、要職の配置について両参議だけで決済できる状況になかったからであろう。

戦後復興――「力食社」設立運動

井上は五月中旬に東京に戻ったが、先に触れた「流民救恤の事」、つまり戦地で現認した西南戦役の兵火のために焦土と化し、荒廃した熊本城下の復興、賊徒とされた薩摩軍とこれに加担した旧熊本藩士をどう処遇するかという問題は、常に脳裏を離れなかった。そこで井上は、郷里の有力者と緊密に連絡をとり、熊本商法会議所（一二年一二月設立）の議長・副議長となる白木為直（前述一一頁参照）や財津志満記《ざいつしまき》、木下犀潭の弟木下助之《きのしたすけゆき》、沢村友義《さわむらともよし》といった有志とともに、熊本県令の富岡敬明《とみおかけいめい》の理解をも得て「力食社《りきしょくしゃ》」という織物会社の開業に尽力している。

この力食社は、西南戦役の翌々年四月に事業を始めるが（熊本県史近代編〈二〉四九二・四九七頁参照）、井上が品川内務大書記官に宛てた「肥後力食社意見」は、白木・財津・沢村など主要メンバーの経歴を紹介しつつ信頼できるとして「何分御助成祈り奉り候」と訴える（一〇年七月四日、井上伝史〈二〉一三五頁）。しかも熊本の地は蚕糸業や煙草産業（葉巻を除く）に適しており、勧業上も士族授産の点からも「要用なり」と説き、誤解を避けるため「郷里の私情而已《のみ》ならす稍又杞憂の微意あり」と述べて「御採酌是れ祈る」と結んでいる。

井上は三日後にも品川に書簡を送り、「士族を門墻《もんしょう》外に置き、其親和力を失ふ時は、善政美法ありしといへども、天下の安寧は十年を出でずして土の如くに崩れん事」を案じ、先の「杞憂の微意」を補足するとともに、「此憂《うれい》を切にする者は、独り我右府公あるのみ」と記した。力食社設立計画が岩倉右大臣も危惧する士族授産問題と一体不可分であることを示すもので、大きな説得力をもつ。

こうして井上は、品川に、各方面の協力を得て熊本での設立案件がほぼ決着したこと、政府要人との交渉、つまり「上方の尽力は偏に小生に委任」されたことを伝え、「此の上は責め専ら小生にあり、若し、事此に至って小生却って信に背く事あらは、小生は男立たず。伏して願ふ、老台小生の微力を憫み、此節は牛刀を割鶏に労し、助け成す所あらは、独り小生の幸のみならず誠に企望の至りに堪へさる也。」と懇願した（同年七月七日。井上伝史〈六〉二八一～二八二頁）。珍しく情に訴えているが、井上一流の筆法がここにも現れている。

その計画については井上と同門の竹添進一郎の協力も得られ、大久保内務卿の許に行って後押しを依頼し、その同意を得ている。この時、「初めは小形にして興すべし、漸々盛大にすへし。若し不幸にして一たび敗るゝ時は再興の期なきを以て也」と、大久保から「甚だ有理」な助言を得たが、それだけではない。東西の両本願寺から「救恤《きゅうじゅつ》慈悲の事」として多額の寄付を得るとともに、その話を一任された大谷派の指導者渥美《あつみ》契縁《かいえん》からの相談に対し、富岡県令に「救恤恵与も却而《かえって》懶惰を誘ふの弊無きにあらず、物産営業資本にすべし」と勧められ、「機織器械之新発明を助け、其資本と為さん」と決めるにいたった（白木・木下等宛て七月二〇日・八月三日井上書簡参照。井上伝史〈六〉二八四～二八五頁）。

こうした力食社設立計画の経緯は、熊本に派遣された品川から大久保にも、地元の動静とともに伝えられているが（八月一四日、伊藤文書〈五〉二二八頁参照）、ひと月後には、設立メンバー（財津・木下・白木・沢村）の連名で今日の定款に当たる「熊本力食社心得書」を添えた「力食社設立資金願」も、「熊本県権令富岡敬明殿」宛てに出されている（九月一四日、早稲田大学図書館蔵）。

これに合わせて井上も、熊本県吏の尾崎行正《おざきゆきまさ》と連名で、その内務省提出の件を参議兼大蔵卿大隈重信に報告している（井上伝史〈四〉三六八頁、早稲田大学図書館蔵）。その願書は内務本省から勧農局に下問されたが（一〇月二二日尾崎宛て井上書簡。井上伝史〈四〉三七四頁参照）、この件は、熊本という一地方の殖産興業の問題にとどまらず、地方官会議による勧業費の付加・削減という国家的な問題とも関係していた（後述参照）。

井上毅の葬儀に際し、熊本を代表して弔辞を述べた安場保和は、十八年前の戦乱と郷里の荒廃を想い、「此時に当りて授産の道其要を得ず、教育の法其当を得ざることあらば、蓋し熊本今日の盛況を見ること能はざりしならむ、君、戦後の士族恒産を失ひ、迷路に彷徨し、甚しきは農戸に宿寓して、馬櫪牛闌《ばれきぎゅうらん》に起臥する者あり、地に穴を掘りて虫蛇と共と住むものさへあるを憂ひ、今の時に当りて、授産の方法を立置《たちおか》ずば、遂には衣無く室無く、老を養ひ幼を扶くるの楽は去りて、生路を殺伐に求る如き暴民を生ぜしめむも知るべからずと。因て白木為直、木下之助（マヽ）等と謀りて一社を結び、力食社と名づけ、是等士族の為に授産の道を与へられたり、故右大臣岩倉公は、殊に此事に賛成せられ、大に力を添え給ひしかば、資本愈々強固に、政府勧業の政と相応じて、今や其功績益々世に著しきに至れり」と顧みた。西南戦役後に恒産を失った熊本士族に対する授産政策を、広く「政府勧業の政」との関連で推進しようとした井上に対する深い感謝の念を表すものである（前述五〜六頁参照。文武叢誌一八号三五〜三六頁）。

三卿宛て憲兵設置意見

西南戦役から約一年後、内務大書記官となった井上は、翌年（明治一二）、内閣大書記官（三月一〇日、内務大書記官兼任）、次いで内務大書記官専任（七月一六日任）になる。この立場で「陸軍・司法・内務卿」に宛てて、再び「憲兵を設くるの議」と題する提案をまとめ、

「我国陸軍の制、既大いに備はり、而して独り未だ憲兵の設あらず。是を欠典と為さざることを得ず」と嘆き、「今日の時宜を商量するに、現在の東京の警察を割いて之を陸軍に分属し、以て憲兵と為すに若くはなきなり」と主張した（一一月二六日、井上伝史〈六〉九一頁以下）。これは、西南戦役だけでなく、翌年夏の夜半に近衛兵部隊の一部が起こした暴動（八月二三日）――陸軍近衛砲兵竹橋部隊が待遇への不満をもとに起こした反乱。竹橋事件とも呼ばれる――などをも踏まえたもので、建議の宛名が陸軍卿の西郷従道《さいごうつぐみち》、大木司法卿及び大久保内務卿となっているのは、「憲兵の編制は陸軍に属し、其警保事務に付ては内務に属し、其検察事務に付いては司法に属す」という「三省に兼属する者」という特殊性のためである。

これに対する大久保以下三卿の反応はよくわからないが、二年後の憲兵条例により憲兵が設置されている（一四年三月）。ここで憲兵は「陸軍兵科ノ一部ニ位シ、巡按検察ノ事ヲ掌リ、軍人ノ非違ヲ視察シ、行政警察及司法警察ノ事ヲ兼ネ、内務海軍司法ノ三省ニ兼隷シテ国内治安ヲ掌ル」ものとされ、「軍紀ノ検察ニ係ル事ハ陸海軍両省ニ隷シ、行政警察ニ係ル事ハ内務省ニ隷シ、司法警察ニ係ル事ハ司法省ニ隷ス」とされた（憲法制定後に同条例は全面改正された〈二二年三月〉）。

6　地方官会議御用掛

第二回地方官会議

井上は、司法大書記官鶴田皓が編纂委員長としてとりまとめ、大木司法卿に提出した「日本刑法草案（確定稿）」（全四篇四七八カ条。一〇年一一月）に関する刑法草案審査局の審査委員にも任命されたが（一二月二五日）、約一年後、内務大書記官の任務に専念するため退任している（翌年一〇月三〇日）。その前後に井上が関係し、重要な役割を演じた出来事として第二回地方官会議がある。

この会議は、当初、明治九年に予定されていたが、内外の情勢が多事多難であったため二年続けて中止されていたものである（前述六七頁参照）。これにそなえて、伊藤博文が同会議議長に任ぜられ（一一年三月五日）、次いで大書記官尾崎三良、内務大書記官松田道之《まつだみちゆき》などが同会議御用掛に充てられた（同七日。井上は同三〇日）。そして議事規則の冒頭に置かれていた議院職制に関する諸規定を一カ条に取り込み、従来の「議院憲法」を改称した「地方官会議憲法」と条数を絞り込んだ改定「議事規則」も制定された（同一五日）。

この会議は、太政官分局中に設けられた議院（会議場）で開かれたが（四月一〇日～五月三日）、明治天皇自身も開院式のほか二度臨んでいる（明治紀〈四〉三九八、四〇〇頁参照）。会議には、地方区画を改定する第一号議案、府県会規則を扱う第二号議案につづいて、地方税規則を定める第三号議案が付議された。これらは後に、それぞれ郡区町村編制法・府県会規則・地方税規則と称され（一一年七月）、「地方三新法」として日本の地方自治の始まりを告げる法令となる。これらの議案は、内務卿代理として説明主任となる松田や井上などが取りまとめたもので（木野・井上研究一三八頁以下参照）、地方官会議の議決後に元老院に下付され、最終決定後、上奏を経て制定されるばかりになっていた。だが、その後に再諮問・再議決という異例の経緯を辿ることになる。

地方税規則案「勧業費」削減問題

この会議での井上の役割は、主として伊藤議長とそうした重要議案の説明に当たる松田などを支えるとともに、議案や議事録の正確を期すことにあった。実際、この時の『地方官会議筆記草稿』や地方官会議院『明治十一年四月 議案並説明書原案』（国立公文書館）には、井上の自筆による修正・書入れが数多く見られるが、重要なのは、「我が国最初の総合地方税財政法規」（地方自治百年史〈一〉二一八、二七三頁）と位置づけられる三新法の一つ、地方税規則の制定に対して、井上が単なる書記官以上の役割を果たしたことである。

この第三号議案は、「従前府県税及民費ノ名ヲ以テ徴収セル府県費区費ヲ改メ、更ニ地方税トシ、府県限リ徴収スヘキ者」として、地租五分の一以内・営業税及雑種税・戸数割の三種を徴収費目とするとともに、「地方税ヲ以テ支弁スヘキ費目」として、府県庁舎建築修繕費・府県庁中諸費・警察費など十二項目を掲げていた。その第二次会の審議において、愛知県令の安場保和議員から「本条費目中勧業費の一項を加ふる」動議が提出され、賛成多数で可決された（一一年四月二九日）。ここで「勧業費」とは、産業を奨励するための諸経費を指す。こうした修正を経て議決された三議案は元老院に下付され、元老院は第百一号議案として一括して附議している（五月一四日）。その審議では、柳原前光、佐野常民《さのつねたみ》、中島信行の三名からなる委員に全部付託されたが（一六日）、その委員修正案（二二日）は、地方官会議で付加された勧業費を削除することなどを内容としていた。

これに対し、前島密《まえじまひそか》の発言を機に、佐野常民・山口尚芳両議官は「勧業試験費」として復活することを主張したが、他の議官の賛同を得られず、委員修正案が可決された（二九日）。その主な理由は、陸奥宗光議官の「従来各府県に設ありしを中止するも不可なりとの議論もあれど、其益なきを見ては止むるにしかず。各府県の勧業なるもの、一も益利を興したるを見さるなり」という発言に要約される。こうして元老院は、勧業費を削除した地方税規則の修正議決を行い、他の二つの修正議案とともに上奏するにいたった（六月一三日。元老院〈五〉八五頁以下、とくに一八七頁以下参照）。

井上の異議申立て

井上はこれを問題視し、修正議案の上奏前日、伊藤に「此の如く地方官、実際の議事より成り立ちたる結果を、今元老院に於て削除したるは惜しむべき事ならずや、若し元老院の決議の通りを御採用御頒布に相成り候はゞ、多数の地方官之遺憾は如何ぞや。伏して願ふ、今一応、内閣之議題に付せられ、地方官議決と元老院議決と二つ之平均力の間に於いて、御取捨これあり、閣裁を以て御明断あらせられん事を」と訴えた（一二日、井上伝史〈四〉一三三頁。同書〈一〉一四四～一四五頁「勧業費意見案」）。

井上は、元老院による勧業費削減について、地方長官が「内務［大久保・内務省］之勧導」に従いつつ進めてきた府県の勧業政策を「中央政府の法律を以て之を廃棄」する不当な措置として批判し、人

前島　密

陸奥宗光

民に対する「朝変暮改」となって地方官が「一時に面目を失ふ」ことを憂えたのである。会議で勧業費の付加を提議した安場愛知県令は、横井小楠の門下生の俊英でもあったから（前述一八頁参照）、御用掛として会議に臨んでいた井上は、先輩格で実学党の系譜をひく安場の提案に深く共感していたのではないか、とも想像される。

ともあれ、井上は、先の「力食社」設立に見られる士族授産問題とも密接に関係するもので、それに対する否定的な動きへの警戒を示したのであろう（前述八〇頁以下参照）。実際、陸奥の発言に代表されるような「現在地方勧業の実益なきを挙げて此説［勧業費必要論］を難ずる者」に対し、井上は、岩倉右大臣に提出した「士族授産処分意見」において、「若し、仮令《たとい》十分の成果を見ざるも、其の経験、練習の余業は士族の為めに一条の生路を遺すこと疑を容れざるべきなり」とする反論を用意していた（明治一一年、井上伝史〈一〉一七〇頁以下参照）。

井上の意見は、地方官会議の議決を重んじる立場から、元老院と地方官会議、そして元老院と正院の関係を再考させる問題提起をともなっている。もちろん、その問題を関係諸機関の権限論争と見る限り、元老院の設立直後からすでに問題とされ、一応の決着を見ていた。地方官会議は、「人民に代て協同公議」する組織として元老院設立の一年前に設けられ、議院に参じた地方長官（知事・県令）は「一般人民の代議士」と心得るべきことが定められていた。そのため、「議法官」として設けられた元老院と「代議士」からなる地方官会議の権限関係が問われることになったが（前述六八頁参照）、正院政体取調掛であった伊藤は、地方官会議は「律法創立に関与せざること明亮にして、毫《ごう》も元老院の職務と相触れざる事」を説いて、「立法に関する事」を附議する機関とされた元老院の立場を確認していた。その点を明確にすべく、初の地方官会議の開催を控えて行われた議院憲法・議院規則などの一部修正（八年六月）により、地方長官は「一般人民に代り其便否を協同公議す」べきものと改められた、という経緯がある。

もちろん、地方官会議御用掛を兼務する法制官井上が、その間の事情と修正の意味を知らないはずはなく、その提案は、元老院と地方官会議の権限争議と見る限り、とうてい採用できない。しかし、井上が期待したのは、むしろ天皇が「万機を総裁し……庶政を統理する」機関として最終決定権を持つ正院に認められた、いわば総合調整機能ではなかったのか。これを通して勧業費の復活にかかる「地方官議決と元老院議決と二つ之平均力の間」における解決が可能になる、と見込んだのではないか。

元老院の再議

はたして「地方官会議三議按修正案更に改正の議案」が元老院に下付され（六月二九日）、先の第百一号の再議案として審議されることになった（七月四日）。井上の異議申立ては奏功したのである。会議の冒頭、有栖川議長は「本案は曩《さき》に本院の議決を経て上奏せる者を内閣に於て修正を加へ、再び本院に下付せられたる者なるを以て前文の朗読を略し、特に其修正せられたる條のみを朗読すべし」と述べ、再審議の趣旨を明らかにしている（元老院での再議案審議は明治九年一月から一四年末まで十件ほどあるが、本件のような元老院と地方官会議という機関間の権限争議の例はない）。

その第三号議案である地方税規則再修正案は、元老院で削られた「勧業費」を地方税で支弁すべき費目に加えて「戸長以下給料及戸長職務取扱諸費」を付加するとともに、これに充てる財源として、元老院で「地租十分一以内」とマイナス修正された地方税の徴収限度を、地方官会議で議決した「地租五分一以内」——この数字は、前年一月太政官布告にいう「正租五分ノ壱ヨリ超過スヘカラス」との定めに則したもの——に戻すことを内容としていた。これに対し、元老院議決通りを可とする中島信行、津田真道《つだまさみち》両議官から反対論も出たが、大勢を占めるにいたらず、むしろ河野・佐野両議官による賛成の発言をも得て、再修正案通りの議決が行われた（七月八日。元老院〈五〉二三四頁以下参照）。こうして問題の第三号議案（地方税規則）は、第一号議案（郡区町村編制法）、第二号議案（府県会規則）とともに、翌日の上奏を経て布告されるにいたる。

大久保遭難と政府組織の改編

この地方官会議の閉院から約十日後、最有力参議の大久保利通が、太政官に向かう途中の清水谷で、不平士族の運動家だった石川県士族などに襲われ落命する、という衝撃的な事件が起こる（五月一四日、いわゆる紀尾井坂の変、大久保享年四七）。実行犯六名は自首し、七月に斬罪に処されたが、大久保は政府要人の中でも別格の存在であった。尾崎によれば、その頃、「各省卿は表面同等なれども、大久保一人は各卿に突出し、卿中の大卿とも云ふべき権威にて、各卿は大久保に対しては殆んど長官に対する属僚の如く、唯命趨走すると云ふ情態なり」（尾崎自伝〈上〉一九八頁）と言われていた。

大久保と井上毅は、内務卿と内務大書記官という関係にあるが、井上の政治的要職との関わりは、広く政府の政策を立案し、首脳に献策するという意味では、それより前から辿ることができる。それは、対清国交渉における大久保利通全権大臣の照会案（七年一〇月）に始まり（後述九四頁参照）、立憲政体詔勅につながる司法省改革構想を経て（同五〇頁以下参照）、大久保の非業の死によって終わるが、大久保は早くから井上の働きぶりと有能さを充分に知ることができたのである。

大久保遭難の翌日、参議伊藤博文がその後任として直ちに工部卿から内務卿に任命され、工部省事務をも兼ねる内閣人事が行われたが（一五日）、伊藤の内務卿転任は、すでに大久保が遭難する以前に、三条太政大臣・岩倉右大臣などの諒解をも得て、その宮内卿就任予定とともにほぼ内定していたらしい（伊藤伝〈中〉一〇一～一〇二頁）。このことは、伊藤が不動の地位を築きつつあることを物語るが、つづいて西郷従道陸軍中将が文部卿兼参議に、川村純義海軍中将が海軍卿兼参議に任命される（同月二四日）など、内閣や元老院の人事が進められた。内務卿伊藤の工部卿兼任は、井上馨参議――財政経済研究のため元老院議官としてロンドンに滞在していた――が急いで帰国を命じられ、工部卿に補任される（七月二九日）までつづくことになる。

一八八〇年（明治一三）二月、各参議が各省長官を兼ねてきた参議卿兼任制が廃止される。これは、伊藤が主導して「政府の根柢を鞏固にし、且つ公平を維持するの方策」として採られた措置で、その趣旨は「内閣集権の弊を除くと同時に、薩長の天下たるが如き観を避けんとする」ことにあった（明治紀〈五〉二六頁）。ここには複雑な事情が関係しているようである。一方で、天皇親政をめざして参議の権力を削ごうとする佐々木高行などの宮廷派の動きがあるが、他方で、政府内の長州派（伊藤・井上馨など）と薩摩派（黒田・西郷従道など）の対抗があり、参議兼大蔵卿大隈重信に対する猜疑なども見られる（梅溪昇『明治前期政治史の研究』二五〇頁以下など参照）。

ここではそれ以上立ち入る余裕はないが、参議省卿兼任制の廃止とともに、大蔵卿佐野常民（元老院議官）、内務卿松方正義《まつかたまさよし》（大蔵大輔）、司法卿田中不二麿《たなかふじまろ》（文部大輔）、陸軍卿大山巌《おおやまいわお》（陸軍中将）など政府内の人事異動が行われている（括弧内は前官）。その中で井上馨参議（明治一一年七月二九日任）だけは、外務卿（翌年九月一〇日兼任）を継続することになった。いわゆる琉球問題に関して清国政府との紛議が継続中であったし、外務卿としては、税権回復第一主義に立った前任者（寺島宗則）の方針を大きく転換し、法権・税権の両権回復、つまり領事裁判権の撤廃と関税自主権の回復を目指して、各国との交渉の基礎となる条約改正案の立案をめざしていたからである（後述一七九頁以下参照）。

第五章　外交問題への関わり

1　清国との外交問題

台湾事件の処理

台湾事件とは、司法省が設置された一八七一年（明治四）に起こった事件で、台風で漂流した宮古島島民のうち五十四人が台湾の生蕃《せいばん》――漢化の度合いが薄かった一部原住民を指す。今日その呼び方は蔑称に当たる――によって殺害された（同一二月）。そこで日本は、台湾の領有権を持つ清国に賠償を求めたが、清国政府は、当該事件は「化外の野蛮」による所業で責任はないとする立場をとり、日本政府の要求を拒否した。ここから問題がこじれる。

その後も日本の漂着船が台湾で被害を受けることがあったため、三年後、日本から西郷陸軍中将の率いる征討軍が派遣された（明治七年五月）。これによる制圧後も台湾占領がつづけられたが、清国駐在の柳原特命全権公使を介した賠償交渉はなかなか進まなかった。そこで、事態を打開するため大久保内務卿が事案処理を担う特命全権弁理公使として派遣される（七年八月）。その際、前年秋に来日し

高崎正風

ていた司法省雇いのボアソナードが顧問とされ、金《かな》井《い》之恭《ゆきやす》（記録担当・権少内史）や高崎正風《たかさきまさかぜ》（左院議官）などに加えて、井上毅も随行を命じられた。

井上は、九月十日に北京におもむき、両国の間に和議が成立して帰国の途に就くまでの二カ月余りの間、滞在している。そこでは、大久保全権弁理公使の下で——清国駐在の柳原公使と西郷事務都督はその指揮に従うものとされた——一カ月にわたる交渉が行われたのち、台湾蕃地に関する条約書に署名して和議が成立した（一〇月末日）。その内容は、清国は日本の征討を正当なものとみとめ、日本の被害民に撫恤《ぶじゅつ》金（賠償金）を支払うとともに当地に法を設けて航客の安全を保つ、というものであり、井上はその半月後に帰国した（一一月一五日。大久保弁理公使は少し遅れて帰国）。

こうした台湾事件の処理において井上が果たした役割については、前記の大久保全権の照会案の代草（七年一〇月四日、井上伝史〈六〉三九頁以下）から、和議が成立して帰国した後の大久保弁理大臣の復命書「使清始末摘要」本文の代草（井上伝史〈六〉三九頁以下「台湾一件節略」参照）にいたるまで、各種文書から推し量ることができる。また、井上自身、北京滞在中、北京到着日から和議が成立する直前（一〇月二五日）までの交渉内容を詳しく記したメモ「弁理始末日表」を遺しており（井上伝史〈五〉三四三頁以下）、これによってもその働きぶりを知ることができる（山下重一「明治七年日清北京交渉と井上毅」梧陰研・井上と周辺所収参照）。

井上毅の献策

その「弁理始末日表」には、日清交渉の主要な論点から日本側の照会と清国側の照覆、そして「是に於て我が大臣、事の成らざるを察し、帰朝の外、他事なきことを申し放したり」といった決裂寸前の模様（一〇月五日）まで詳しく記録されている。そこでの論点は、第一「已《すで》に版図と云ふ時は必ず官を設け、化導《けどう》するの実あるべし。今生番（ママ）に何等の政教あり乎」、第二「万国往来、各国航海者を保護す。今生番海路の障を為して屢々漂民を害す。然るを懲弁せざるは何ぞ乎」であった。ここに「政教あり乎」と問うた時の「政教」とは政治と教化・教育を意味し、実効的な統治権が及んでいるかどうかを尋ねる趣旨である。その交渉経緯を裏書きするように、井上はいろいろな台湾事件処置案を大久保に提出し、その交渉方法と順序にいたるまで細かく提議した（井上伝史〈一〉二五頁以下の資料七～一四、一六～一八参照。中には弁理公使顧問として随行したボアソナードの見解を添えたものもある）。

　こうした台湾事件をめぐる日清間の厳しい情勢をうけて、別の問題も発生した。日本に在留していた清国人の間に「一旦戦端の開くるあらば、其の身は捕縛禁獄に苦み其の財は剝奪没収に帰す」のではないかとする「惘諒すべき」不安と恐怖が渦巻いてきたのである。これに対し政府は、その保護を確約する漢訳付き太政官「告諭」を在留清国人向けに発出し、関係機関においてもその趣旨を周知徹底すべきことを求めている（九月二九日開拓使・開港市場府県宛て太政官番外達。同日外務省宛て達参照）。

　この点について『明治史要』は「諸港僑寓の支那人に告諭し、台湾の事に因て、危疑を抱くことなく、各其業に安せしむ」として簡潔に伝えるが（同書三九一頁）、そうした「告諭」は、いわば文明国にふさわしい対応を表明したものとして心に留めておきたい。

2　沖縄帰属をめぐる外交問題

一八八〇年（明治一三）三月五日、井上毅は太政官大書記官になり、いったん内務部勤務とされたものの、まもなく法制部勤務となり、その主事に任ぜられているが（四月一七日）、この時以降、内政上の問題に携わる余裕はほとんどなかった。ほぼ一年間にわたり清国との外交問題に深く関わるようになったためである。この間、井上は琉球問題に関する日清交渉のため、上海そして北京に二度も出張を余儀なくされている。

いわゆる琉球処分

ここに琉球問題というのは、直接には当時「琉球処分」と呼ばれた、沖縄に対する内地化措置に端を発する清国との紛争を指す。その処分は、明治政府が琉球藩を廃止して沖縄県を置くことを決定し（一二年三月）、まもなく尚泰《しょうたい》王に首里城からの退去と東京への移住を命じ（四月四日）、翌日、宮内省御用掛の鍋島直彬《なべしまなおよし》を沖縄県令に発令したことを指すが、ここにいたる経緯も記しておこう。

政府はすでに七年前の詔勅（五年九月）により維新慶賀使を派遣した王に陞爵《しょうしゃく》を与えて「琉球藩王」とみとめ、「華族」に列していたが、もともと琉球藩は、その地政学的な位置から、清国と冊封を受ける反面、貢物を献ずるという宗主国と朝貢国（保護国）に似た外交関係を長く続けてきた。その関係を絶つため明治政府は、琉球藩王に対し、清国の冊封を受け清国に貢物を献ずることを禁じたが（八年五月）、琉球藩は、それに応じなかったばかりか、むしろ清国政府に窮状を訴えた。そのため井上外務卿が駐日清国公使何如璋《ホールチャン》に詰問される事態も生じたが（一一年九月）、翌年、何公使は琉球問題について日本側と協議したいとする本国の意向を伝えてきた（一二年二月下旬）。これに対し日本政府は、内務大書記官、松田道之を琉球処分官として沖縄に派遣する（随員九人、内務省出張所増員役三〇人、警察官約一六〇人、熊本鎮台兵員四〇〇人をともなう）などして、琉球に対する廃藩置県の実施に及んだのである（一二年三月。政府側記録は松田道之編『琉球処分』、琉球側記録として琉球王国の官僚喜舎場《きしゃば》朝賢《ちょうけん》『琉球見聞録』。波平恒男「喜舎場朝賢と『琉球見聞録』」政策科学・国際関係論文集四号参照）。

外交問題化
――琉球問題

これに対して清国政府は、清国駐箚《ちゅうさつ》全権公使宍戸《ししど》璣《たまき》に、琉球に対する廃藩置県の措置を停止するよう求める照会書を発した（五月）。のちに、日本政府の措置は、一八七一年（明治四）九月締結の日清修好条規に定める「両国に屬したる邦土」について「聊《いささか》も侵越する事なく永久安全を得せしむへし」とする相互不可侵条項に違反するだけでなく、「人の国を滅ぼし人の祀りを絶つ」もので、「中国並びに各国を蔑視する」ものだとして、その照会書に対する返答を改めて求めてきた（六月）。日本政府は、廃藩の件は日本の内政問題であり条約違反の問題は生じないとする弁明書を作成し（七月）、清国側に手交すべき照覆文としている（八月）。これに対し清国政府から重ねて弁駁書が発せられたため、日本側も外務卿井上馨名で弁駁書に反論する（一〇月）など、両国間で激しい応酬がつづいた（五月以降の日本側の対応について琉球資料〈八〉三三号～五四号文書参照）。

宍戸　璣

この緊迫した状況を変えたのは、アメリカ合衆国前大統領U・グラントの仲介である。日本から帰国したばかりで両国間の関係を憂えたグラントの基本的立場については後に述べるが（後述一〇五頁以下参照）、その意向を酌んだ清国政府から、相互の特派委員による交渉の用意がある旨の連絡が入ったのである（九月。琉球資料〈八〉四九号文書）。これをうけて日本側も、日清間の交渉に応ずる用意があることを伝え（一〇月。同書五六号文書）、ようやく事件処理に向けた作業に入ることで両国間の合意が成立した（一二月一四日）。次に見る井上の献策は、グラントの意向とともに、そうした変化を側面から支える役割を果たしたかもしれない。

井上の琉球意見

日清関係が険しくなりつつあった一八七九年（明治一二）夏、井上はまず、「琉球の事に就き、支那との関係は内外の一大事と存じ候へば、身分を踰《こ》え、意見の次第申し上げ奉り候」として、直接、三条太政大臣・岩倉右大臣宛てに具体的な対応方法を記した「琉球意見」を提出している（七月三日。井上伝史〈一〉一七三頁以下）。この時、井上は内閣大書記官兼内務大書記官という事務職にあったにすぎないから最高位の要職者への直言は確かに「身分を踰え」た振舞いと言わざるをえない。しかし、井上は五年前、台湾事件に臨んで清国との交渉に立ち会った経験をもち（前述九四頁参照）、五月以来の寺島外務卿と宍戸公使との連絡や宍戸公使と清国政府とのやりとりに業を煮やしていたことは、想像に難くない。その経験を踏まえた井上の処置案は、次の三点にわたる具体的なものである（山下重一「改約分島交渉と井上毅」梧陰研・明治国家と井上六三頁以下。同・沖縄史研究第二章参照）。

第一に、駐日公使は事ごとに本国の訓令を仰ぐだけで全権を有しないので、「北京に於て派出公使より総理衙門《そうりがもん》と談判するを長策とする」。つまり、清国政府の外交・洋務部門である北京の総理各国事務衙門と宍戸駐清公使との談判のほうが好結果を生む（実は、これも大きな見込み違いだったことは交渉の最終段階で判明する。後述一〇九頁参照）。第二に、通常事務に紛れると疎漏・遅延などを招き意外の失敗をもたらすので、「内閣に於て外務卿と外二、三の参議に取調掛を内命せらるべし」として特命チームの設置を勧める。第三に、清国政府は通訳ミスなどを考えて口頭談判よりも「文案の照会」を望むので、内閣で十分に審議を尽くし、曖昧さを遺さない文案を宍戸公使に送付することで「北京の談判に於て十分に我が論理を暢達せんことを欲す」という。

その際、井上は、清国政府の出方について「一　琉球は其属国なり　二　琉球は両属之国なり　三　琉球は半主之国なり」のいずれかであると分析する。前二者なら「我れに十分の理由と証拠あり、之を論破すること甚だ容易なるべし」と断定し、最後者の「半主之国」は「一小国自ら独立すること能はず、数大国の保護を受け、其一大国之を併せんと欲して他の二、三大国之を拒む」という状況を指す。もし清国がこの主張をしてきた場合は厄介なことになると指摘する。そうした例は欧州諸国にも多くあり、清国政府が「外国人と密《ひそか》に相謀議し、欧州半主之邦を引て辞柄と為す」ときは「多少の答弁を費さゝるを得ざるべし」と見込まれるからである。もしこの点に対する日本側の答弁に疎漏があるときは、「外国の公論は或は翻て支那に左袒するに至る」おそれが十分にある。

こうした井上の冷静な分析と具体的な提案は、対清交渉における政府の意思決定の支えになったであろう。この問題に関して要路者が井上に寄せた絶大な信頼も、そこに根差している（後述一〇七頁参照）。

外国新聞と井上の反駁

日清間の琉球問題は、グラント前米国大統領が、退任後の世界旅行の一環として、英印清国訪問を経て日本を訪問した折、天皇との会談（八月一〇日）の中で、清国滞在中に聞かされた琉球帰属問題を持ち出したことなどから、外国新聞などでも取り上げられるようになった。グラントの知名度――約四年にわたる「南北戦争」の西部戦線において南軍を破り（一八六二年二月）、二年後に北軍の総司令官となって勝利を導いた英雄として広く知られていた――にもよる。

琉球問題を取り上げた新聞の中でも、とくに横浜の日刊英字紙ジャパン・ガゼットが清国寄りの記事を連載したこと（一一年一一月二九日〜一二年一月一〇日）について、日本側は「投書者は英公使の書記サトウなる者」であることを同公使館関係者から聞き出すとともに、「支那人は大いに愁眉を開き、幾分か助勢を得候事に心付け申すべく候」（一二月五日井上宛て伊藤書簡。井上伝史〈五〉一七頁）として、その影響を問題視した。この「英公使の書記サトウ」とは、イギリス人E・サトウを指し（川﨑晴朗『幕末の駐日外交官・領事官』参照）、問題の記事は、サトウが駐日英国公使館書記官として一八七〇年（明治三）に再び来日し、勤務していた時に連載したものである。

井上毅は、その記事により清国が外国の「助勢を得」るのではないか、この問題の取扱いが「外国交際上に関係ある極めて重大なる」関係を及ぼすと懸念して、翌年（明治一三）一月、詳細で実証的な四篇の反論文を仕上げている（井上伝史〈五〉五〇六頁以下「横浜新聞駁論草稿」、山下・沖縄史研究『ジャパン・ガゼット』論説の琉球処分批判と井上毅の反論」参照）。全容をここに紹介する余裕はないが、一例を挙げると、「駁議第四篇」において室町幕府第六代将軍、足利義教が薩摩の島津忠国に琉球島を与えたことを取り上げている。ジャパン・ガゼットは、その典拠を日本政紀・国史略に求めて史書に見えず証拠がないと論じるが、薩摩の古記録に明らかである。それをあえて否定するのは「徒に索空の労を費やしたる」ものにすぎず、そう論じたのは「其の蔵書に欠乏し博く群籍を渉猟するに由なき」ためであり、「故意に偏倚《へんい》の説」を創作したものではあるまい、と皮肉る余裕さえ見せている。

ヤング記者の観察

こうした事情を反映して、井上は多くの欧文新聞記事を綴じた琉球事件外国新聞（梧陰文庫C一六六）を遺している。前記「横浜新聞駁論草稿」と歩調をそろえた「ガゼット新聞琉球一件反対説」、ロンドンタイムズ記者に宛てた「イー、ゼー、リード」名の「日支両国間の争論」（伊東巳代治訳）、ニューヨーク・ヘラルド新聞の「ジョン、ロッセル、ヤング」名の「琉球問題」の抄訳などである。

このヤングは、グラント前大統領に求められて二年にわたる世界旅行に同行し、各国訪問の様子を詳細に記録したことで知られ、その際「琉球問題」を記した。その中でヤングは、日本側にとって明快で有利な結論を説くリードの所説について、「其文懇到、其論公当なる」ことを認めつつ、「伊藤内務卿は、能く英語を解し、滔々之を弁ずるのみならず……最も賞嘆すべき卓然たる技量を顕《あらわ》せり」として、日本政府の立場は、そう単純なものではないことを論じている。

ヤングは、グラントの日本滞在中、伊藤・西郷などとの会談（七月二二日）や天皇との会見（八月一〇日）にもすべて同席していた。このことは、自ら勤めるニューヨーク・ヘラルドに寄せた記事（一八七九年八月一五日・九月一日。参照、「東方妖雲」琉球資料〈一〉一頁以下、「グラント氏意見ヤング氏筆記琉球意見」琉球資料〈二〉八頁以下）などからもわかる。ヤングは、たんに琉球所属問題について相応の知見を持っていただけでなく、伊藤をはじめとする日本政府の基本的な立場をもよく理解していたのである。もっとも、井上がヤングの言動に全幅の信頼を置いていたわけではない（後述一一二頁参照）。

対清談判の基本方針

ここで話を井上の清国出張に戻すと、まず清国との交渉に臨む日本政府の方針を示すものとして、伊藤内務卿・井上外務卿宛てに条約草案付きで提出された対応案（一三年一月一九日、井上伝史〈二〉一八四頁以下）、そして北京で交渉に当たる宍戸公使に宛てた内訓案（三月九日）が重要である。

前者は、漢学に明るい井上と竹添の協議結果を連名で提出したもので、日清修好条規違反と琉球処分停止という主張を清国は撤回すべきだとする強硬路線を貫くか（甲案）、「穏やかに彼の意に応じて前後落着之弁法に着手せんか」（乙案）を比較検討した上で、乙案を採るべきだと結論する。その理由は「小を予《あた》へ大を取るの理」である。つまり「我が要求の一部分を割愛譲与して激銷《げきしょう》［取消］之事を不問に置くときは、彼れ必ず暗に我れを徳とする」に違いなく、「我が他の要求に応ずる事、幾分か容易なるべし」との大局的な立場をとり、「激銷の事は虚名にして実利にあらず、過去にして将来の計にあらず。今之を拋棄《ほうき》して更に他の目的を達するを良策とする」と説く。

この対応案は、日清修好条規の改正提案にも踏み込み、「今改正に際し、［内地］通商の一歩に止めんか又は［内地］雑居に迄進まんか」という選択肢があることを検討した後、「内地雑居は支那人の甚だ好まざる所なるべし」として、現行条規では認められていない内地通商の権利を求めるべきことを説く。内地通商は、一般的な内地雑居とは異なり、「西洋各国の現に准許を得たる所なれば、談判上稍《や》や結果の望あるべし」と見込まれるからである。

内地通商権を求める根拠は、「日本商民の清国に於て内地通商の権利を得ざるに付、貿易の振はざる弊害」というメモで示されている（井上伝史〈一〉二一二頁以下）。これは井上が北京に到着した後にまとめたもので、上海を例にとりつつ、日本商民による輸入額が少ない要因は、外国人に認められている清国の内地通商権――一定の税を納めさえすれば「清国の内地に入り、貨物を運売する」ことができる資格――が日本人に認められていない点にあると実証的に説く。この対応案を受け取った井上外務卿は、即日、井上・竹添両名宛てに、条約改正の件はすぐに判断しかねるが、乙案で対応すべきだとする点には同意を示し、なお伊藤参議と相談する旨返信している（井上伝史〈五〉七一頁参照）。

宮古・八重山二島割譲案

他方、井上起草の宍戸公使宛て内訓案（三月九日）は、現行の日清修好条規に定められていない内地通商の容認と最恵国待遇の付与という条約改正案と引換えに、宮古・八重山二島を清国に割譲する、とする（古城・井上伝三三四頁以下、梧陰文庫A五七八）。もちろん、『明治天皇紀〈五〉』が「廟議……清国政府我が要求に応ぜば、清国に近接せる琉球国、宮古・八重山二島を割きて之れを清国に属せしむる事等を決し」と記すように（一〇五頁）、三月上旬における政府の正式決定を踏まえたものである。

井上の内訓案は、まず「清国と我国とは同文同種にして、加ふるに旧来の交誼あり、唇歯《しんし》〔密接な関係〕の情勢あり。故に当時両国間に締約せし条規は、真誠和好の旨趣に本づくもの」であることを踏まえ、清国の西洋人（西人）と日本人に対する処遇の違いを指摘し、「西人には内地通商の准許あり、特恵潤及〔＝最恵国待遇〕の明文あり……故に我政府は切に、清国より西人に准許する所の者を挙て我人民にも均しく准許せられんことを請求する」と述べる。その上で、「清国にして我が請求に

井上　馨

応ぜられれば、我政府は、親睦を将来に厚くするが為に、琉球の内、清国地方に接近したる宮古島、八重山島の二島を以て之を清国に属し、以て両国の界域を画定し、彊場の紛紜《ふんうん》を永遠に杜絶すべし」とする。

驚くべき内容であるが、日本としても「琉球全部のほとんど一半を占むる所の二島を挙て以て清国に属するは……最も至難の事」だが、「我れ勉強して其の至難の事を為し以て好意を表し、清国に其軽重する所無きの准可を望む」からで、決して不相当ではない。同日付で井上馨外務卿から宍戸公使に宛てた「琉球問題解決方に関する内信」を見ても、政府の決定内容は明白である（琉球資料〈八〉五三三頁以下）。さすがに外務卿は、これが成立すれば「定て世間よりは我領内の二島を分割し、清国へ與ゆるは則ち国権を削るに異ならず」などの議論が百出し、必ず「野生［小生］の位地は尤も其の攻撃を直接に受る」と愚痴をこぼしているが。

こうした二島割譲論が出たのはこれが初めてではないことは、竹添が井上に寄せた書簡からも知ることができる（二月三日、井上伝史〈五〉一五二一～一五二三頁）。そのため竹添は、内命を帯びて天津におもむき、清国の出方を探るとともに二人の要人と事前交渉に当たった。一人は南京の南洋通商大臣劉《リウ》坤一《クンイー》、もう一人は天津で実権を振るう北洋通商大臣李鴻章《リーホンチャン》で、両者がキーマンであることは井上の「凡そ通商の事務……等、総て両大臣の管理に属す」との記述（井上伝史〈五〉五三一頁）からもわかる。

こうした条約改正と引換えの二島割譲論については、当然、強い批判が寄せられよう。中でも、「前年の琉球処分で「民族統一」を実現した明治政府が、清国との条約改正を欧米諸国との改約交渉の突破口としようとする外交政策に基づく琉球諸島南半の割譲という「民族分断」を条件として提示したことの矛盾」を衝く論考（山下・沖縄史研究一一八頁）は決定的である。そのことは明治国家形成史の一齣として決して見逃すことができない。

二島割譲論の発案者

この二島割譲論については、グラント前米国大統領が東京に滞在していた時（一二年七月三日〜九月三日）、日清間の紛争について斡旋する用意があると日本側に提案したことが直接の契機となって政府の決定につながった、と考えられる。そこには一八七三年（明治六）九月以来、駐日米国公使であったJ・ビンガムの後押しもあったらしいが、グラントの提案が契機になったことは間違いない。

グラントは、浜離宮での天皇との会見（八月一〇日）の中で、日清「両国間の和親を保有する」ことが緊要で、「双方に於て互ひに相譲る」ことが大事だと説き、具体案として「清国に於ては該島嶼《とうしょ》間の彊界を分画し、太平洋に出る広濶なる通路を彼に与ふるの議にも至らば、彼れ是を承諾すべし……夫の清国大臣等が心に忿怒《ふんぬ》を懐きながらも、猶《なお》熟議を容る、の意なきにあらざる事を知るべきなり」と述べていた（琉球資料〈三〉八頁以下「グラント将軍との御対話筆記」参照）。この発言は、すでに「該島嶼間」つまり宮古島・八重山島の「彊界を分画」する案が浮上していたことを示唆する。実際、井上外務卿から宍戸公使に宛てた翌年の「内信」でビンガム公使からの伝聞情報も知らされたが、その際、前年七月「日光にて伊藤西郷両氏、克蘭土《グラント》氏と談話、右二島割隷《かつれい》の話」が出たことも伝えられている（四月二〇日。琉球資料〈八〉五九四頁）。

グラントの提案が二島割譲論の契機になったことは、別の事実からも指摘できる。すなわち在米日本公使で、日光での伊藤・西郷との会談や浜離宮での天皇との対話に列席して通訳を務めた吉田清成《よしだきよなり》の問合せ（一三年一月二三日）に対し、グラントが寄せた回答書（六月一九日）は、「清国に於て台湾島並びに琉球以南の諸島、即ち宮古島八重山島を占領し、全く之を管轄するの権利を日本政府にて是認する時には、即一譲与にして……清国の痛歎を全く除去するに足るべきなり」という考えを示している（琉球資料〈八〉六三九頁以下。古城・井上伝三三七頁、梧陰文庫A五八〇参照）。

井上外務卿は、清国政府が条約改正を拒否する意向であることを知り、日清修好条規の改正提案にまで踏み込んだ対応案について、宍戸公使に対する第二訓条を用意したが（四月一九日）、それは清国が望む「琉球の結局と条約の改正」の分別は認められず、「両件をして相密着して其の成否を共にせしむるの本意」を貫き通すべきこと、二島割譲と引換えの条約改正という「両便相換の要求」は、清国も頼りにするグラント前大統領の好意から逸脱したものではないことを指示するものだった（梧陰文庫A五八六「外務卿井上馨請議案」。古城・井上伝三三六頁参照）。

このように二島割譲論を含む対清談判の方針は、「琉球列島の中間に境界を画すことによって清国の安全を保障しようとするグラントの示唆が、翌年の北京交渉で日本側から提案された分島案として具体化」され、この分島案が「政府首脳部によって決断され、それを交換条件として清国に要求すべき条約改正の内容について、井上毅らの官僚に諮問された」のであろう（山下・沖縄史研究一九六頁参照）。

再び清国へ――対清談判の顧問役

井上毅は、「書外の意を委曲、［宍戸］璣に陳述せしめんがため」（明治紀〈五〉一〇六頁）、また清国に差遣されることになった。井上外務卿の前記「内信」は、「最初より琉島件に付、書類を認め、且つ「グランド（ママ）」氏の主意等も委細解了し、尚政府の深意も承知する者」として、清国との談判の際、つねに井上を同席させることをも宍戸公使に指示している（琉球資料〈八〉五九三～五九四頁）。井上への高い評価がうかがえるが、その頃までに井上は、竹添からも「大兄には至急御渡海成り候て、御尽力下され候様、呉々冀望仕り候」（前掲・一月三日書簡）との哀願にも似た依頼を受けていた。

そこで井上は、四月下旬に横浜港を発し、上海におもむいて竹添と協議し、清国側が頼りとするグラントの仲裁の真意について「人を米利堅《めりけん》に派するか又は詳細なる書面を以て吉田公使に云々すべし」という結論を得るなどした（五月一日まで滞在）。先のグラントの回答書（六月一九日）もその成果の一部と見られる。その後、井上は半年余り北京に滞留し、琉球問題について北洋大臣李鴻章と交渉を行う竹添のために、李大臣あての書面を整え（四月一九日、梧陰文庫A五八四。古城・井上伝三三九頁参照）、筆談のための草稿をも用意している（五月一五日。筆談記録は同書三三七～三三八頁）。さらに、清国政府の外交・洋務を所管する総理衙門（総理各国事務衙門）で交渉に当たる宍戸公使の交渉手順・方法などの下問に対し、答議や意見を提出するなどして公使を支えた。琉球藩の廃止に対する清国側の公文、つまり「人の国を滅ぼし人の祀りを絶つ」ものとした「滅国絶祀の論」に見える不穏当な言辞と非難（前述九七頁参照）を取り消すべきことを談判の前に持ち出すことの意味、先方が必ずしも希望しない「分割二島論」を説くことの意義などについて、詳しく説明している（井上伝史〈一〉二〇四頁以下「日清交渉意見並照会案」参照）。

日清間の本格的な交渉は、夏から秋にかけて曲折を経ながら断続的に行われ、その結果、宮古・八重山二島の割譲を明治二十四年二月とする琉球処置案、日本人の清国内地通商権を認める旨を加える現行通商条約追加案などがまとまり（一〇月二一日）、十日後の調印を待つばかりになった（井上「日清交渉文書一宗」は八月一八日からその日までを対象とし、「加約説明」など三文書は内地通商権の要求など〈井上伝史〈五〉三六二頁以下〉、「彼此《ひし》協議結局条約案稿」四編は最終成果〈同三五八頁以下〉を示す）。

ちょうどその頃、井上は外務卿から強く帰国を求める書簡を受け取った（九月二八日付。井上伝史〈五〉七〇〜七一頁。同書〈四〉三七頁）。参議・省卿兼任制の廃止とこれにともなう大幅な人事異動にもかかわらず、井上馨参議のみ外務卿兼任継続を命じられたが（前述九〇頁参照）、いろいろと施策を講じようとしても「誰一人草按を起こし、之を助力する人すら乏しく」云々と、政府内の対立・不和を憂えたものである。伊藤と相談した結果、「是非とも老兄は一先ず御帰東候て、其辺へご尽力を願いたい」と訴えたため、井上はやむなく上海発の船で帰国の途に就いている（一一月三日。前掲・一〇月一九日書簡参照）。

一時帰国と立憲政体建議案

一時帰国後の井上の日本滞在は十一月末までという短い期間であったが（一二月一日に北京に向け出発）、その間、内政に関わる重要な仕事をもこなしている。それは、井上出立後に提出された「参議 伊藤博文」名の「立憲政体建議」（一二月一四日。伊藤伝〈中〉一九二頁以下）の草案を検討し、作成したことであるが（井上伝史〈六〉九二頁以下）、その間、伊藤と井上は集中的にやりとりしている（一一月一九・二三日・二九日。井上伝史〈四〉三八頁、同〈五〉二〇頁参照）。

この時期は、伊藤だけではなく他参議も同旨の建議を提出している。その契機になったのは、前年（明治一二）十二月に、元老院の「国憲」取調委員の調査・検討を経た最終的な「国憲」案が有栖川議長に提出されたことである。元老院の国憲案は、岩倉右大臣や伊藤参議の批判を受けたため進奏されなかったが（前述七四頁参照）、代わって、岩倉の発案により三条実美太政大臣と元老院議長から転任した有栖川熾仁（親王）左大臣との協議を経て、改めて諸参議に憲法意見を求める勅命が出されることになったのである（岩倉実記〈下〉六五二頁以下、明治紀〈四〉八三六～八三七頁参照）。

そこで、すでに出されていた山県有朋の立憲政体建議（一二年一二月）につづいて、黒田清隆・山田顕義・井上馨といった参議が相次いで意見書を提出するが（一三年二月～七月）、井上起案の伊藤「立憲政体建議」は、それに続くものであった（後述一一六頁参照）。

急展開――三たび清国へ

日清両国の代表による諸条約案の署名を待つばかりになっていた時、清国政府は、宍戸公使に対し、先に成約した条約案は最終的でなく北洋・南洋両大臣の意見を上奏するまで調印できないとする清国皇帝の上諭（一一月一七日付）を伝えてきた。かつて井上は、総理各国事務衙門と宍戸駐清国全権公使との談判によるほうが好結果を生むと読んだが（前述九九頁参照）、完全な見込み違いをしたことになる。

この電信に激怒した井上外務卿は、交渉を中断して宍戸公使を帰国させることを決意するとともに、いったん帰国した井上毅をふたたび清国に向かわせ、最終的な談判に当たらせることにした。この時、外務卿は三条太政大臣に、「最後の談判と及び公使進退の時宜は、書面を以て指示するも其委曲を尽

田辺太一

すこと能はず。且つ彼の地実際の事情に応じて円滑の処分を要するものなれば、更に速やかに大書記官井上毅を派遣せられ、宍戸公使に詳細の廟議を伝ふるを要用とす」と伝えている（一一月三〇日書簡。井上伝史〈一〉一八一頁以下）。

対清交渉における井上の重みを示すもので、井上は、急遽、十二月初めに再び日本を発し、上海に到着するや、日本公使館に勤務していた外務大書記官田辺《たなべ》太一《たいち》と会って、北京の状況などを聞きとっている（一二月九日伊藤・井上両参議宛て書簡。井上伝史〈四〉三九頁参照）。天津に着いてから（二一日夕方）、所定期限までに決着がつかない場合は宍戸公使の「東帰を決行さるゝ事」などをも含めて、最終的な照会案文について竹添領事・田辺大書記官と入念な打合せを済ませている（一二月二二日両参議宛て書簡。井上伝史〈四〉四一頁参照）。井上が北京に着いたのはその三日後であったが（一二月二四日）、はたして清国政府との交渉は井上などが予想していた通りの展開となった。

琉球問題をめぐる日清交渉は、最後の談判を終えて直前まで漕ぎ着けたのであるが（前述一〇八頁参照）、ついに成局に達することなく幕を閉じてしまった。日本側は、翌年（明治一四）一月、清国側の対応にしびれを切らし、井上が、宍戸公使と外務卿に「今我国は、清国政府の其の弁理の大臣の全権を弐三にして、以て我使臣を欺弄したるに対し、当に如何なる処置をなすべき乎」と、厳しい態度に出ざるをえないことを示唆したように、宍戸公使の退帰を検討するまでになった（井上伝史〈一〉二一七頁以下参照）。こうして宍戸公使は北京を離れ（一月二〇日。三月一一日帰国）、井上も北京から上海まで陸路を辿って（一月二〇日〜二月一七日。旅程覚書は井上伝史〈五〉三六六〜三六七頁）、帰国の途に就いた（三月四日帰国）。その後、井上は、岩倉具視などの憲法意見書の作成に専心することになる（後述一三二頁以下参照）。

十五年回顧録

井上毅の北京滞在は、「宍戸公使の対清談判に於ける顧問の地位」（古城・井上伝三四四頁）にあったためである。それだけに、その談判が土壇場で覆ってしまったことは、井上の慙愧に堪えないところであった。その想いもあってか、井上は、約一年後、『琉案始末要略』という一種の回顧録をまとめている（一五年六月一三日。井上伝史〈五〉六二一頁以下所収）。

これは、明治十二年夏にグラント前米国大統領が来日して日光を遊覧していた折、琉球問題に話が及び、伊藤・西郷両参議に対して、日清両国間の「平和の為に力を尽すは予の希望するところなり」と申し出たこと、芝の浜離宮で天皇に謁見した際、清国側からも滞在中に交渉委員となるよう依頼されたが断ったものの、「力の及ぶだけの事は之を為すべきこと」を約束したことなどから説き起こす。しかし、結局のところ、「グランド（ママ）氏の勧説に依り、商議の局を開き、事案結局に臨んで、清国忽《たちま》ち前言を変ずるに由り、遂に成局に至らざる」結果となってしまった。そう回顧録は結んでいる。

井上の無念さが伝わってくるが、そのため、条約改正の実現を図るためといえ清国に譲歩するかたちで宮古・八重山二島を割譲するという案も立ち消えになった。だとすると、このたびの日清交渉の打切りは功罪相半ばだったというべきかもしれない。

その『琉案始末要略』が記された日は、三年前に新聞記者としてグラントに同行していたR・ヤング（前述一〇一〜一〇二頁参照）が、在清アメリカ公使に任命され、北京赴任の途上しばらく日本に滞在しており、アメリカから携えてきたグラントの岩倉宛て書簡を呈出した日であった（岩倉実記〈下〉八三七頁）。そこには、「閣下或は貴政府内閣諸公に於いて……貴国と他諸国間に関係する事件に付き、同氏へ御内談相成りたき義も御座候はゞ、同氏は欣然御協議致すべき」旨が記されていた。そこで岩倉から連絡を受けた井上は、直ちに関係する主要事実を再確認し、日本側の姿勢を明確にするため、先に見た回顧的なメモを作成したのであろう。

ここで興味ぶかい事実が伝えられている（岩倉実記〈下〉八三九頁以下）。外務卿邸における夕食後の懇談の中で、ヤングが清国着任後でもなお調整役を買って出る態度を見せたところ、岩倉は毅然として「此事案の妥商は我が政府より再び清国政府に照会すべからず。清国政府より我が政府に照会することあらば、之に応ぜんのみ」と答えた（六月二一日）。また、グラントへの返書を託したが、「我政府に於ては右琉球一件に付き、其の平和を保つ事には充分力を尽くしたることなれば、後来如何の手続を以て之を結局せしめんとするも、宜しく支那より発案すべし」とする強い姿勢を記していた。さすがに気骨のある政治家の言動というべきであろう。

その模様を岩倉から教えられた井上は、ヤングの申入れについて「同氏支那行いたし候はゞ、右両国間之居仲を相企れば、彼れの過去の行掛りと将来の企望と相見へ候」と突き放して分析した上で、「御国に於ては成るべく我れより請求する者意味を避け、別途同氏一己の功名の為に、我大事を誤まるに至らざる」ように願う旨を返信している（六月二五日、井上伝史〈四〉三四九頁）。こうして「琉球事件は……永久立消の姿となった」が（古城・井上伝三五六頁）、井上がヤングの言動に全幅の信頼を置いていたわけではないのは（前述一〇二頁参照）、そうした事情があるからである。

しかし、これで井上の清国との関わりが切れたわけではない。井上は、参事院議官、のち内閣書記官長を兼任しつつ職責を果たし、二年後に兼職を解かれたが（一六年七月一六日）、その間、条約改正御用掛として予議会にも関係している（後述一八〇頁参照）。その終了四日前、おりしも朝鮮で起こった壬午《じんご》事変の処理に関与することになる。時計を少し先に進めることになるが、その井上と清国との関わりについても、便宜上ここで触れておきたい。

3　その後の清国との関わり

壬午事変への対応

清国との関わりといっても、琉球の所属をめぐり「冊封」関係が問題になったように、まずは朝鮮内部における問題に触れざるをえない。朝鮮では、当時、清国との「冊封」関係を維持しようとする親清派（事大党）と近代化を進めようとする穏健開化派、日本との連携を重視し自主独立を目指す急進的な開化派（独立党）という、三つ巴の対立が生じていた。

その状況の中で一八八二年（明治一五）七月二十三日、首府漢城（ソウル）でいわゆる壬午事変が起こる。保守的な事大党の煽動をうけた朝鮮兵士により政権の座にあった閔妃一族・高官が追われ、日本公使館も襲撃されて十数人が殺害された事件である。在朝鮮公使花房義質《はなぶさよしもと》は辛うじて脱出し、仁川《インチョン》沖でイギリス船に保護されて帰国したが、清国は、李鴻章の懐刀馬建忠《マジャンツォン》を中心に、事件を主導した高宗の実父大院君《テウォングン》を拉致して天津に連行する（八月二六日）とともに、閔妃政権を復活させ、日

花房義質

朝交渉の橋渡しを行った。その結果、日本と閔妃政権との間で、軍乱責任者の処罰、朝鮮政府による謝罪、殺傷された日本公使館関係者への賠償や公使館護衛のための日本軍駐留などを内容とする済物浦《さいもっぽ》条約が締結され（八月三〇日）、和平を取り戻した。

　井上毅は、事件の発生直後から駐朝公使花房義質宛て井上外務卿の訓条案の作成に当たった（七月二三日、井上伝史〈二〉三〇七頁。八月中旬、同書三一一頁）。その際、清国が「調停」役を務めることを伝えてきた場合、その真意を見極めた上で対処案を用意することが肝要だとして、「第一　清国は、朝鮮其の属国なることを主張し、今度の談判は清国にて引き受くべしと言明す／第二　清国は、日本・朝鮮の間に在りて仲裁を申し入るゝ／第三　清国は、極めて平穏の言詞をなし、我が使節と強《あなが》ちに直接の談判をなさずして、只だ其の朝鮮と従来の関係あるにつき、彼の国の為に忠告し、其の謝罪処分を催促すべきの旨を公告するに止まる」と分析している（八月六日、同書三〇九頁）。

　井上は、清国の出方を見た上で、第一の場合は日本と朝鮮とはすでに三百年来の直接往復があるので「拒絶すべし」、第二の場合は当事国の承認を必要とするのが国際公法の原則であるから「我が国は仲裁を辞すべし」、第三の場合に初めて土俵に乗り、「一直線に朝鮮との談判を遂げ」るべきだと説く。その際、清国が「朝鮮に向て忠告し又は尽力する」としても日本とは無関係で、そうした介入に「其の障碍を為さず又是を承認する」といった言辞を弄する必要もない、という。今回の談判の目的は、「専ら朝鮮に向て処分を求め、我が満足の償いを得る」ことにあり、清国と朝鮮の属国関係の問題に立入るのは避けるべきだからである。

まもなく井上は、条約案を詰めるためソウル出張を命じられ、約一カ月間とどまるが（八月二〇日～九月一四日。井上伝史〈五〉三六八頁以下「朝鮮事件弁理日記」参照）、井上の建言どおり事は進んだようで、済物浦条約の締結当日（八月三〇日）、井上は、山県参議と外務卿宛てに「逐次の訓条其の図を誤らざるにより、一大事迅速結局に至り候段、慶賀存じ奉り候。花房［義質］の談判傍観いたし候処、凛乎不可犯の色あり、其の労少からずと存じ奉り候。生事一個の満足にて何も用なき事に候へども、幸ひ三日間にて局に及べる一大談判に間に合ひ、せめて花房の文書上の助力などいたし候事、本意の至りに存じ奉り候」と伝え、満足感に浸っている（井上伝史〈四〉六一一頁）。

これを踏まえて井上は、花房公使に宛てて「朝鮮政略」構想を届けた（九月一七日。井上伝史〈一〉三一二～三一三頁、井上伝史〈四〉四八二～四八三頁）。これは、朝鮮や支那（中国）の実況から見て「三国同盟」論は夢想にすぎないとし、五カ国の協議により「朝鮮の為めには永久中立《ペルペチュエルニウトラリチ》の位地を得……支那の為めには其の朝貢国の名義を全く……する」との考えを展開したものである。この方策を「席上の空談」にすぎないと断っているが、「東洋の政略に於て稍安全の道を得るもの」と真剣に考えていたことは確かであろう。花房公使宛ての「朝鮮政略」構想を、後日そのまま、ボアソナードの意見書二通――おそらく八月九日「問答筆記」（法制史料〈八〉一五四頁以下）と同二九日「恒守局外中立論」（同書一六五頁以下）――を添えて、滞欧中の伊藤にも送付しているからである（一一月九日、井上伝史〈四〉六九頁以下参照）。

甲申事変の収拾

二年余り後（明治一七）十二月初めにも、竹添弁理公使を代表とする日本側の協力を得た独立党が、親清派の閔氏《びんし》政権を追い払って新政権を樹立しようとする事件が起こった（古城・井上伝三六六頁以下参照）。この甲申《こうしん》政変（京城事変）は、閔氏政権から要請を受けた清国軍の介入により三日後に失敗したが、竹添は、公使館員と在留邦人を仁川にある日本人居留地まで避難させている（一七年一二月。明治紀〈六〉三一九頁以下）。日本は、まず朝鮮との間で混乱の中で生じた日本商民殺傷と日本公使館の再建など懸案事項を解決するため漢城条約を結び（一八年一月）、次いで清国との間で両国の即時撤兵と軍事顧問を派遣しないことなどを約する天津条約を締結して（同四月）、和平に持ち込んでいる。

その過程で井上は、特派全権大使に任命された井上外務卿の随員として仁川におもむき、クーデタへの関与が疑われた竹添公使を補佐し（漢城条約）、同じく特命全権大使とされた伊藤参議・宮内卿の随行団の一員として（天津条約）、外交交渉に臨んだ（この時も「伊藤参議殿・井上外務卿殿」宛て「京城事変意見」〈一二月一九日、下関投函〉、山県・松方両参議をも加えた「各参議」宛て「日清交渉意見案」〈仁川発、同二七日〉として遺している。井上伝史〈一〉四三九頁以下、四五五頁）。その際、伊東・鄭永寧《ていえいねい》（外務権大書記官）など六名のほか農商務卿西郷参議も随行していたが、井上が全権大使の随員として指名されたのは、最も知見と経験に富むとの定評を得ていたからである（前述一〇七頁参照）。実際、「殊に清韓［清国・朝鮮］に対する外交事件の機密に於ては、殆んど先生［井上毅］の関与せられざるものなき実情であった」のである（古城・井上伝三八二頁）。

そうした意見書を送るとき、井上は、一文官としての領分を心得た上で分析・提言するという体裁をとるとともに、政府の指示以外に「敢て分毫も小生の一個の私言など主張致さざる心得に候へば、其辺は御放意下され候」（一二月一九日）とか、交渉に際して「生は、交際上には面を隠し、出シャバラヌ心得にこれあり、其辺御安心下さるべく候」（二七日伊藤宛て書簡。井上伝史〈四〉八一頁）といった一文を添えている。ここには、数年前、伊藤から厳しく叱責されたことへの反省が込められているように見える（前述六一〜六二頁参照）。それでも、相手方の出方を分析し、具体的な提案にまで踏み込んでいるのは、やはり井上の流儀というべきであろう。

強行日程の日々

この間の井上の行程は、かなり厳しいものであった。外務卿井上全権大使の随員として締約まで見届けた漢城条約では、「御用これあり朝鮮国へ差し遣わされ候」との命を受けたのは十二月十六日、すぐに横浜港を発ち下関を経て朝鮮の済物浦（現仁川《インチョン》）に着いたのは二十三日夜である（井上伝史〈四〉三〇三頁参照）。直ちに事件の概要を竹添公使から聞き取り、二日後の二十五日には竹添とともに京城（漢城）におもむく。朝鮮側の交渉担当者である副首相格の左議政全権大臣金弘集《キムホンジプ》や督弁［外務卿相当］統理交渉通商事務衙門の趙秉鎬《チョビョンホ》などとの談判に臨むためであるが、この談判には、朝鮮国王高宗《コジョン》の外交顧問で朝鮮語にも明るいドイツ人メレンドルフが外務協弁（次官）として加わっている。

井上はこの人物をかなり警戒し、井上外務卿・伊藤宮内卿・吉田外務大輔の三者に宛てて、朝鮮政府が「モル《ママ》レンドルフ及び支那人の勧告により候か、万国公法抔《など》申し唱へ候て、今度竹添［公使］の処置を難じ、直ちに日本政府へ訴へ、公法上の公使を認めざるの例に依る積りと相見へ候」と分析している（同月二四日書簡、井上伝史〈四〉三〇五頁）。ここにいう「公法上の公使を認めざるの例」とは、国際法上ペルソナ・ノングラータ（好ましからざる人物）として国外退去を求めるしくみを指すが、井上によれば「モルランドルフは、各国交際官の信用を失ひたる人」であり、駐朝鮮米国公使で、天津条約の調整役を果たしたフットも、竹添公使に「モルランドルフを退けざれば、和平の談判なり難し」と国王の高宗に明言すべき旨を勧めていたことを伝え、井上一己の感想ではないことを強調している（二五日外務卿宛て書簡。井上伝史〈四〉三〇六頁参照）。

ここに朝鮮政府との談判にのぞむ井上の用意周到な姿勢が見えるが、二日後、井上は伊藤に、この際一時帰国したいとの希望を伝えている（二七日）。敬慕する老母の容体がかなり切迫した状態にあったことによるが（前述一六頁参照）、願いは叶わなかった。竹添公使との打合せのほか、暮れの三十日に仁川に到着した井上全権大使の受入れなどスケジュールが立て込んでおり、それを許す状況にはなかったのである。井上は、新年（明治一八）一月二日には仁川に戻ったが、井上全権大使の入京準備のため、ふたたび京城（漢城）におもむいている（一月三日伊藤宛て書簡。井上伝史〈四〉八二頁参照）。成約に漕ぎ着けて条約を締結したのは一週間後のことであった（一月九日）。こうして大役を果たした井上は、帰路につき、一月十九日に横浜着、直ちに参内して談判の経過を報告している。

他方、天津条約では、井上は外務省御用掛を兼任すべきことを命じられた（二月三日）。そして、伊東ほか二十名の文官・武官からなる伊藤特派大使の随行団の筆頭随員として「清国差し遣わされ候」との命をうけ（同二四日）、談判が進められる天津にいたる（二七日）。ここで数回の談判を経て三月十八日に決着し、正式に条約締約の運びになった。井上は、翌十九日、伊藤全権大使などとともに天津を離れたが、横浜に着いたのは四月二十八日、東京を発ってからちょうど二カ月を経過していた。

外交交渉の秘密と新聞検閲論

天津談判の模様については、日本政府内で「新聞検閲の事」も話題に上ったようである。およそ外交交渉について、その内容と経過にある程度秘密を保つ必要があることは今でも変わらないが、当時ならその一方策として新聞検閲は確かに考えられる。現に井上は、「外務卿殿　外務大輔［吉田清成］殿」に宛てて意見を述べた上で、以下のような外務卿名の「布達案」を添えていた（一八年二月一日、井上伝史〈四〉三〇七頁。参照、井上伝史〈一〉四五四頁）。いわく、「今度、昨年十二月の朝鮮国京城の変に付き、清国政府へ談判の件――［この縦線部に氏名が入るとの前提］へ御委任仰せ出され候に付ては、――談判の事情並びに結果は、総て官報を以て公告すべく、各新聞紙は、官報を抄録するの外、右談判の事情並びに結果及び――大使の進退とも、一切記載相成らず候／右新聞［紙］条例第三十四条並びに明治十六年第二十一号布達に拠り布達候事」。

この布達案に思い到ったのは、協議の秘密保持は「煩雑至極」であるから、それに特化した要員を揃えるのは難しく、「発行前草稿検査」も検閲に当たるため採用しがたいと考えたためであろうが、その後、この趣旨の布達が制定されたという事実は見あたらない。これについては、二年余り前の明治十五年七月に起こった壬午事変（前述一一三頁参照）の際に採られたらしい新聞社用電報の差止めという隠れた措置のことも、あわせて考える必要があるかもしれない。その事件の際、一時「新聞社用の電報（暗号にあらず）は悉《ことごと》く差し止められ」ると伝えられたからである（一五年八月二一日時事新報参照）。

この点で、それより前から政府の情報取扱いに微妙な変化があったことは気になる。つまり「此の事件に関し一般に報道しても差支へのない事柄に限り、新聞に載るをいとはれぬ様子」だったが、

「近日は俄に其の趣きを一変して専ら秘密主義に復旧されたるが如く、道路の風説では、自今新聞社員は一切官省の門内に立入る事を禁ぜらるる御議論あるとか」（八月一六日いろは新聞参照）という。そうすると、二年前の新聞社用電報の差止めに似た何らかの隠れた措置が採られた可能性も否定できない。

ただ、清国の行動について、井上はボアソナードと数々の問答を交わしている（七月末〜八月半ば、法制史料〈八〉一三九頁以下参照）。これは「支那は既に自から朝鮮を属国と認め、朝鮮国の内政に干渉せんとす。然れば、日本は之に対し如何なる処置を為すこと、最も適当なるか」（井上伝史〈五〉六二五頁）という観点からの質疑であったが、ここでは新聞社用電報の差止めといった問題はまったく議論されていない。

他方、末広鉄腸の率いる朝野新聞は、「抑《そもそ》も伊藤大使は何程の要求を為し、彼の李、呉両大臣は如何に之れに応諾し、遂に談判の結着に至りしかは……之を聞知して世人に公示する能はざるなり……我が政府より其の条約の全文を公示せらるゝまでは、今回の事件に就き日本帝国の名誉と利益は如何なる点に達せしか……之を知るべからず」という（一八年四月一八日）。これを見ると、天津談判に関しても隠れた「検閲」措置が発動されたかもしれない。ここにいう「李、呉両大臣」は、清国の北洋通商大臣、李鴻章と北洋副大臣の呉大澂《ウターチョン》の二人を指すが（前述一〇四頁参照）、新聞記事からすると、当初、新聞検閲令を検討していた日本政府は、随員を含めた交渉関係者に徹底した箝口令《かんこうれい》を布き、新聞社用電報の一時差止めという手段で十分に対応できると考えたのかもしれない。

この呉副大臣は、漢城条約の締結に際しても李鴻章の命をうけて漢城に入り（一八年一月一日）、壬午事変の場合と同じように宗主国という立場から日朝交渉の監視に当たろうとした。だが、清国の介入を嫌った日朝両国の全権大使――日本側は井上馨外務卿、朝鮮側は金弘集左議政――によって拒否されている。当然の対応であるが、ここにも「冊封」関係を続けてきた国の事情がうかがえる（前述一一三頁以下参照）。

第六章　激動の明治十四年

1　立憲政体構想の競演

いわゆる琉球問題への対応が一段落して井上が帰国したのは、諸参議の立憲政体意見がほぼ出そろい、その取扱いをめぐって政府内で揉めていた一八八一年（明治一四）三月初めのことであった（前述一一一頁参照）。その間にあっても、井上は一時帰国中に（一三年一一月）、伊藤博文の「立憲政体建議」案を起稿するなど国内政治に関わりを持ちつづけていた（同一〇八～一〇九頁参照）。

自由民権運動の展開

この頃の国内の状況は、大局的にみると、「明治十四年の上半季は太平無事にして、更に記すべきの風浪なきが如く」（明治政史〈上〉三六〇頁）という状況だったが、民権運動には新たな展開があった。前年秋にフランスから帰国した西園《さいおん》寺《じ》公望《きんもち》による「東洋自由新聞」の創刊（一四年三月。六月廃刊）や中江篤介（兆民）の私塾におけるフランス学の講説などを通して、フランス自由主義の潮流が加わってきた。その隆盛ぶりは、「輦下《れんか》〔都のこと〕及び各地方に於て政談盛んに行はれ、皆国会を設立し、国政を更革するを以て主旨と為す。太政官庁に詣り、請願書を上《たてま》つる者あり。又三大臣〔太政大臣・左右大臣〕を歴問して之を論ずる者あり。其の甚だしきは、私擬国約憲法を印刷し、之を民間に頒布する者あるに至る。軽躁自肆《けいそうじし》幾《ほと》んど名状すべからず」という（岩倉実記〈下〉六五三頁）。

自由民権運動は、それぞれの憲法構想を展開するが（江村栄一編『憲法構想』参照）、憲法構想とは権利保障のほか議会その他の主要な国家機関や統治組織についての一定のまとまった考え方をいう。

福沢諭吉・交詢社への警戒

この中で井上が最も警戒したのは、在野の啓蒙思想家として輿論に強い影響力をもつ「三田先生」こと福沢諭吉《ふくざわゆきち》、福沢が慶應義塾関係者と共に設立した社交クラブ交詢社《こうじゅんしゃ》、そして包括的で組織立った憲法草案である交詢社「私擬憲法案」である。そこには、国友会を中心とする自由民権運動家馬場辰猪《ばばたつい》や太政官権大書記官矢野文雄《やのふみお》（龍渓《りゅうけい》）なども名を連ね、とくに矢野はイギリス法に詳しく議院制度に関して「密《ひそか》に第一人者を以て自任して居た」ほどで、早

西園寺公望

福沢諭吉

期国会開設を唱える大隈重信の憲法意見書（後述一二七～一二八頁参照）を「全文悉く我輩が執筆した」という才幹であった（伊藤秘録二一六頁「矢野文雄談」参照。小野《おの》梓《あずさ》との合作との異説もある。保古飛呂比〈十〉四四四頁）。

実際、井上は「昨年国会請願の徒……皆憲法考究と一変いたし候……其の憲法考究は、即ち福沢の私擬憲法を根にいたし候外これなし。故に、福沢の交詢社は、即ち今日全国の多数を牢絡し、政党を約束する最大の器械にこれあり、其の勢力は無形の間に行はれ……其の主唱者は十万の精兵を引て無人の野に行くに均し」と観察している（一四年七月一二日伊藤宛て書簡。井上伝史〈四〉四七頁）。

交詢社の憲法草案は、立憲君主制を採用し、国民（臣民）の権利義務を定め、国会議員の選挙方法を明文化する点において立志社案と共通するが、議会に対する内閣の責任を明記し、議院内閣制への道を示している点において筑前共愛会案・立志社案とも異なっている。この交詢社の議院内閣制への強い志向こそ、天皇親政の理念からプロイセン流の大権内閣制を志す井上が最も嫌ったところで、こ

馬場辰猪

矢野文雄（龍渓）

小野　梓

れが岩倉に提出する憲法意見につながる（後述一三六頁参照）。もちろん、憲法草案・憲法構想は、決して自由民権運動の専売特許ではなく、政府の要路者の中でも展開された。この時期は、官民挙げて立憲政体構想を模索し続けたが、ここでは主に政府内の動きに目を向けよう。

伊藤参議の立憲政体意見

憲法意見を求める勅命の発出後、山県の立憲政体建議（一二年一二月）につづき、伊藤・黒田・山田・大木などの参議が相次いで意見書を提出した（前述一〇九頁参照）。それぞれ特色をもち、建議内容はもちろん提出の時期や方法についても足並みが揃っていたわけでもなく、逐一検討する余裕はないが、井上が関与した伊藤の建議（一三年一二月）は見逃せない。

伊藤によれば、今日「時事俄かに危機に逼《せま》るが如き」状況にあり、懸念すべき要因として、幾十万人に及ぶ旧士族は、かつて「常禄に食み常産を有し教育素あり国事自ら任ずるを習とする」ため大きな影響力を持っていたが、維新以来「禄を失ない産を削らるゝ者」となり、「不平を鳴らし不祥を訴ふるの情あることを免れ」ない状況にあること、「人民と政治の権を分つ」のは世界の趨勢で、一国一州に限ったことではないことがある。この「二因は皆天歩時運の致す所」であり、政府は「進歩序を逐ひ緩急宜しきに当り歳月を積累して、以て標準に馴致する」ことをめざすべきである。

ここに漸進主義の姿勢が見えるが、その具体的方策として三点を求める。第一に、将来の上院となるべき「元老院を更張《こうちょう》し、元老議官を華士族に撰ぶ」こと（権限強化を含む。後述参照）、第二に大蔵省検査局の廃止と独立した会計検査院の設置（一三年三月）という流れを踏まえ、「財政を公議する」契機として府県会議員の中から「検査員外官」として「公撰検査官を設くる」こと、第三に、五年前の漸次立憲政体樹立の詔勅を踏まえ、漸進主義の大義を今一度明示して「人心を防範する」、つまり「聖裁より断じ天下の方向を定むる」ことである。

このように「先づ其の因る所を論じて然る後に措置の宜きに及ばん」というのは、ある事態にいたった要因を探求し、その解決策を提示するという井上の筆法を想い起こさせるが、正しくそれは井上の起案になるものであった。もちろん、伊藤の強い思いと意思が働いたことも決して無視できない。井上案に対し、伊藤は「元老院・検査官の二議に総論を付し、其の論文中に、憲法を起草し、民撰議会を開設するの時期、其の方法等を定むるは、一に聖裁に在ると云ふことを勅書を以て公示し、人民をして其の方向帰着する所を知らしめたくと申す意を加へたく存じ奉り候」と具体的な修正を指示し（一一月二二日井上宛て書簡。井上伝史〈五〉二二頁）、意見書に反映しているからである。伊藤の立憲政体建議をたんに井上の事績とするのは妥当でない。

大隈意見書

一八八一年（明治一四）一月半ば、「意見なし」とする寺島・西郷両参議を除いて諸参議の意見がほぼ出揃ったが、大隈自身は諸参議の調整役となったため、建議書の作成・提出が遅れ、左大臣熾仁親王から催促を受けていた。そこで配下の矢野文雄（太政官権大書記官）の全面的な協力を得て、明治十四年三月末日頃、長文の立憲政体意見書「国議院設立に関する意見」を提出した（大隈文書〈四〉二三〇頁以下。稲田・憲法成立史〈上〉四五八頁参照）。

意見書は「第一　国議院開立の年月を公布せらるべき事／第二　国人の輿望を察して政府の顕官を

大隈重信

任用せらるべき事／第三　政党官と永久官を分別する事／第四　宸裁《しんさい》［天皇の決裁］を以て憲法を制定せらるべき事／第五　明治十五年末に議員を撰挙せしめ十六年首を以て国議院を開かるべき事／第六　施政の主義を定めらるべき事」という項目立てからなり、「立憲の政は政党の政なり、政党の争は主義の争なり。故に其の主義、国民過半数の保持する所と為れば、其の政党政柄を得べく、之に反すれば政柄を失うべし。是れ則ち立憲の真政にして又真利の在る所なり」と力説して終わる（第七　総論）。イギリス型の政党政治・議院内閣制を採り入れようという主張である。「英国の例」にならったことは明示されているが（第三）、英法に詳しく議院制第一人者を自任していた矢野文雄が執筆したこと（前述一二五頁参照）を想えば、当然のことであろう。第三の政党官・永久官の分別という構想は、急進的な国会開設論（第五）とともに他の参議には見られない独自のものである。その趣旨は「太政大臣、左大臣、右大臣の三人を終身官にして、全然党争の外に立てる」ということにあり、矢野が「最も熱心に主張して、大隈侯も賛同してくれた」という（伊藤秘録二一八頁）。

大隈・伊藤の対立と「協和」

しかし、岩倉右大臣や伊藤参議などは、これまで政権を担ってきた盟友として、大隈意見書を非常な驚きをもって受け止めた。はたして諸参議意見の提出先とされた熾仁左大臣は、大隈から建議を受け取り一読して驚愕し、「奏覧せざるの前に於て大臣参議に示すことなかれ」との大隈の申入れに同意したにもかかわらず、「密かに之れを三条実美［太政大臣］と具視

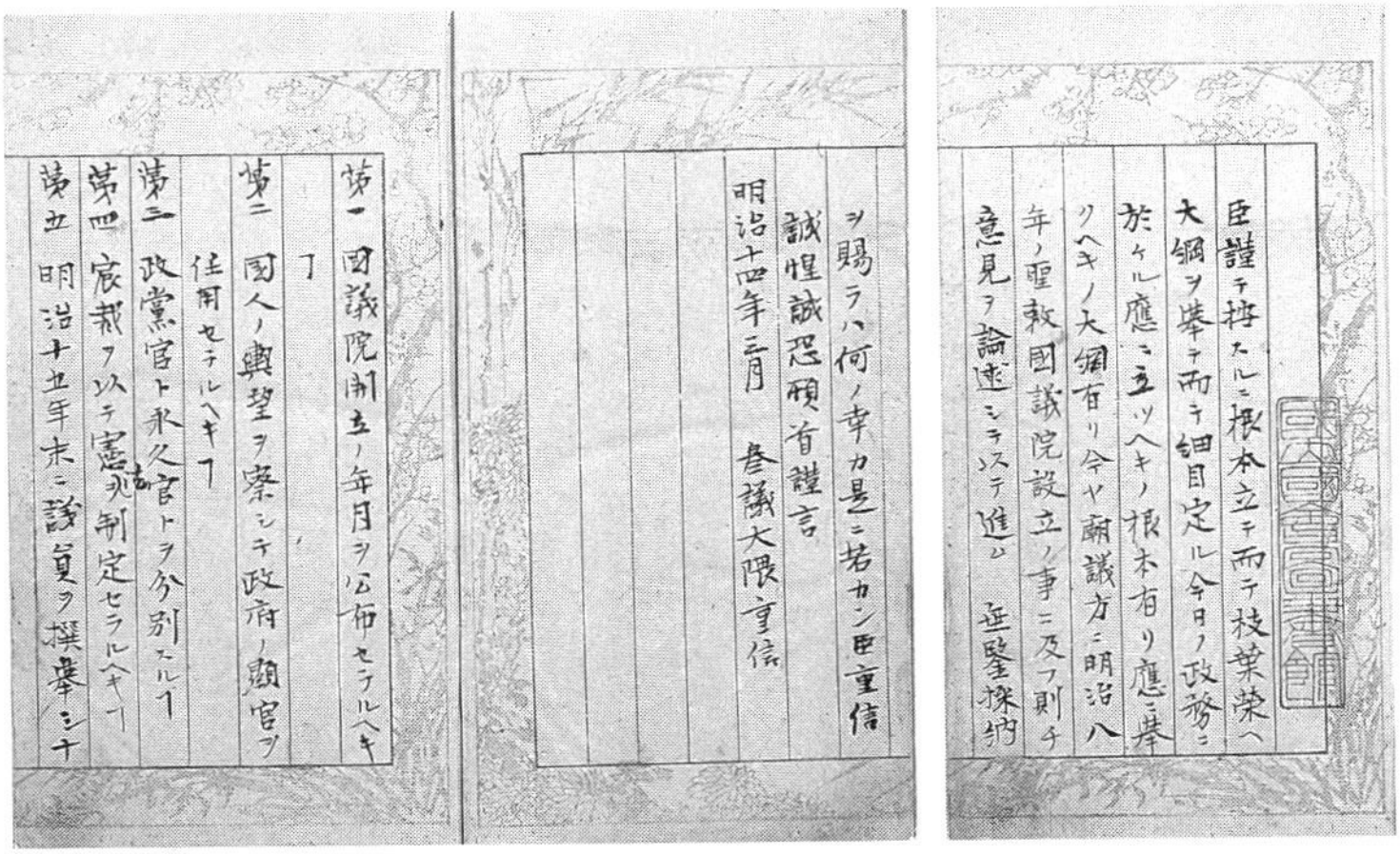
臣謹テ按スルニ根本立テ而テ枝葉栄ヘ
大綱ヲ挙テ而テ細目定ル今日ノ政務ニ
於ケル應ニ立ツヘキノ根本有リ應ニ挙
クヘキノ大綱有リ今ヤ廟議方ニ明治八
年ノ聖敕國議院設立ノ事ニ及フ則チ
意見ヲ論述シテ以テ進ム　臣鑒採納

ヲ賜ラハ何ノ幸カ是ニ若カン臣重信
誠惶誠恐頓首謹言
明治十四年三月　参議大隈重信

第一　國議院開立ノ年月ヲ公布セラルヘキヿ
第二　國人ノ輿望ヲ察シテ政府ノ顕官ヲ
任用セラルヘキヿ
第三　政黨官ト永久官トヲ分別スルヿ
第四　宸裁ヲ以テ憲法制定セラルヘキヿ
第五　明治十五年末ニ議員ヲ撰挙シ十

大隈意見書（伊藤筆写）

［岩倉］とに示す」行動に出た。岩倉はその真意を質したが、大隈は「今日は時機已《すで》に迫まる、姑息の手段を以て天下の人心を撫安し難し」という状況に対抗するため、いわば機先を制する趣旨と弁明し、伊藤の建議との違いを問われても「惟《ただ》小異あるのみ」と応じたという（岩倉実記〈下〉七〇一頁）。

　そこで岩倉は、秘かに井上毅に命じて――伊藤も外すかたちで――大隈に対抗するための検討作業を始める（六月上旬。後述一三二頁参照）。まもなく伊藤が噂にその意見書を聞いて怪しむようになったため、岩倉は、三条太政大臣に相談した上で、左大臣を通して天皇の許に届けられていた意見書を借り受け、伊藤に手渡した（六月二七日。伊藤伝〈中〉二〇五頁）。ここで初めて伊藤は意見書の全容を知って激怒し、意見書を自ら写し取るという行動に出ている（国立国会図書館・伊藤関係文書〈書簡〉五〇二号文書参照）。伊藤が怒るのも無理はない。前年十二月に提出した自らの意見書（前述）を大隈に示した際、「其主義を同《おな》うす」と答えた大隈が「実に意外の急進論」に立つことを知った上、意見書提出に際し何の断りもなかったからである。実際、半年後に佐々木高行は、伊藤は大隈に対し「其の建白の趣旨の当否是非は暫く差し置き、此の点に於いて尤も不満なり」と振り返っていたことを伝えている（一〇月四日。保古飛呂比〈十〉四三〇頁）。

伊藤の怒りは三大臣にも向けられた。三条太政大臣に「大隈の建白は、恐らくは其の出所、同氏一己の考案にはこれあるまじく様、猜疑仕り候……博文は当官御放免願い奉り候外、御座なく候」と述べ（七月一日三条宛て書簡）、岩倉右大臣にも「斯くの如くに大体の眼目背馳候上は……当官御放免願い奉り候外、幾回熟考仕り候ても手段御座なく候」と伝え、ともに辞職をにおわせている（翌二日岩倉宛て書簡。伊藤伝〈中〉二〇五頁以下参照）。

実際この後、伊藤は病と称して数日間参朝しなかったが、状況を憂慮した岩倉の仲介が何とか功を奏して、大隈と伊藤は面談する機会をもった。このことは、伊藤が井上に頼みこんで、四日「大隈参議、伊藤邸へ参られ、縷々懇談これあり、いまだ十分結局には至らず、猶今一応面会熟議仕るべく候」となった経緯を岩倉に伝えたこと（五日岩倉宛て井上書簡、井上伝史〈四〉三四二頁。同日伊藤宛て岩倉書簡、伊藤文書〈三〉九九頁参照）からうかがえる。その結果、どうにか伊藤と大隈の「二人の協和、初に復する」ようになり、伊藤も八日から出勤している（岩倉実記〈下〉六九八頁以下、七一四～七一五頁）。

2　岩倉意見書

三大臣との連携

その間、岩倉や伊藤などの主流派が手を拱いていたわけではない。正確な時期はよく判らないが、少なくとも六月上旬頃から、岩倉とその懐刀である井上の間で大隈意見書に対抗する内密の作業が始まっている。ここから岩倉意見書の上奏までの経緯を端的にいえば、正しく「具視、憲法の制定に関し意見を開陳する為、毎に太政官大書記官井上毅に命じ、其の材料を調査せしめ、之と共に其の利弊得失を論究す」（岩倉実記〈下〉七三七頁）ということになる。実際、井上と岩倉の間には中旬から下旬にかけて多くの書簡のやり取りがあり、岩倉意見書につながる重要なことがらも記されている（井上の政変への関わりについては、とくに大久保・十四年政変三一六頁以下参照）。

まず十日頃、井上は、「先日秘書［大隈意見書］内見賜り候後、潜心熟考致し候」として、「欧州各国殊に独乙国の如きは、決て英国の如き十分の権力を議院に与へ、立法の権のみならず、併《あわせ》て行政の実権をも付与するに至らず。彼れ秘書の如きは、其の主義全く英国に拠り、改革せんとするものにして……欧州各国の上に凌駕せんと欲す。此の事実に容易ならざる儀と存じ候」と、強い反応を示した（一四日岩倉宛て。井上伝史〈四〉三三八頁）。こうして井上は、当局者が「一時の軽挙に出て永遠の大事を誤まり、再たび回復すべからざるやうな事」のないよう「常務の煩を退けられ、専ら此の事に係る書類を聚《あつ》め、参伍研窮の力を尽させられ、然る後に一定の良猷《りょうけん》を建てられたく」云々と進言す

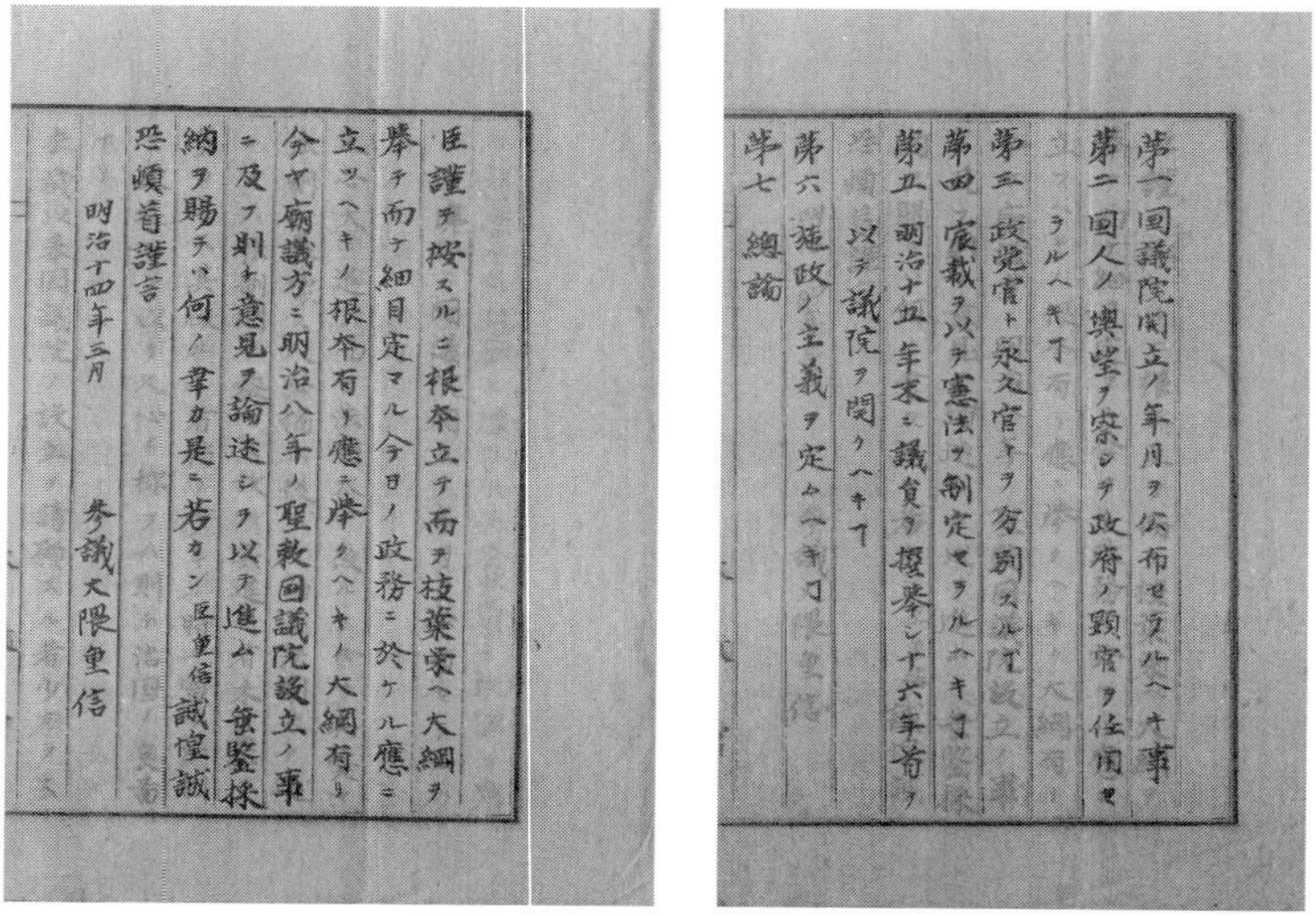
第一 国議院開立ノ年月ヲ公布セラルヘキ事
第二 国人ノ輿望ヲ察シテ政府ノ顕官ヲ任用セ
ラルヘキヿ
第三 政党官ト永久官トヲ分別スル事
第四 宸裁ヲ以テ憲法ヲ制定セラルヘキヿ
第五 明治十五年末ニ議員ヲ撰挙シ十六年首ヲ
以テ議院ヲ開クヘキヿ
第六 施政ノ主義ヲ定ムヘキヿ
第七 総論

臣謹テ按スルニ根本立テ而テ枝葉栄ヘ大綱ヲ
挙テ而テ細目定マル今日ノ政務ニ於ケル応ニ
立ツヘキノ根本有リ応ニ挙クヘキノ大綱有リ
今ヤ廟議方ニ明治八年ノ聖勅国議院設立ノ事
ニ及フ則チ意見ヲ論述シテ以テ進ム垂鑒採
納ヲ賜テハ何ノ幸カ是ニ若カン臣重信誠惶誠
恐頓首謹言
明治十四年三月
参議大隈重信

大隈意見書（梧陰文庫）

るとともに、伊藤同様、大隈意見書を写し取らせている（梧陰文庫Ⅱ四六五「国議院設立に関する意見」参照）。

岩倉は、「過日、秘書御一覧、内談に及び候末、三カ度の来簡、且つ書籍洋人政体抜書及び意見書等、追々熟覧に及び、深く了解に至り」云々と井上に返信し（一九日）、さらに「廿五日廿六日来簡並びにルスレール氏質問書面御廻、忝《かたじけな》く存じ候。右は写し取り、本紙は左府公［有栖川左大臣］へ御廻し申し置き候」と記すとともに、「伊藤……今日来車、過日来三大臣［三条・熾仁親王・岩倉］密議の次第あらまし申し入れ、且つ貴官［井上］へ種々取調べ頼み候義も有体申し入れ置き候」ことを伝えている（二八日。ともに井上伝史〈五〉八六頁所収）。

このように、岩倉の内命を受けた井上と三大臣との間で六月中旬頃から「密議」が進められていた。その間伊藤は蚊帳の外に置かれ、二十七日に大隈意見書の全容を知り、翌日初めてその経緯も知らされるが（前述一二九頁参照）、ここで岩倉が言及した「ルスレール」とは、ドイツ公使青《あお》木周蔵《きしゅうぞう》の周旋により外務省の法律顧問として一八七八年（明治一一）十二月下旬に来日したH・ロェスラーを指すが、その「質問書面」は岩倉・井上の密議の開始時期を見定める手がかりにもなる。

ロェスラーとの政体比較問答

ボアソナードより五年遅れて来日したロェスラーと井上などとの問答は、十四年六月頃から始まっている。初期のものは、「国王は君臨すれども統治せず」との格言が英国に固有だと説くもの（同一六日、法制史料〈四〉四頁）、大臣の連帯責任制の有無や得失を解くもの（一七日、同書〈三〉二五一頁、同書〈四〉一〇頁参照）などである。後者は、九日付で出された井上の「孛国《ぼっこく》「プロイセン」に於ては執政に連帯の責任なし。国王は議院少数の執政を保護することを得。是れ英国と異なる所なり。請ふ、其の得失を示されよ」という問いに応えたもので、これにより、岩倉の密命をうけた井上の検討が六月上旬に始まっていたことがわかる（ボアソナードも同日「国王は君臨すれども統治せず」云々との質問を受けたようで、一四日付で井上に答議を届けた。法制史料〈八〉五五～五六頁参照）。

大隈意見書に対抗すべく考究を重ねていた井上にとって、ロェスラーの説く政体比較論はきわめて鮮やかであった。前記の六月十七日付答議もプロイセン（孛国）と英国の政体の違いを解説するが、次の箇所はとくに注目される（法制史料〈四〉一〇頁以下）。いわく、「孛国に於ては、宰臣連帯の責任を負ふなく、国王の保護に頼り、国会の多数に反対して其の職を保持することを得ると雖も、英国の典章に於ては、宰臣、国会の少数に居りて政権を執るを得ず」、孛国には「国会の多数を得たる政党を以て政府を組織する」といった国会政府のしくみはない。英国では「主権は国王と国会との間に之を共有する……と雖も、是れ其の名義に止まり……国王は政体の観瞻《かんせん》〔全容〕を修飾するの虚器たるに過ぎざるのみ」「孛国に於ては、宰臣の進退は国王之を専決すべきことを明かに載せて憲法に在り。英国に於ても亦然りと雖も……外観を飾るの虚文にして……宰臣は議院多数の選出する所たり。即ち多数党の代理者なり。故に多数党に対して連帯の責任を負担すべきこと当然の事なり」「孛国に於ては……宰臣は特《ひと》り国王に対してのみ責任あるものなり。国会に対して何等責任あるものに非ざるなり」と。

もちろん、井上が英国やプロイセンなどの憲法・政体論を知らなかったわけではない。かつて欧州司法制度調査のためフランスで研究した際、プロイセンに関する解説書に出会い、帰国後にはその成果を生かして『王国建国法』などを著しており（前述五四頁参照）、各種の翻譯からも各国制度の違いについて知識を得ていたからである（後述一三八頁参照）。しかし、ロェスラーとの問答は翻訳を超える臨場感と説得力をもつ。しかも、その政体対比はきわめて明快で、前者を排して後者を採るべき有力な論拠として活用できる。こうして井上は、大隈意見書に対抗するための理論的支柱をロェスラーの答議に見出し、同人への傾斜が始まる。

憲法起草手続問題

二十二日、話は具体的な憲法起草手続に及んだ。岩倉からその問題の検討を指示された井上は、「憲法設立は未曾有の大事」であるから、「現在の参議中より一二の人員のみこれに関係し、其の他は参与せざるは、後日紛議の種子」になるとし、「此の如き一大事こそ即ち内閣の当務にして、内閣を除き外に憲法設立場所はこれなき筈」と述べた後、「左大臣家［有栖川宮］御自身起草の任に当らせられ、一週間に一度内閣に会議を開かれ、主上御親臨、大臣参議一同出席にて、左大臣殿より成案を提出され、評議に決す」るか（甲）、「宮内省中に内記局置かれ……左大臣家、内記局総裁仰せつけられ候て……内記局にて憲法を起草し、左大臣家より奏上、親覧を経て内閣の議に付せらるべし」（乙）のいずれを採るかの決断を迫っている（井上伝史〈四〉三三九頁）。

岩倉は、取調担当機関について「憲法取調局、亦枢密局、公然の名義、如何これあり哉」、その人選について「内閣一同・元老院議長・副議長等然るべき哉」などと返信している。井上の再検討を期待したのであるが、起草手続の選択を迫る部分は、後の岩倉意見書（清書五冊）に組み込まれる「憲法起艸手続に付き井上意見内啓」を形づくる（同書〈一〉二三三～二三四頁。後述次頁参照）。

他方、井上は、伊藤が三大臣との密議を知るにいたったこと（六月二八日、前述一三二頁参照）をうけて、翌日、関係書類「別冊、清覧を冀《こいねが》い奉り候。伏して願ふは御他見下されまじく、明早拝趨の上、猶御指教冀《こいねが》い奉り候」（伊藤宛て書簡、同書〈六〉二五〇頁）と依頼するなど、以後ひんぱんに伊藤と連絡をとるようになる。伊藤も直ちに返書を送り、関係資料に示された「高慮の所在大意は領承つかまつり候へ共、尚再応熟見つかまつるべく候」とし、「民会を許し候とて、当初より宰執《さいしつ》［宰相］の進退や徴税の権等迄など付与して、勝手我儘をさせる様の議会を興《おこ》し候」ことは認めないとする点に「至極御同案に御座候」とした上で、明日にでも「御高論も詳細相窺うべく、鄙見《ひけん》も服蔵なく申し上げ試みたく候」（二九日井上宛て、同書〈五〉二二頁）とも付け加え、積極的な姿勢を示している。

翌三十日、井上は伊藤邸を訪ねて「種々密話」したが、この時、伊藤は憲法起草に際しての懸念を伝え、「憲法何々某々の手に起草せりと世間に公伝するときは、特に物議を来すのみならず、其の憲法なる者、忽《たちま》ち世の尊敬を失ふべし。尊敬なきの憲法は却って憲法なきに若かざるに至らん……故に起草の際は極めて至密を要すべし」と注意を促している。井上が「至極深慮の説」と肝に銘じたことはいうまでもない（七月一日井上宛て伊藤書簡。同書〈四〉三四〇～三四一頁）。

岩倉意見書　こうして井上は、七月一日、まず「欽定憲法考」「井上毅意見」「参照書類」からなる意見三通を、次いで翌日「憲法綱領之議上奏案」「憲法起艸手続に付き意見内啓」からなる意見二通を岩倉に届けた（同三四〇～三四一頁参照）。井上の許で清写され岩倉に提出された正式な書類は少なくとも五通になるが、このうち憲法起草手続意見は井上が岩倉宛て書簡（六月二一日）で説いた手続論（前述一三四頁参照）の大部分を抜き書きしたものである。そこでここでは他の書類を見てみよう。

まず「欽定憲法考」（同書〈一〉二二三頁以下）は、いわゆる欽定憲法と国約憲法との違いを明らかにするもので、「凡そ立憲国にて憲法を制定するには……欽定憲法たると否とに拘らず、大抵特別に立憲代議士を招集して之を議定せしめ、然る後に公布した」もので、「欽定憲法の主義は勅命を以て人民に権利を付与すと云ふに在り、此れ国約憲法と同じからざる所以」であって、「欽定憲法も亦民議を経るを以て通例とする」と説く。したがって、日日新聞社説のように「欽定憲法を以て民議を経ざる者とし、国約憲法を以て始めて民議に成る者」と論ずるのは誤りで、両者の区別は議会審議を経たかどうかではなく君主の意思によるかどうかにある、という。

次に、詳細な憲法「意見」（第一～第三、井上伝史〈一〉二二五頁以下）は、まず「英国の政党政府に

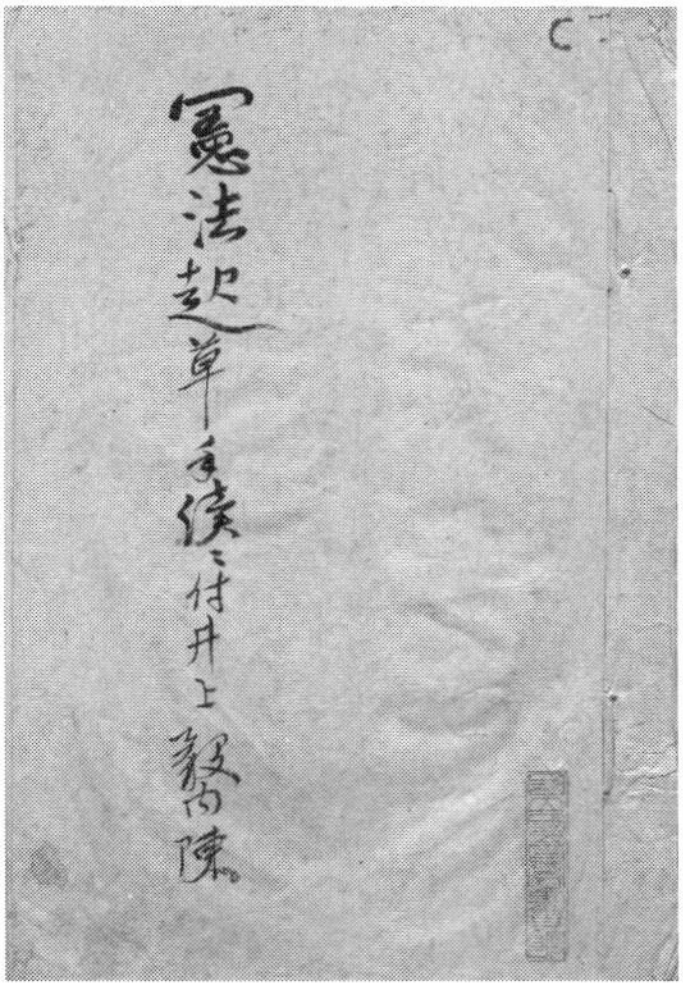

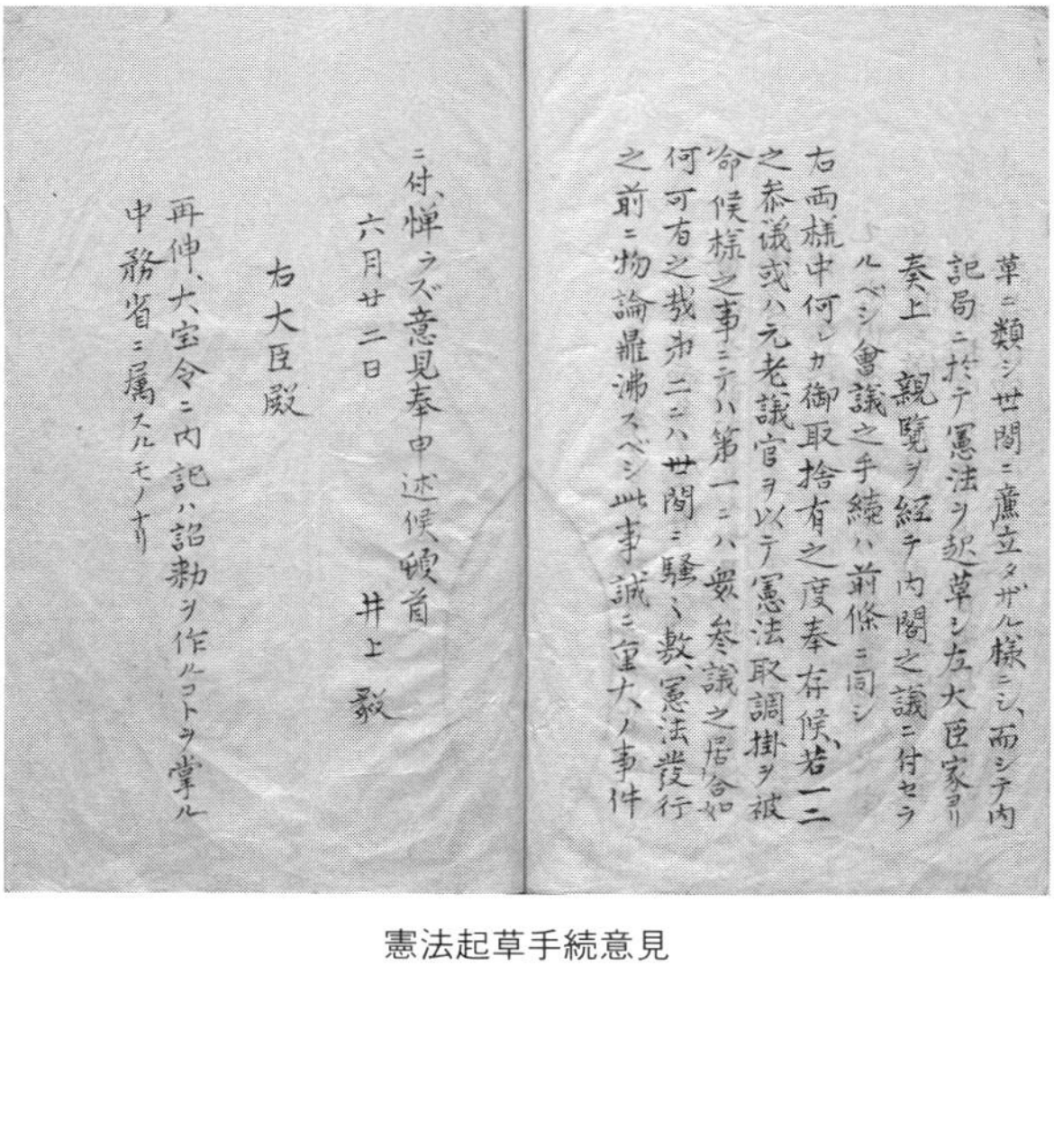
草ニ類シ世間ニ表立タザル様ニシ、而シテ内
記局ニ於テ憲法ヲ起草シ左大臣家ヨリ
奏上　親覧ヲ経テ内閣之議ニ付セラ
ルベシ會議之手続ハ前條ニ同シ
右両様中何レカ御取捨有之度奉存候、若一二
之参議或ハ元老議官ヲ以テ憲法取調掛ヲ被
命候様之事ニテハ第一ニハ要参議之居合如
何可有之哉第二ニハ世間ニ騒々敷、憲法発行
之前ニ物論鼎沸スベシ此事誠ニ重大ノ事件
ニ付、憚ラズ意見奉申述候、頓首
六月廿二日　井上毅
右大臣殿
再伸、大宝令ニ内記ハ詔勅ヲ作ルコトヲ掌ル
中務省ニ屬スルモノナリ

憲法起草手続意見

模倣し、執政の進退都《すべ》て議院の多数に任ずべきか……漸進の主義に本づき議院に付するに独り立法の権のみを以てし、行政長官の組織は専ら天子の採択に属し、以て普国の現況に比擬すべきや」を論じ、プロイセンにならって「歩々漸進」すべきことを説く（第一）。次いで「内閣執政をして天子の選任に属せしめ、国会の為に左右せられざらん」ためには、「天子は大臣以下勅任諸官を選任し及び之を進退す」、「宰相の責任を定め、連帯の場合と各個分担の場合を分かつ」ことなどを憲法に明記することが不可欠とする（第二）。ここで交詢社の私擬憲法を取り上げ、その主意は「内閣執政をして連帯責任せしめ……議院と合はざるときは、輒《すなわ》ち其の職を辞し、議員中衆望あるもの之に代る、所謂政党内閣新陳交替の説」としてしりぞけ、「漸進の主義は一時世論の満足せざる所」かも知れないが、「天皇の聖断と輔相大臣画策誤らざる」ことこそ「確然不抜以て永久の固めを為す」と結ぶ（第三）。

他方、「参照書類」は、「英国内閣」「仏国宰相責任」「国法汎論一節」の三件からなり、『岩倉公實記〈下〉』が「各国執政責任考」と呼ぶ別紙に相当する（七月一日井上書簡、七三二頁以下）。それは、ブロック氏に依るという「英国内閣」論や「普魯西《プロシア》ブロンチュリー氏国法汎論 執政の条」の四件を収めている（同書〈下〉七三二頁以下）。この「ブロック」氏は、先に述べた『国政事典』の編集者である（四七頁参照。大石眞『憲法史と憲法解釈』三九頁以下）。「英国内閣」は、その『国政事典』の大項目「英国」の中に収められた「憲法」の一部を要約したもので、執筆者は著名な上院議員H・ブルーアムである。また「ブロンチュリー」は、加藤弘之の抄訳『国法汎論』（明治五～七）で広く知られたスイスの公法学者J・ブルンチュリを指し、その『一般国法学』の一部が「国法汎論」として利用された。

さらに「憲法綱領之議上奏案」（井上伝史〈一〉二二五～二二六頁）も『岩倉公實記〈下〉』が「綱領」

と名付けたもの（七一九頁以下）に当たる。天皇から起草委員に下付すべき「重大の条々」を示すもので、「其の他の節目は右根本の主義に拠り起草致し候」べき指針となる。そこには「欽定憲法の体裁を用ひらるゝ事」「漸進の主義を失はざる事」「帝室の継嗣法は祖宗以来の模範に依り、新に憲法に記載するを要せざる事」といった基本事項から「歳計の予算に付き議院と叶同を得ずして徴税期限前に議決を終らざる……ときは、政府は前年の予算に依り施行することを得ること」や「一般人民の権利各件」にいたる十二件が列挙されている。

岩倉・伊藤との関係

岩倉は、憲法綱領之議上奏案と憲法起艸手続意見の二通を受け取った日、井上に極秘で調べさせた「書類一袋」を伊藤に見せている（伊藤文書〈三〉九八頁参照。井上自筆本は国会図書館・伊藤関係文書〈書類〉二二八号文書）。これは、伊藤が憲法取調べの担当主任となることへの期待を示しているが、その意向を承けて井上自身も同日、憲法取調べの「内議」に加わった伊藤に対し、憲法取調べの重任を引き受けるよう説いている（七月二日伊藤宛て書簡。井上伝史〈四〉四五～四六頁）。

ここで井上は、「憲法取調の大事を自ら御負担これありたく候」ことが最も望ましいが、できない場合でも、「密かに一部の私擬憲法を草創し、御上奏これありたく候」と提案し、「必ず其の一に出られ候事、一歩も譲るべからざる」よう迫っている。もし伊藤が逡巡して「他人の掌中に落ち候様の事これあり候はゞ……官を辞して熊本の一人民となり、朋輩と共力団結し、報国の微志を表明するの心得に御座候。此事予め言明いたし候」とまで記している。井上としては不退転の決意を示したのであるが、かえって伊藤の怒りを招いてしまった（前述六二一頁参照）。

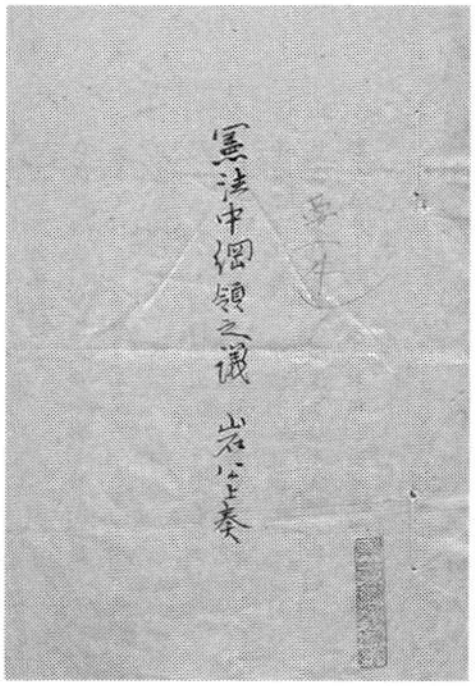
憲法中綱領之議　岩公上奏

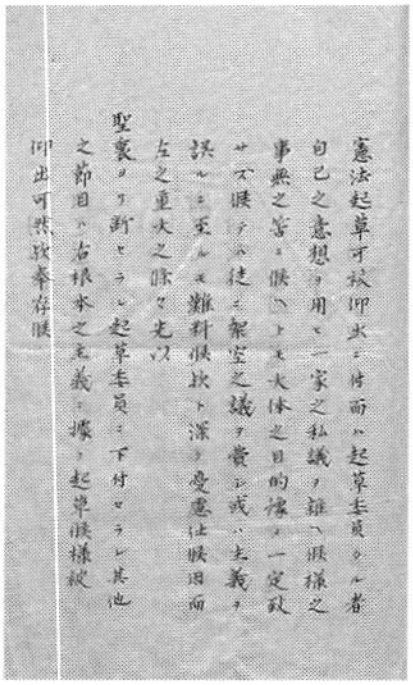
憲法起草可被仰出ニ付而ハ起草委員タル者
自己之意想ヲ用ヒ一家之私議ヲ雜ヘ候様之
事無之筈ニ候ヘトモ大体之目的ヲ擇ミ一定致
サズ候テハ徒ニ架空之議ヲ費シ或ハ主義ヲ
誤ルニ至ルモ難料候歟ト深ク憂慮仕候因而
左之重大之件々丈ヶ以
聖裁ヲ以テ断セラレ起草委員ニ下付セラレ其他
之節目ハ右根本之主義ニ據リ起草候様被
仰出可然歟奉存候

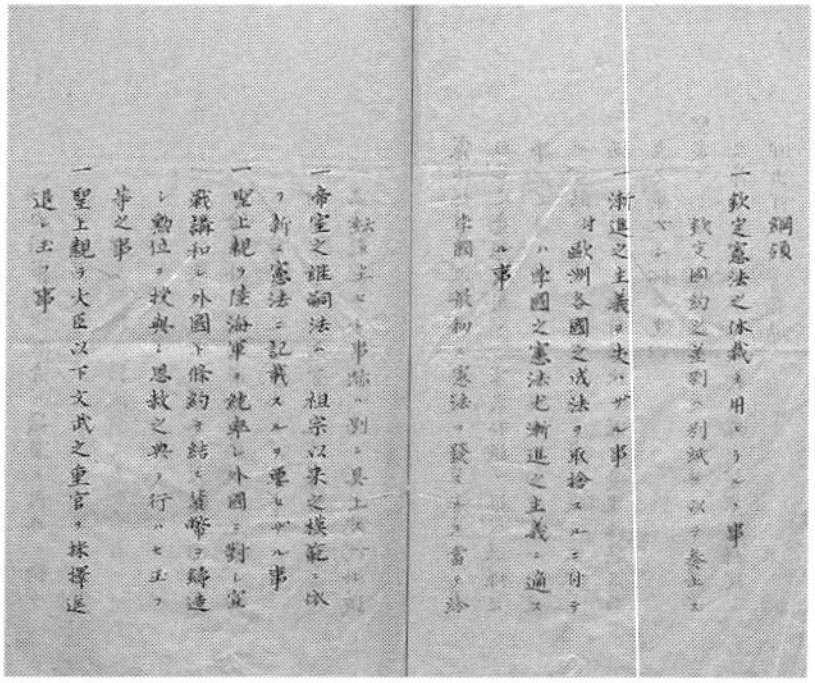
綱領
一欽定憲法之体裁ヲ用ヒラルヽ事
欽定國約之差別ハ別紙ヲ以テ奏上ス
一漸進之主義ヲ失ハザル事
付歐洲各國之成法ヲ取捨スルニ付テハ孛國之憲法尤漸進之主義ニ適ス
一帝室之継嗣法ハ祖宗以来之模範ニ依リ新ニ憲法ニ記載スルヲ要セザル事
一聖上親ラ陸海軍ヲ統率シ外國ニ對シ宣戰講和シ外國ト條約ヲ結ビ貨幣ヲ鑄造シ勲位ヲ授與シ恩赦之典ヲ行ハセ玉フ等之事
一聖上親ラ大臣以下文武之重官ヲ採擇進退シ玉フ事

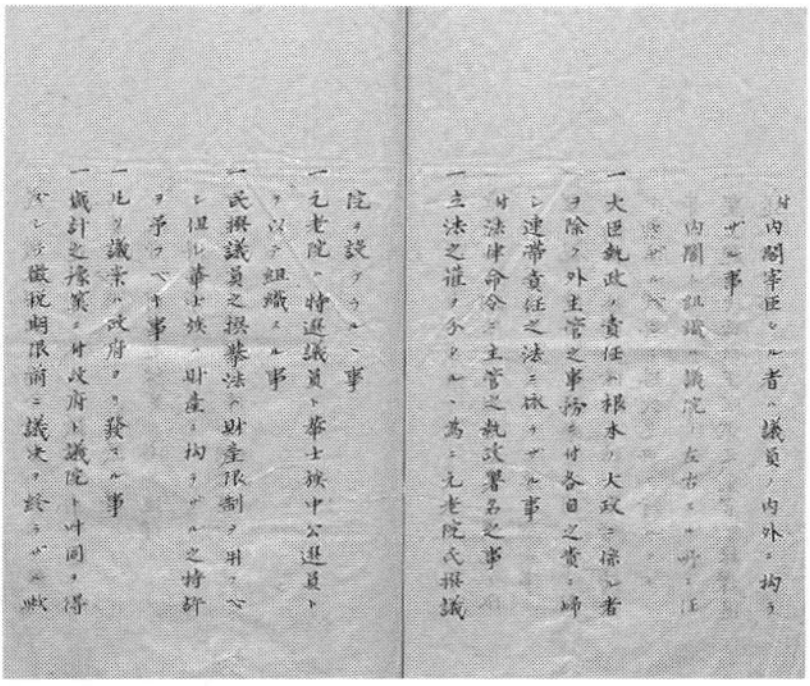
付内閣宰臣タル者ハ議員ノ内外ニ拘ラザル事
一大臣執政ノ責任ハ根本ノ大政ニ係ル者ヲ除ク外主管之事務ニ付各自之責ニ歸シ連帯責任之法ニ依ラザル事
付法律命令ニ主管之執政署名之事
一立法之権ヲ分ツハ爲ニ元老院民撰議院ヲ設ケラルヽ事
一元老院ハ特選議員ト華士族中公選員トヲ以テ組織スル事
一民撰議員之撰擧法ハ財産限制ヲ用ヒ但シ華士族ハ財産ニ拘ラザルノ特許ヲ予フベキ事
一凡ソ議案ハ政府ヨリ發スル事
一歳計之豫算ニ付政府ト議院ト叶同ヲ得ザレ又ハ徴税期限前ニ議決ヲ經ザル歟

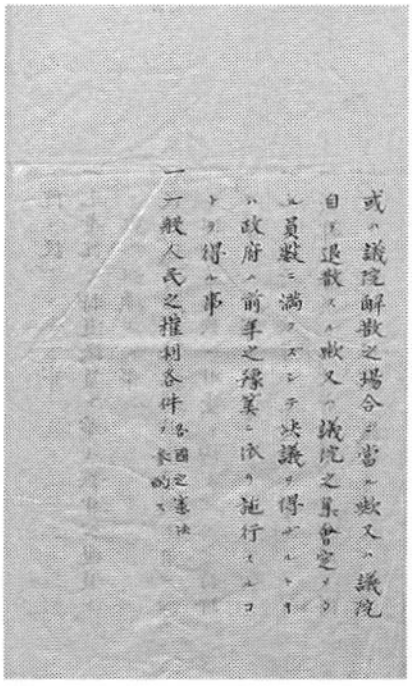
或ハ議院解散之場合ニ當ル歟又ハ議院自ラ退散スル歟又ハ議院之集會定ノ員數ニ満タズシテ決議ヲ得ザル時ハ政府ハ前年之豫算ニ依リ施行スルコトヲ得ル事
一一般人民之権利各件（各國之憲法ヲ参酌ス）

井上・憲法綱領之議

五日、岩倉は、翌日から有馬での湯治静養に出かけるため、井上提出の憲法意見書を――必要に応じて適宜書き改めつつ――三条太政大臣・有栖川左大臣宛てに奉呈した。両大臣から天皇への奏覧を依頼するためである。その際、岩倉は「憲法制定に付き、其の条目に渉り候ては議論百出、容易に決定し難き場合に立ち至るべき」ことをおそれ、「先ず以て宸衷より談ぜられ、其の大綱領数箇条は確固不動の聖猷《せいゆう》［天子の計画］を定められ、宸筆を以て大臣へ御下付に相成りたく候て、憲法起草の標準を御指示在らせられ然るべし」と説く。そして、憲法起草手続について、「一　公然と憲法調査委員を設けらるゝ事／二　宮中に中書局又は内記局を置かれ、大臣一人其の総裁を命ぜられ、内密に憲法を起草し、成案の上、内閣の議に付せらるゝ事／三　大臣参議三四人、内密に勅旨を奉じ憲法を起草し、成案の上、内閣の議に付せらるゝ事」を示し、この「三様の方法中何れか御決定に相成りたく候」と、両大臣の決断を促している（岩倉実記〈下〉七一六～七一七頁）。

この方法は、二週間前に井上が提案していた憲法制定手続案（前述一三四～一三五頁参照）を整理して再定式化したものである。岩倉は同日、伊藤にも大隈と前日いろいろ面談したが未だ決着しないことを伝え、両大臣宛てに差し出した書状を「別紙」として添えた書簡を送っている（伊藤文書〈三〉九九～一〇〇頁）。ここでは、岩倉が添付したという太政大臣・左大臣宛て書簡には、憲法制定手続の「三様の方法」を甲・乙・丙で示し、「宮中」を「宮内省」と表している。また、「憲法起草に付き凡そ大綱領と為るべき条件」を「大綱領」として別紙に記載した旨を述べる行も見当たらない。両大臣宛ての岩倉の原書簡と伊藤宛て書簡に添付された「別紙」書簡はかなり異なり、次に検討する「大綱領」も伊藤の許には届けられていなかったことになる。

『岩倉公實記』は、意見書提出文につづき、別紙として「大綱領」（二八件）を掲げ、その後に井上が起草した「綱領」（二二件）と意見「第一・第二・第三」、次いで「欽定憲法考」とその資料に当たる「別紙　各国執政責任考」を収めている。冒頭の大綱領も「井上毅が岩倉のため最後に起草した」と見られてきたが（稲田・憲法成立史〈上〉四八七頁）、この推測には疑問がある。詳しい考証は省くが、それは井上自身が起案したものではなく、三条・有栖川両大臣から天皇に奏上する際に岩倉の許で独自に作成された参考資料と見られる。井上は、憲法「綱領」こそ「根本の主義」を示す「重大の条々」であって、「其の他の節目」はそれに拠って起草すべきだと考えていた。論理の構成や立論の順序に人一倍こだわった井上が、こうした重大文書において事の軽重を転倒させ、包摂関係を誤ったとはにわかに考えがたい。梧陰文庫に「大綱領」を見出せないのも当然であろう。

伊藤の決意

『明治天皇紀〈五〉』は、六月上旬以来、井上を駆使しつつ進んだ三大臣による密議の模様にはほとんどふれず、六月二十二日に山県・伊藤による建議が上奏されたことを記すのみである（三八五頁）、その十日後、岩倉は井上から仕上げの調査書類二通を受け取るとともに、伊藤にその書類一袋を見せている（七月二日。前述一三九頁参照）。この頃井上は、岩倉に憲法関係書類を届けて高揚感に満ち、その勢いで伊藤に憲法起草を担当するよう強く迫ったため、伊藤から大目玉を喰らってしまった（前述六二頁参照）。しかし、十日ほど経った時、かねて福沢の率いる交詢社とその憲法論を警戒し（前述一二四頁以下参照）、「民間の私擬憲法、終に全勝を占むるに至る」ことをおそれた井上は、ふたたび伊藤に「憲法制定の挙は、寧ろ早きに失ふも其の遅きに失ふべからず」として、「一、英国風の憲法を行はんとならば、四五年の後、時期漸く熟し、政党の大団結既に成るの日を待つも、未だ晩《おそ》からず。二、普国風の憲法を行はんとならば、早く今日に及ばざるべからず」と、態度を明確にするよう迫っている（七月二二日、井上伝史〈四〉四七〜四八頁）。

井上としては、伊藤の決意と結論は解っているものの、念を押すかたちで憲法制定の大任を担って欲しいと伝えたかったのであろう。その際、以前の轍を踏まないよう、「伏して惟ふに、明公の今日に在るは衆望の帰する所、深識遠慮必ず不肖蛙見《あけん》の外に出るものあり……若し僭越妄言の罪を恕せられば幸甚なり」と丁寧な断りを入れ、十分に礼節を尽した文面にしている。案の定、伊藤は「御指示の両案は、小生におゐては心中に断定し、多言を俟たざる事に御座候」と伝え、その際、「両案に付いての貴説は得失判明に御座候へども、台閣衆論の帰する所如何にこれあるか、其の帰否に依り、成否は相定まり申すべく候」と、大人の対応で返している（同日井上宛て書簡。井上伝史〈三〉二二三頁）。

ここにも明らかなように、伊藤は憲法取調べについて意を固め、「是は辞さず断然御請け仕り候外これなく、決して誰れにも譲らず」と、その決意を外部にも語るようになった（八月二日井上宛て松方書簡。井上伝史〈五〉一九三頁）。ところが七月半ば、そうした憲法意見書のゆくえを左右するだけでなく、むしろ政府の命運そのものを決する大きな事件が起こる。

3　急転回

政費節減問題と北海道開拓事業

開拓使は、一八六九年（明治二）七月に北方開拓のために設けられた諸省とならぶ明治政府の機関である（一五年八月廃止）。その長官は諸省の卿と同等視される

黒田清隆

重職で、予算年度割り定額金の具状やそれを用いた開拓施設の処分などの専決権限を持ち、長く黒田参議が兼任でその地位にあった（七年八月～一五年一月）。政府は、工場建設などの開拓事業を推進するために特別の予算措置を講じてきたが、「十カ年年間一千万両を以て総額」として道路・鉄道などのインフラ整備のほか各種の産業育成を行う開拓使十年計画を策定した（最初二年間は各年五〇万・八〇万両、三年目は一〇〇万両、それ以降は毎年一一〇万両とする巨額プロジェクト。新貨条例により「両」はそのまま「円」に換算）。

その事業が終わりに近づくにつれ、国費を投じてきた各種の官営工場を民間に払い下げて事業を継続することが検討されるようになる（明治紀〈五〉四一九頁参照）。政費節減は、会計制度の整備ともに明治政府年来の課題で、三大臣のほか太政官会計部事務を分掌していた主管参議（寺島・大隈・伊藤。伊藤伝〈中〉一七〇頁参照）と大蔵卿佐野常民を中心にいろいろな財政整理案が提案された。大隈は内務・工部両省所管の諸工場の払下げを提案（一三年五月）、岩倉も皇城建築の延期などのほか「勧業の目的を以て設置せる各官工場を払下げする事」を挙げていた（明治紀〈五〉六九頁、一七〇頁参照）。

こうして「工場払下ケ概則」が制定される（一三年一一月。国立公文書館・太政類典四編二八巻「産業・工業」参照）。「会計部議案」添書きによると、「工場払下げの儀」はすでに九月に太政官で検討済みで、会計部主管参議で最終的に取りまとめた開拓使官有物払下方針や払下手続は、こうして勅裁を経た既決事項だった。そこで太政官による所管工場払下げ見込み調査指示をうけ、開拓使権大書記官折田平《おりたへい》内《ない》は、上司の大書記官安田定則《やすださだのり》に「本庁取調べの分を取捨参酌し」た「諸作業場及び試験場払下げに関する調査報告書」を提出している（同年一二月、五代伝記〈四〉一六九頁以下参照）。

開拓使官有物払下げ願い

黒田長官の下で開拓事業に長く従事し、事業が中断することを憂えた主要官吏（安田・折田のほか金井信之・鈴木大亮《すずきだいすけ》両権大書記官）は、連名で開拓使官有物払下げを請う内願書を長官に提出した（五代伝記〈四〉一六九頁以下に「開拓使改革意見書」草案）。これには、一同辞職して「一社を私設し……専ら北海道の事業に従事し……殖産興業の道を開き」たいこと、物産取扱所・倉庫牧羊場・麥酒（ビール）製造所などの各種施設総計「三十八万七千八十二円一銭七厘」を「無利足三十箇年賦を以て払下げを許可せられたき事」なども記されていた（明治政史〈上〉三六四〜三六五頁参照）。

前年十一月の払下概則決定前後から、政治家との交流も深い大阪の五代友厚《ごだいともあつ》や中野梧一《なかのごいち》などによる「関西貿易社」設立への動きが活発になるが、その模様は、五代が遺した貿易会社設立に向けた各種書類や同社の定款草稿（五代伝記〈三〉三六八頁以下。大阪企業家ミュージアム・五代関係文書「開拓使関係」三七〜四三参照）、「貿易会社の儀」の決議などを伝えた大隈宛て五代書簡（四月。五代伝記〈一〉三六九頁）、黒田・大隈・伊藤各参議や松方内務卿などを相次いで訪れた様子を報告した同社副総監広瀬《ひろせ》宰平《さいへい》の五代宛て書簡（五月。五代伝記〈一〉三七一頁以下）などから知ることができる。

五代友厚

黒田長官は、前記の書記官内願書を付して「諸工場払下げ処分の儀に付き伺い」との上申書を三条太政大臣に提出した（七月二一日）。天皇の山形秋田両県・北海道巡幸出発日と決定していた七月三十日をにらんだものである。その動きについて、ある在京新聞は、後日「去る六月中旬、関西貿易商会代表、五代友厚氏の大阪より上京し、黒田開拓長官と謀る所あるの後ち、黒田君は電報を以て開拓書記官を悉く北海道より喚び寄せ、之をして函館の物産取扱所［東京］の楼上に於て十数日間密室に会合し、内より錠を卸し、何か取り調ぶる所あらしめたり……書記官等、既に之れを調査するの後、一通の内願書を草し、之れを黒田長官に奉呈したるもの、如し」と報じた（九月五日郵便報知新聞社説「開拓使官有物払下げ」。八日同社説「第二稿」参照）。

払下げ決定と政府非難

この諸工場払下議案が閣議に諮られたところ、可とする者過半数、明確な反対は大隈一人、左大臣は「敢て賛せず」（明治紀〈五〉四二一頁）という状況で合意に至らなかったため（二八日）、決裁は、二カ月余り後の還幸時（実際は一〇月一一日）以後に延ばされた。その日天皇の懸念も伝えられ、黒田は「大いに憤怒し、高官某に面して暴言を吐き、燭台を抛《なげう》ち、乱暴至らざるなし」という狼狽振りだったらしい（前掲書五三五頁参照）。その翌日、安田・鈴木両書記官は長官に呼ばれ、「死して以て此の業を継続する」との誓書を作り、大隈参議にも書簡を送ったが（大隈文書〈四〉二八六～二八七頁参照）、ここで長官は思い切った手に出た。三条太政大臣に強請して、天皇が巡幸に向けて発つ直前（三〇日午前）、大臣とともに出発地である千住の行在所までおもむき、「特別の詮議」をもって勅許を得たのである（同日岩倉宛て三条書簡。岩倉実記〈下〉七三八頁）。しかし、その強引なやり方は大きな代償を払わされることになる（坂本・伊藤と明治国家五九頁以下、久保田・十四年政変一七一頁以下参照）。

問題に火を点けたのは、払下げ決定より前の東京横浜毎日新聞の「関西貿易商会の近状」と題する記事で（同二六日）、「開拓使は此の入札払いの手順を為さずして指名したる商会に売り下げんとす」（二七日）と報じ、三日連続して詳報を掲載した（五代伝記〈四〉一七六頁以下参照）。その後、郵便報知新聞が問題を取り上げるが（同二七日以後）、払下げ正式決定後は、民権派の朝野新聞（八月五日）や曙《あけぼの》新聞（八日）はもちろん、政府系の東京日日新聞（一〇日）も非難し始めるなど、「維新以来、日本全国の人民、智となく愚となく挙って政府の措置を非議せしこと、未だ此の時より甚しきはなし」（明治政史〈上〉三六九頁）という状況になり、政府内でも風当たりが強くなってきた（岩倉実記〈下〉七四〇頁以下、明治紀〈五〉四四九頁以下参照）。

そこで京都静養中の岩倉の許に派遣された山田参議は、官有物件処分に対する物議は「枝葉」にすぎず「憲法編成に従事し、国会開設の期を予定する」ことが根幹であると、岩倉に東京帰還を懇請した（一八日）。その際、大隈意見を採用するか内閣各員の意見を採用するかの決断を迫り、前者なら内閣各員は一斉に辞職、後者なら大隈を罷免してその党派に属する官吏もすべて排除するとの二者択一を示した。こういう強い態度に出たのは、政府首脳の間に「大隈参議は、河野農商務卿と相共に叶議し、党與を樹立し、内閣の組織を変更し……在野の民権論者と始終其の聯絡を通して以て事を謀る」との「風説」が流れていたからである。そこには北海道諸製造所の払下げを内願して拒否された「大隈党与の富豪が金若干万円を各新聞社及び各政談者流に投与し、官有物件の処分を以て非理なりと痛論して政府を攻撃せしむる」という事情もあるという（岩倉実記〈下〉七五五～七五六頁、明治紀〈五〉

四五一～四五二頁、五二九頁以下参照）。それを所詮「風説」にすぎないと一蹴することはできるが、それが吹き荒れて政府を襲い、時勢を制することは時に見られる。

他方、大蔵卿佐野常民は、八月中旬、払下処分を論難して十五年度終期（＝一六年六月）まで開拓使廃止を延期すべき旨を三条太政大臣に建言し、大隈参議にも届けた（大隈文書〈四〉二九五頁以下参照）。先に「敢て賛せず」というスタンスだった巡幸供奉中の左大臣熾仁親王も決定を政府の失策と断じ、もし実行されるなら辞官すると態度を明確にした（明治紀〈五〉五三一頁参照）。九月に入ると元老院副議長佐々木高行、同議官河田景與《かわだかげとも》や中村弘毅などいわゆる中正党グループも非難の狼煙《のろし》を上げ、鳥尾小弥太《とりおこやた》や谷干城《たにたてき》など軍人グループも再議を求めるなど、政府内は払下中止という方向で固まりつつあった（岩倉実記〈下〉七四四頁以下参照）。

井上毅の立場

静養中の岩倉に対する対清交渉に関する報告・説明と速やかな帰還の依頼のため、井上も京都に差遣されたが（七月二二日着。二三日伊藤宛て井上書簡参照。井上伝史〈四〉四八頁）、上申されたばかりの払下げ議案の取扱いも話題になったであろう。実際、井上がその問題を憂慮し、相応の対応案を用意していたことはやがて明らかになるが、井上は、巡幸供奉から帰還した松方内務卿から「憲法取調方の儀に就ては、篤《とく》と伊藤氏へ熟談仕り候ところ、異存なく談決致し、御安心下さるべく候」との朗報を受け取った（八月二日。井上伝史〈五〉一九三頁）。京都への出立前に井上が依頼していたのであるが、そこには「黒田・西郷の面々も伊藤同席にて快く同意相成り候」こと、三条太政大臣に面会し「憲法内密取調べの事、伊藤参議御下命相成り然るべき」ことに「至極御同意」であったことに添えて、伊藤自ら誰にも譲らないと決意したことも記されていた（前述一四三頁参照）。井上にとってはいわば満額回答以上であった。

こうして井上は、将来の国会開設をにらみつつ、伊藤に府県会の権限拡張論を具体的な布告案とともに、府県会の任務は「専ら行政官の濫費を監督して、其の事業を検束節限するに在るのみ」と思い込む状況になった原因は、従来の政策が「偏に其の議権を拘束し、特に地方の予算を議するの狭隘なる範囲の内に止めた」ことにあり、「其の弊を匡済するは……事業を議するの権を以て漸次に府県会に付与するに在るのみ」と建言した（八月一九日、井上伝史〈四〉四九〜五〇頁。布告案は同〈五〉六七一頁）。岩倉などの府県会中止論（後述一六八〜一六九頁参照）とは対照的である。

井上は、払下げ問題が紛糾し、政府内の意向も中止に傾いた状況の中、「一語も発せず、又一言も承らず」という姿勢を――少なくとも表向きは――貫いていたが、熟考の末、伊藤に一文を届けるとともに、黒田・西郷両参議への廻覧を依頼している（九月二三日、井上伝史〈四〉五一頁）。それは、「此の件の争ふ所は、財利の事なり……財利上に一の争点を増すは得策に非ず……今日に至り、成命を改むるは、政府の弱を示すに似たりと云へども、還幸の日を待ちて主任の長官より事情を奏上ありて、聖意をもって改正仰せ出されなば、一層君徳の仁聖なるを表示し、今度の大政に十分なる勢力を與ふるに足らん」と提案する。払下げ問題は開拓長官の上奏を踏まえた処分の撤回という対応で足り、政略上の渙発令を出すことが肝要だというのである。約ひと月前、岩倉の許に派遣された山田が説いたところでもある（前述一四七頁参照）。

時はすでに「実に明治維新よりも内情は六《むっ》か敷《しき》位」で、「断然たる大御英断の勅裁に出づるの外これなし」（同月二〇日岩倉宛て東久世書簡。岩倉実記〈下〉七五九頁）という状況であった。翌日伊藤は、井上に「開拓云々は、貴諭の通りの手続に過日来略内決罷りあり候……此の儀は今日の処にては極秘に致し置き、還幸の上御宸断にても、又は願出する都合にても、宜しきに随て行はせらる様仕るべき見込」である旨伝えた（二四日、井上伝史〈五〉二五頁）。残る問題は黒田の説得である。

4　十四年政変――新体制へ

大政渙発案

十月一日、岩倉は、回航中に神戸に寄った川村純義海軍卿の訪問を受け、先の山田と同様に、「憲法編成に従事し、国会開設の期を予定するは目下の急務」であるから至急東京に戻るよう懇請され、薩摩出身の「西郷従道、大山巌と共に黒田清隆を説諭す」ることも約束された。川村とともに東京に戻るや（六日）、直ちに三条太政大臣、井上参議の訪問をうけ最終判断の協議に臨んだが、その間、西郷や陸軍少将樺山資紀《かばやますけのり》なども黒田を説諭したことでほぼ決着した。岩倉の相談を受けた井上は、天皇の意思や内閣の一致などを示すために勅諭発出は不可欠で、「若し此の一手段を欠き候はゞ、百事無力相成り申すべし」（一〇月七日）、そのタイミングも「若し還幸後、早々聖旨を以て人心の方向を公示せられず候はゞ……憲法も徒に空文に帰し、百年の大事を誤り、前後の策なきに至り候」と説いた（八日、井上伝史〈四〉三四二頁以下参照）。

天皇の還幸を二日後に控えた十月九日、岩倉邸に三条太政大臣のほか伊藤・西郷・山田などの参議が集まり、井上が起草し伊藤が修正した国会開設勅諭案と岩倉が用意した善後措置に関する検討事項を協議した。還幸当日夜、三大臣と大隈・大木を除く参議が出席して御前会議が開かれた。大臣参議が退出したのは翌十二日午前一時だった（明治紀〈五〉五四三頁以下参照）。ここでは、内閣一致を示すため、元老院の組織・権限の改定、陸海軍制の紀律強化をいう寺島以下七参議連名の立憲政体奏議（井上伝史〈六〉一〇三頁以下。井上起案）が嘉納され、払下処分取消しなども正式に決定された。

大隈・大隈派の排除

しかし、大隈罷免の件については天皇から薩長出身参議の謀議を疑う発言があり、「事由を明らかにせずして辞官を強ふべきにあらず。人をして免官の所以を重信に諭さしめ、而して後、辞官の表を出さしむべし」とされた。そのため種々協議の結果、伊藤と西郷が大隈邸におもむいて諒解を得られ、もう一つの国会開設勅諭に記す議会開設期の件についても意見が分かれたため、岩倉の求めにより明治二十三年と裁定された（一二日午前）。

こうして十月十二日午後、「将に明治二十三年を期し、議員を召集し、国会を開き」云々という国会開設の詔勅が渙発され、太政大臣から開拓使に「先般其の使所属官有物払下げ聞届《ききとどけ》の儀及び指令置き候処、詮議の次第これあり取り消し候」とする決定が伝えられたが（一〇月一三日朝野新聞記事）、伊藤・西郷の説諭を受け入れた大隈は「依願免官」と宣下され、その後、十数人にのぼる大隈派も諭旨免官というかたちで政府から一掃された。太政官大書記官矢野文雄・牛場《うしば》卓蔵《たくぞう》・犬養《いぬかい》毅《つよし》・尾崎行《おざきゆき》雄《お》は、いずれも大隈の発案で設けられた統計院の関係者で（矢野は同院幹事兼任、牛場は同院少書記官、犬養・尾崎は同権少書記官）、その後も、農商務卿河野敏鎌、駅逓総監前島密などが免官となる。こうして二カ月前に京都で山田が岩倉に建議した対応案（前述一四七頁参照）は実現した。

もっとも、これにより伊藤が政治運営の実権を完全に握ったわけではない（御厨貴『明治国家をつくる』三二一頁）。現にその後さまざまな課題に直面する。井上の役割についてもフィクサー・影武者といったイメージで語られることが多いが（久保田・十四年政変など参照）、井上が政変全体の見取図を描いたわけではない。主要な決定はやはり政治家の許で行われ、井上の「荘重典雅の文章」（穂積）で言語化された——この道筋を考えるのも政治家の仕事である——と考えるのが妥当であろう。この政変で岩倉などの大臣や伊藤以下参議という主役の脇役に徹した井上の姿は、前年の台湾問題をめぐる清国政府との交渉におけるそれと重なる（前述一〇七頁以下参照）。

内閣組織問題と立憲政体路線

政変時の検討事項には「内閣及び元老院章程改正、宸断を経て施行の事」や「参議院設置如何の事」も挙がったが、こうした課題は急に浮上してきたわけではない。それに先立つ九月十四日、伊藤は井上に持論の爵位制について述べた後、国会開設の時期を公布し、関係組織問題に取り掛かる時期になったとして「直ちに参議の名称を廃せられ、各省の卿を以て内閣を組織することに取り極めたく、且つ内閣の下に所謂参事院なる者を設け、今の［太政官］各部を廃し、その事務は悉皆参事院に引き継ぎ、以前の左院の様なる者に復する見込みなり」と、参議職廃止を明言した（井上伝史〈六〉三一七頁）。

こうして伊藤は「太政大臣、左右大臣、各省卿、元老・参事両院の長」から構成される内閣を構想していた（九月二〇日にも同旨説明）。これをうけて井上は、政変後の「御前奏上は、従前の如く大臣家の専任たるか又は内閣員各自の主任たるか」といった問題を指摘しつつ、①「内閣は、太政大臣、左右大臣、各省卿を以て組織す」、②「元老院議長、参事院議長、参謀本部長は、特命を以て内閣に列することを得」、③「凡そ大政の改革に属する詔勅、元老院の開閉、和戦の公布……皇室継統の大事……其の他各省卿の分任に係らざる政令は、太政大臣左右大臣、旨を奉じ署名すべし」とする内閣職制案を提示している（同二一日伊藤宛て。井上伝史〈二〉二四三頁以下）。四年後に発足する内閣制度とは異なるが（本書一九六頁参照）、その構想を先取りしたものと言える。なお、伊藤が「参謀［本］部長を入る丶か入れざるか」と判断を留保していた問題は、結局「特命を以て内閣に列する」ということで落着したが、井上としては「参謀本部長を内閣に列する」ことは「武官は政事に関係せずとの主義と抵触する」（井上伝史〈四〉二八頁。伊藤文書〈一〉三五九頁参照）として、いわゆる兵政分離主義（美濃部達吉）の立場から否定的であったと見られる。

政変後の新組織は、前年二月末以来「政治の均衡を保持する所以」として採られてきた参議・諸省卿分任制から参議・諸省卿兼任制に戻すことを前提として行われ（一〇月二一日。明治紀〈五〉二七頁、五五八頁参照）、大木参議は司法卿、寺島・伊藤、西郷・山田四参議はそれぞれ元老院議長兼官、参事院議長（当日設置）、農商務卿・内務卿兼任、内務卿松方と大蔵卿佐野はそれぞれ参議兼大蔵卿・元老院副議長に任じられるなどした（井上参議は外務卿、山県・黒田は参謀本部長・長官留任）。

この布陣は、基本的に、よく言えば内閣の一致、露骨な「薩長の一致」（井上）を実現したものであり、政変は、政治史的に見れば薩長政府の確立を意味するが、憲法史からは政府内の立憲政体構想が漸進主義によりプロイセン流大権内閣制をめざす岩倉意見書の線で確定したという意味をもつ。その意見書以降「憲法制定の歴史は流水の如く滑らかに進む」と言われたが（穂積八束博士論文集九九五頁）、実際そう手際よく進んだわけではない。

元老院改革問題

元老院の権限は大きく縮減されていたため（前述六五～六六頁参照）、元老院改革問題は主として権限強化と組織改革の試みとして推移する（稲田・憲法成立史

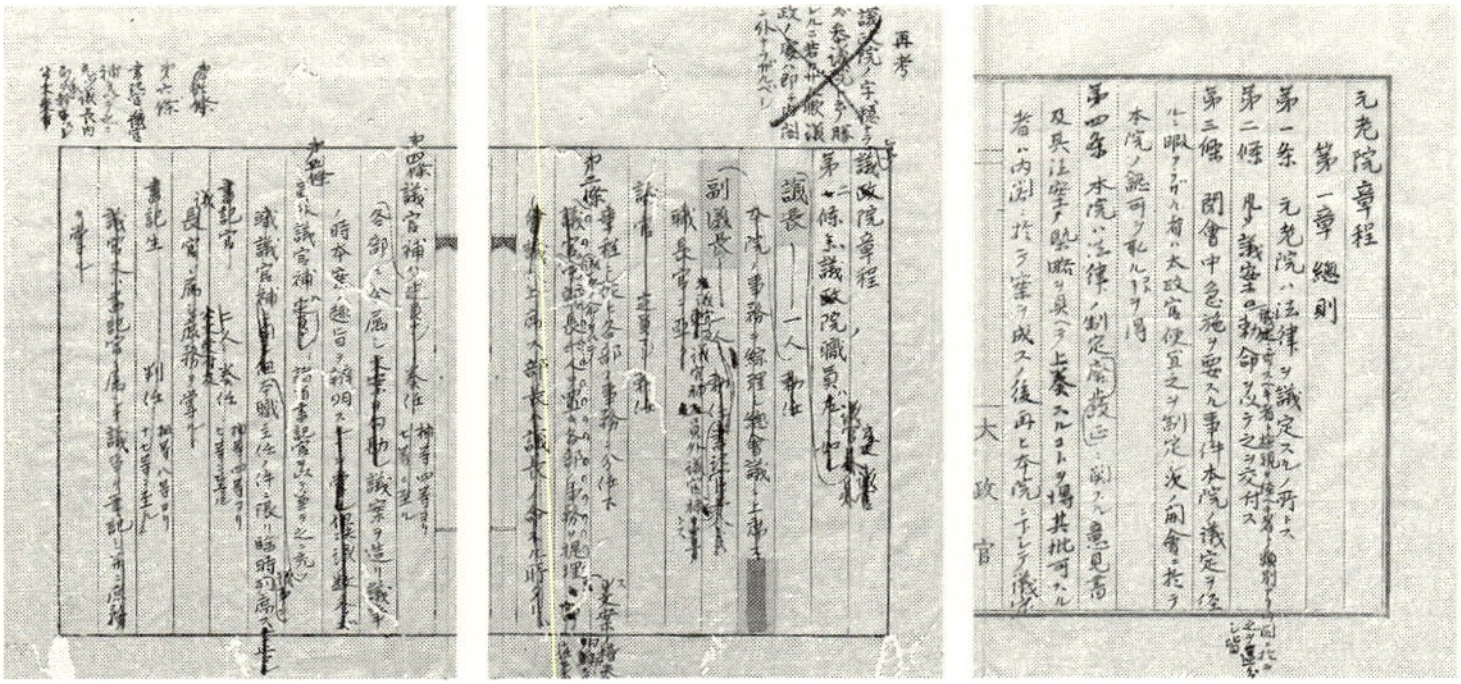

元老院改革案

〈上〉三三七頁以下参照）。内閣刷新後の懸案も元老院章程の改正と参議院の設置で、伊藤の立憲政体意見（前述二二六〜二二七頁参照）や政変時の寺島以下七参議の立憲政体奏議でも元老院更張案として示され、強い異論はなかった。この問題が残されたのは、政変までに「元老院改革と不可分と考えられていた爵位制について政府部内において意見の調整が付かなかった」ためである（稲田・前掲書五三二頁参照）。

実際、伊藤は「華族の現称を廃し、五等爵を設くる事」を井上に相談したが、「叙爵の儀は然るべからず」として反対され（井上伝史〈一〉二四一頁）、重ねて「御賛助」を求めてきた（九月一四日。井上伝史〈六〉三一七頁参照）。困った井上は岩倉右大臣に長文の意見書を送り、伊藤の提案を斥けるよう訴えた。「華族の為に五爵を設くる」ことは「華族に向ては稍嫌悪の意を生じ候。折柄此の節の改革は益々嫌悪を甚しからしむる」おそれがあるからである（井上伝史〈一〉二五二頁以下参照）。

元老院改革が積み残しになった原因はほかにもある。その問題は伊藤－井上－大森鍾一というラインで進められていたが（久保田・元老院研究一〇八頁、同・十四年政変一九一頁参照）、三者が同じ考えを共有していたわけではなく、井上自身の考えにも揺れがあった。大森（太政官内務部）が、伊藤の改革案や井上の指示を参考にしつつ立案した「元老院章程」改正案（一四年九月二六日井上宛て大森書簡参照。井上伝史〈五〉九五頁）に対し、井上は、改正元老院章程の立法に関する建白書受理権が落ちている点を指摘し、その編制案についても、皇族のほか特選議員（華族勅任官又は国家に勲功ある者から特選された終身職）と公選議員（全国の士族から各府県に定員を割り当て選挙された者）からなることを認めた上で修正を施すなど積極的な姿勢を示している（市政専門図書館・大森文書八「元老院編制案・議政院章程案」参照）。

改革構想の揺れ

ただ、たんに権限強化という文脈では理解できない面もある。保守的な岩倉などをも含めて廃止要求の強かった検視制度について、少なくとも積極的な廃止論ではなく、むしろ現状維持に立っているように見える。「凡そ議案は勅命を以て之を交付す」との原案に対し、改正章程にならって「議案、議定に付すべき者と検視を経べき者との類別あり。内閣に於て之を区分し、皆勅命を以て之を交付す」と修正するのみだからである（前記大森文書八号参照）。また井上は、元老院改革についてその章程さえ改正すればよく、同院職制についても元老院「議官」を「元老官」と改めるほか当面は改正不要で、議事条例・議案修正条例などの各種規則についても「旧に依り施行して差支これなき事」という立場であった（二八日伊藤宛て書簡。井上伝史〈四〉五二一頁参照）。

井上自身、いったん認めた元老院章程案に対し、後に疑問をもつにいたった部分もある。その修正によって「本院の開閉は勅命を以てし、毎歳必ず三月間開会するものとす」としていたが、後日、「熟々《つくづく》現今の景況を以て察するに、政略上非策と存じ奉り候」といい、「元老院は明治廿三年迄の間、姑《しば》らく常開会議とし、彼の公撰士族をして東京に常住せしめ」ることが「上策」と見るようになった（伊藤宛て一二月一二日。同書五六頁）。在京中はやや「平和の議を執る」にいたった議員も、閉会後にそれぞれの郷里に戻ると過激論に影響され、再び極論を唱えるようになるのではないか、というのである。こうした懸念も、元老院改革構想がまとまらなかった一因と見られる。

他方、改正章程で削られた推問・具奏権については、政変後に議長に就いた寺島が、まもなく「検視の制を廃する」とともに「推問の権を復する」ことなどを内容とする意見書を提出したが（稲田・憲法成立史〈上〉三四七頁以下参照）、大森・井上の許でまとめた章程案には採られていない。その後も元老院改革は議論されるが、実現にいたらなかった要因は、井上の強い懸念にも示されているように、要路者において「地位を強化された元老院が政府の民権運動対策を含む一般施政の遂行に障害を与えるおそれがある」と懸念したことにあろう（稲田・憲法成立史〈上〉三四九～三五〇頁参照）。

議政院から参事院へ

大森は、参事院「官制を設くるに当り、井上毅氏、主として調査の任に当り、予［大森］其の立案を命ぜらる」という（池田・大森鍾一 一〇二頁）。実際、大森が当初「議政院」と名づけ、「太政官に属し、内閣の顧問に応じ、立法行政の事務に参与す（ママ）」として起案した「議政院章程」もある（前記・大森文書八「元老院編制案・議政院章程案」参照）。これを見た井上は「議政院の字、穏やかならず。参議院と云ふの勝れるに若かざるか。議政の処は即ち内閣に外ならざるべし」との意見を付し、各条の「議政院」をすべて「参議院」に改めている。再考の結果さらに「参事院」と改めたが、内閣を組織し国政を議する政治職たる「参議」と、それを補佐する官僚・事務官たる「参事」の区別を明確にするためであろう。

事実、政変から十日後、太政官の法制・会計・軍事・内務・司法・外務の六部を廃止すると同時に、「太政官に属し、内閣の命に依り法律規則の草定審査に参与する」機関として新たに参事院が設置され、内務部・法制部・軍事部・財務部・司法部などの内部組織も整備された（一〇月二一日）。その重要性は、議長に伊藤博文、副議長に司法卿田中不二麿、同院議官に工部卿山尾《やまお》庸三《ようぞう》ほか元老院議官に福羽・鶴田・安場・中村・井上などを擁する重厚な布陣にも表れている（一〇月末日現在。翌年二月に伊藤は兼官を免除され、山県が参事院議長となる）。

その権限は、従来の法制部とほぼ同じで、法律規則に関する事務も引き継がれたが（明治政史〈上〉三七六〜三七七頁参照）、「行政官と司法官との際の権限の争い若くは地方議会と地方官との間に起る所の法律上又は権限の争いを審理」するとともに、「法律の疑義に付き、省使庁府県の質問に答へ、説明を与」える権限も与えられた。こうして参事院は、太政官審理局に期待された権限裁判の機能を引き継ぎ、強大な権限をもつことになる。これにともない、太政官審理局事務手続に代わる参事院事務手続も制定され（一〇月）、「府知事県令及び府県会より裁定を請ふの具状書は、府知事県令に於て之を取纏め、参事院議長に当て差出す」「裁定書は、其の議決の理由を詳記し、審理委員連署して之を発布すべし」と定められた。

その結果、「永山〔盛輝《もりてる》〕新潟県令と同県会と法律見解異同の争訟を始め、続々参事院の裁定を請ふもの、全国府県の過半に及ぶ」（明治政史〈上〉三七七頁）という状況になった。その「法律見解異同の争訟」とは、十四年二月改正後の地方税規則にいう「土木費」に用悪水《ようあくすい》樋堰《ひせき》〔灌漑用の取水・排水を制御する施設〕手当金が含まれるかが争われた事件で、参事院は、含まれないとする新潟県会議長山口権三郎《やまぐちごんさぶろう》の主張をしりぞける裁定を下している(一一月。二村虎之助編『参事院裁定全書』〈明治一九〉三二八頁以下、新潟県議会史〈明治篇一〉五二〇頁以下、五三七頁参照)。

その日、最初の統一的な国家行政組織法というべき諸省事務章程通則が定められた(全一一カ条)。これは参議・省卿兼任制を前提とするが、従前の各省章程をどうするかも問題となる。これについて政変前から検討を進めていたことは、「諸省の章程も姑《しば》らく旧に依り候方穏かに存じ奉り候、全く無章程にて諸省卿のヂスクレスション[裁量]に任せ候も、弊害免れ難しか」(九月二六日伊藤宛て井上書簡。井上伝史〈四〉五二頁)との連絡からわかるが、結局、「各省章程は、伊藤草稿の組織に致し候方然るべし」(一〇月一八日井上宛て山田書簡。井上伝史〈五〉二七四頁)という結論に落ち着いた。

このように井上は、大森の尽力を得つつ元老院章程の改正、参議院の設置などの検討を進めていった。その働きは、憲法意見書や政変に果たした役割に比べると地味であるが、法制面での体制整備に大きく貢献するものである。

とはいえ、たんに法令や制度を変えたところで、人心が動き、風潮が変わるわけではない。法令や制度に対する人々の向き合い方を変えていくことが肝要である。そこで井上は、この変革期を機にたんなる法制官の枠を超えた政策提言を行うことになる。

第七章　議会開設への助走

1　政変後の展望

人心教導政策

劇的な政変以後、体制立直しに一応の区切りがついた頃、井上毅は、三大臣宛てにいわゆる人心教導意見を提出した（一一月七日、井上伝史〈一〉二四八頁以下）。東京はやや落ち着いたように見えるが、全国的にはまだ楽観視できないとの情勢認識を示し、「風潮の激する所、先ず人心に入る」ことから、「今日の謀《はか》りことを為すは、政令に在らずして、風潮に在り」と説くものである。その際、福沢の絶大な影響力を指摘し、その「著書一たび出でゝ、天下の少年、靡然として之に従ふ……父その子を制すること能はず、兄其の弟を禁ずること能はず。是れ豈《あに》布告号令の能く挽回する所ならんや、天下の人、方向に迷錯し、観感して則《のり》を取る所の者、僅に新聞の社説と、一二著訳の書に過ぎざるのみ」と嘆き、これに対抗すべく総合的な政策提言を行う。第一に「都《と》鄙《ひ》の新聞を誘導す」る（後述）、第二に「士族の方向を結ぶ」、第三に「中学並びに職工農業学校を興《おこ》

谷　干城

す」、第四に「漢学を勧む」る、第五に「独乙《ドイツ》学を奨励す」る（後述一六三頁参照）。以上「時を失ふて為さゞれば、機会既に去らん」、のんびり構えているときではないと切言する。

第二点は持論である士族人材の活用（前述五九頁、八〇頁以下参照）をあらためて強調し、第三点は中学・実学教育に注力すべきことを説くが（後述二八四頁参照）、第四点は「革命の精神」を芽生えさせる「英仏の学」との「平衡」を保ため「忠愛恭順の道を教ゆる」狙いをもつ。これは前年四月に岩倉のイニシアチブで発足し、谷干城を中心とした「斯文《しぶん》学会」（公益財団法人「斯文会」の前身）と関係する。井上はその発足前から「教員需要」や基本的な組織や財産について相談を受け（一三年六月一五日丸山作楽書簡、井上伝史〈四〉五七七頁。一〇月一九日岩倉書簡、同〈五〉八五頁）、発足後も岩倉からの「斯文学会保護の事」について下問に応え、谷と親しい竹添に「漢学と洋学との関係」や同会の目的を質している（一五年一〇月二一日書簡、井上伝史〈一〉三一四〜三一五頁参照）。この会に福沢を加えることが一時話題になったらしいが、井上は強い拒否反応を示している。「孔・孟を以て圧制の本尊」とするその説は「とても漢学と調和いたし候事」はむずかしく、「若し万一にも福沢を以て学習院の教師となされ又は斯文会に加へらる丶等の事これあり候ては、後日必ず御後悔遊ばさる」と憂慮したのである。

官報発行問題

最初の「都鄙の新聞を誘導す」とは、「政府の主義を維持し、政府と其の存亡を共に」する官報新聞の発行（大阪には「半官新聞」を設ける）を通じて人心を教え導く

福地源一郎

福地源一郎墓

狙いをもつ。数年前、政府の法令などを掲載していた太政官日誌が廃止されたのち、福地源一郎《ふくちげんいちろう》（桜《おう》痴《ち》）を主筆とする東京日日新聞が太政官御用の役割を果たしていたが、政変を機に太政官記事登載を辞し、政府は人民一般に対する法令公布手段を失ってしまった。そこで政府機関誌の発行が課題となり、井上は具体的な官報新聞構想を提案した（一一月初め。井上伝史〈二〉二五六頁以下）。政府選任の社長を中心に官報新聞社を設立し、法令公布などを載せる官報欄、政府の弁白・正誤をあつかう正誤欄、新聞社の社説・雑報などを内容とする新聞紙を発行させる、というものである。その正誤欄は「他の新聞の誣妄《ぶもう》を弁白し……他の新聞の迷誤を改正する」ことをも含み、社説は内閣に置く新聞掛の検査を経て「務めて政府の主義を擁護し、法律規則の理由を説明し輿論の方向を指導する」役割をもつ。

政府機関誌の発行が必要なことは関係者の共通認識で、この「新聞一件は片時も差し急ぎたく候間、精々ご尽力希望仕り候」とする希望も寄せられた（同月一〇日井上宛て山田書簡。井上伝史〈五〉二七四頁）。そこで井上は、ドイツ留学から七月下旬に帰国したばかりの参事院議官補村田《むらた》保《たもつ》などの協力を得つつヨーロッパ各国の例などの調査をも進めた結果、伊藤・山田両参議宛てに、「一私社に委ね、官報を帯び、社説を用ひしむ」か「純然の官報にして社説を用ひず」かのいずれかを採るべきだと伝えた（同二〇日、井上伝史〈四〉五五〜五六頁）。社説を問題にしたのは、これまでの新聞の多くは「学問上の論説と未来の想像」にすぎず、「社説の為に筆を執るに苦しむべし」と考えたからである。

官報発行に向けた検討はその後も進められ、翌年、平田東助が中心的に立案したという山県参事院議長名の「官報発行に関する建議」（一五年九月頃。山県意見書一二六頁以下）が三条太政大臣宛てに提出された。井上の構想とあまり変わらないが、政変前に決定していた大隈建議の「法令公布日誌を罷め」ることも強く主張した。掲載内容が「政令法律に止り、未だ進んで政府の主義を発揚し、世道人心を匡済誘導する」に足りないからである。この建議を機に太政官に官報編輯を管掌する官報局を設

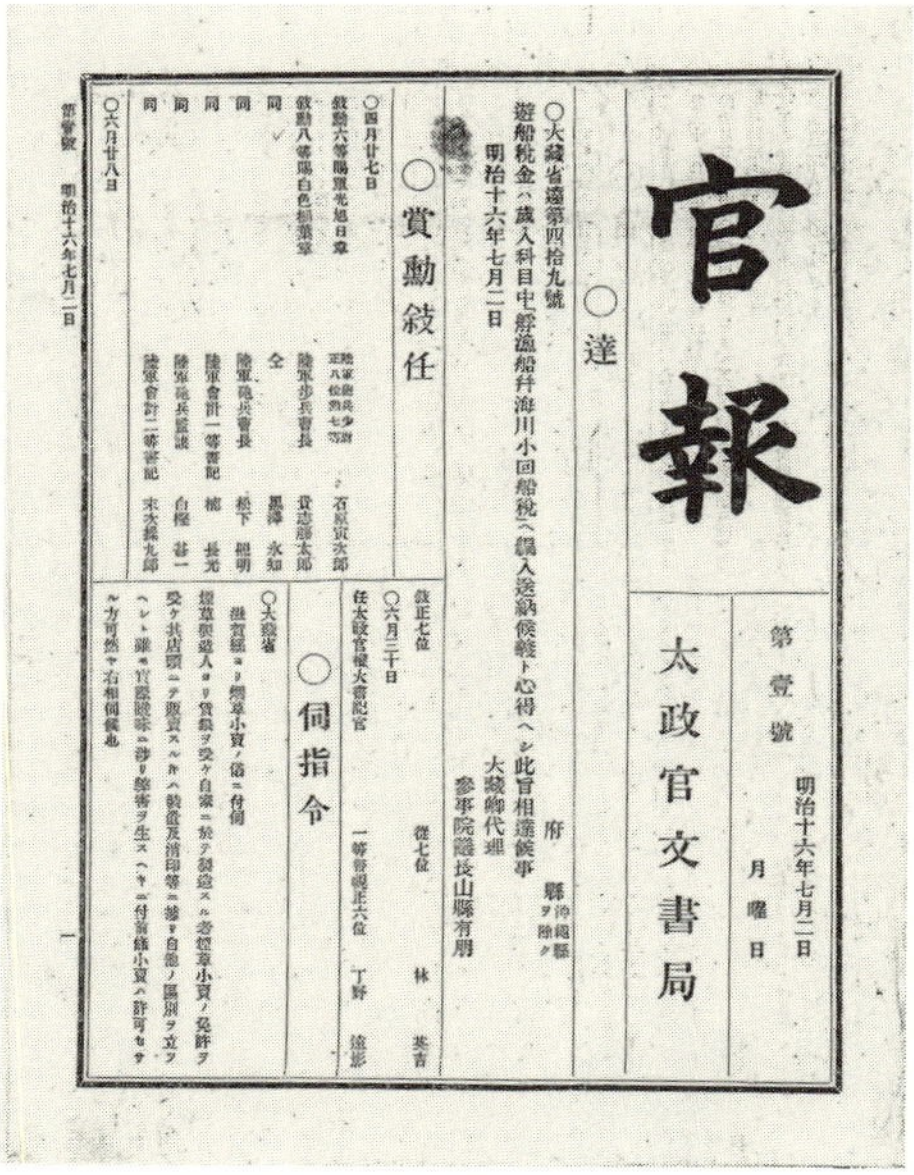

官報

第壹號　明治十六年七月二日　月曜日

太政官文書局

○達

○大藏省達第四拾九號　府縣（沖縄縣ヲ除ク）

遊船税金ハ歳入科目中「艀漁船幷海川小廻船税」ヘ編入送納候義ト心得ヘシ此旨相達候事

明治十六年七月二日　大藏卿代理　參事院議長山縣有朋

○賞勳敍任

○四月廿七日

敍勳六等賜單光旭日章　陸軍歩兵曹長　石原寅次郎

敍勳八等賜白色桐葉章　陸軍歩兵曹長　貴志彌太郎

同　仝　黒澤　永知

同　陸軍砲兵曹長　松下　經明

同　陸軍會計一等書記　柳　長光

同　陸軍砲兵監護　白樫　甚一

同　陸軍會計二等書記　末次操九郎

○六月廿八日

敍正七位　從七位　林　英吉

○六月三十日

任太政官權大書記官　正六位　丁野　遠影

○伺指令

○大藏省

滋賀縣ヨリ烟草小賣ノ儀ニ付伺

烟草製造人ヨリ賃銀ヲ受ケ自家ニ於テ製造スル者烟草小賣ノ免許ヲ受ケ其店頭ニテ販賣スルトキハ該證及消印等ニ據リ自他ノ區別ヲ立ツヘシト雖モ實際脱税ニ渉リ弊害ヲ生スヘキニ付右樣小賣ハ許可セサル方可然ヤ右相伺候也

第壹號　明治十六年七月二日　一

官報第1号

け、各省・府県・裁判所・警察署などに官報購読義務を課すとともに、太政官・各省などの達・告示は「官報に登載する」ことを公式とし（一六年五月）、官報第一号の発行にいたる（七月二日）。

他方、国民に法令などを告知する布告・布達については、その施行期限は原則として「各府県庁到達日数の後七日」とされたが、布告案を検討する参事院総会議は、施行期限の理解をめぐって「二途に分立し、甲論乙議両説相調和せず」という状況になった。そこで井上は、とくに安場議官などに「布告式幷に施行期限改定の件に付き意見書」をしたため、周知期限と施行期限を同一視する議論について、「道理に照らすも各国の法律に徴するも又今般右改正の趣旨に依るも、甚だ其の当を得たるものにあらざるなり」（五月二二日。井上伝史〈一〉三五七頁以下）と強く批判し、注意を促している。

ちなみに、その二年半後、布告・布達についても官報登載が公式となり（一八年一二月）、今のような形式的公布制度——法令施行には官報登載のみが法的効果を持つとするしくみ——がほぼ完成する。ただ、二カ月後に制定された公文式（一九年二月）でも、官報の「各府県庁到達日数の後七日」から施行としたため、法令施行日が各地で異なる異時施行制はなお残った（後述二〇〇頁参照）。これが全国同時施行となるのは、いわゆる法典論争後に制定された法例（三一年六月。いわゆる旧法例）により「法律は公布の日より起算し、満二十日を経て施行す」と定められてからである（大石「公布再考」同『憲法制度の形成』二七五頁以下参照）。

ドイツ学の奨励

井上は、「独乙《ドイツ》学を奨励す」との提案を独乙書籍翻訳意見として具体化し（井上伝史〈一〉二五四頁以下）、ドイツ学拡充の必要をこう説いている。「英国に於て政府と称するは王室其中に在らず、而して孛国に於ては政府は即ち王室の政府とす……今天下人心をして稍や保守の気風を存せしめんとせば、専ら孛国の学を奨励し……以て英学の直往無前の勢を暗消せしむべし……我国体に適したる憲法を設立して是を永遠に維持せんとするには……英国政体論をして漸々衰微し終に勢力なからしめざるべからず……方今憲法設立の為め計画設備は人心を統纜制御するにあり。人心を統纜制御するには、先ず其の脳漿を涵化する所の書籍教育をして時流を去って正義に帰せしむるにあり」と。

しかもその推進組織と人選にも触れ、「参事院中に一局を設けられ、加藤弘之《かとうひろゆき》、平田東助、山脇玄等の日耳曼《ぜるまん》学者」を登用すべきだという。加藤は、かつて天賦人権論的な思想を説く『真政大意』（明治三年）や君主・政府も人民のためにあるとする『国体新論』（同八年）を著したが、近年「両書出板後研究に依り、其の謬見を知了候……後生を誤るの恐れ少なからず」として山田内務卿に絶版届を出した（一四年一一月、同月二四日東京日日新聞参照）。自発的な転向証明であるが、井上のドイツ学奨励意見はその動きを後押しする意味をもつ。というのは、約二カ月前、品川弥二郎を中心に桂太郎・

加藤弘之

品川弥二郎

お雇い外国人雇入れ数

時期 / 国別	1871年（明４）～1880年（同13）（人数）	1881年（明14）～1889年（同22）（人数）
フランス	16	0
イギリス	5	2
アメリカ	3	1
オランダ	2	0
ドイツ	1	6
イタリア	0	1
計	27	10

（梅溪昇『お雇い外国人 政治・法制』より作成）

西周・山脇などを発起人とする独逸学協会が設立され（九月。教育事業として二年後に独逸学協会学校〈現独協学園の前身〉を創立）、「独逸書を翻訳し、或は既訳の書を刊行して、広く世益を図る」出版事業として『独逸学協会雑誌』を発行していた。会員には加藤・平田など、名誉会員に伊藤・井上馨・西郷の諸参議や井上なども名を連ねている（堅田剛『独逸学協会と明治法制』参照）。

こうして一八八一年（明治一四）を境に、政府・大学などの顧問として来日するお雇い外国人も、英仏人が大きく減ってドイツ人が増える（梅渓・お雇い外国人二三六頁参照）。民事訴訟法案を起草するH・テヒョー、警察制度などに貢献するC・ルードルフ、裁判所構成法の制定に資するO・ルードルフなどがおり、経済分野まで拡げると東京大学雇いで農商務省の嘱託も務めたK・ラートゲンなどを加えることができる。他方、ブルンチュリー『国家論』（平田東助訳、一四〜一五年）やH・シュルチェ『孛漏生《プロシア》国法論』（木下周一・荒川邦蔵訳、一五〜一七年）などドイツ系の翻訳書も増え始める。井上自身、かつて刊行したフランス語からの重訳『王国建国法』

（八年）からプロイセン憲法部分を抜萃して『孛国憲法』を刊行した（一五年六月。井上伝史〈三〉五〇四頁以下所収）。実際、シュルチェの訳本はすぐ有効に活用され、皇有地設定の是非が問題になった際（後述一七一頁参照）、ロェスラーに質しつつ皇室財産問題を調査した井上は、引用したプロイセンの沿革は「「シュルチェ」氏孛国々法論に見ゆ。即ち、近来独乙学叶《(ママ)》会において抜萃刊行したる国権論第四冊に載せたり」と記している（一五年一一月二〇日、井上伝史〈一〉三一八頁以下）。

このように、井上が三大臣宛てに提出した人心教導意見は、これまで見た多くの建言とは異なってたんなる法令・制度の整備でなく、むしろそれを取り巻く環境の整備、いわばソフトパワーの醸成が肝要だと訴える幅広い政策提言であり、その多くは次第に結実していくことになる。

三大臣立憲政体意見

国会開設詔勅は、「明治二十三年を期し、議員を召集し、国会を開き」云々と開設時期を明記するとともに、国会の「組織・権限に至ては、親ら衷を裁し、時に及て公布するあらんとす」と展望を述べていた。詔勅は、同時に「若し仍ほ故《こと》さらに躁急を争ひ、事変を煽《せん》じ、国安を害する者あらば、処するに国典を以てすべし」とも明言して、治安政策の強化を示唆していた。

国会の組織・権限・手続などの展望は、伊藤参議を団長とする憲法調査団の欧州派遣（一五年三月。後述一七五頁参照）と国内の「留守政府」による統治機構の調査・検討によって開かれるが、憲法制定の方法やその方針などの議論が収斂したわけではない。この点を危惧した天皇は、議会と君主主権との関係や議会開設の準備などについて問い、これに応えるため三大臣による立憲政体意見の奉答が行われた（一二月二四日、井上代草、明治紀〈五〉六三六頁以下。井上伝史〈六〉一一三頁以下参照）。ここでも

「今日の急務は尤も教育を慎み、新進の輩をして平正着実先入主と為らしめ、浮薄偏僻の流に陥らざらしむるに在り」として、教育の重要性が説かれているが（前述一五九〜一六〇頁参照）、その効果が表れるには長い時間を要する（後述二八一頁以下参照）。

三大臣意見は、皇有財産・華士族・会計・行政各部の権限などを掲げ、「国会開設に伴ふ準備要綱」を用意して皇室・政府・民間の準備の三点を別紙意見書で挙げた。これらの課題の一部はのちに取り扱うが（後述一七一頁参照）、「民間の準備」というのは「過激暴進の勢を制し、秩序を重んじ、漸進的進歩を致さしむること」を指す。こうした準備は、先の詔勅にいう「国安を害する者」に対する対処であり、これも抜かりなく検討、実施されていく。

治安立法の強化

この対策は、反政府的な政治結社の隆盛とその演説集会の活発化に並行して強化される。国会期成同盟員と旧自由党員が合流して、板垣退助を総理とする自由党を結成したこと（一四年一〇月中旬）を契機として、翌年春までに自由党の別動隊である大阪立憲政党（同月）、矢野文雄など福沢派に属する東洋議政会（一五年二月）、下野した大隈重信を総理とする立憲改進党（同三月）などが相次いで結成され、その主催する演説会や集会も各地で頻繁に開かれた。これに対抗して政府系の政党も作られ、改進党と前後して福地源一郎の率いる立憲帝政党、その別動隊として熊本に紫溟会《しめいかい》が結成された（一四年一二月。井上もその設立に関与している。前述一一一頁参照）。

こうした明治十五年の「政論の勃々たり政党の団々たる、未だ嘗て此年より起り此年より盛なるはなし」（明治政史〈上〉四二六頁）といわれる状況を前に、政府は、山県参事院議長の提議（大山・山県意見書一三二頁以下参照）をうけて、地方の実情と情報を収集するため、河田元老院議官や安場参事院議官のなどの民情視察使を全国各地に派遣することを決定した（四月六日。翌年、地方巡察条規により制度化。ただ以後実施されなかった。明治紀〈六〉三三頁参照）。その決定当日の夕方、岐阜県内で遊説中の自由党総理、板垣退助が襲撃される事件が起こったが、山県の提示した「府県会の状況」「演説集会結社の事」「政党団結の事」といった視察事項概目に示された通り、政府は、集会・結社を規制する法令の強化と府県会・府県会議員に対する規律の強化に乗り出す。

その一連の立法は、伊藤博文が欧州憲法調査のためベルリンに到着してまもない一八八二年（明治一五）六月頃から帰国のためナポリを発つ翌年六月までの一年間にほぼ集中している（大石・憲法史の周辺二九頁以下。後述一七七頁参照）。それは集会条例の追加改正（一五年六月）に始まり、請願規則の制定（同一二月）、府県会規則の追加改正（同）を経て府県会議員に対する連合集会禁止令の制定（同日）とつづく。翌年（明治一六）になると、「今や社会の風潮一変し、動《やや》もすれば詭激の論説を以て是非を紊り、無根の説を唱へて人心を煽動する者あり」（明治紀〈六〉三八頁）という認識から、新聞紙条例の全面改正（四月）や出版条例の改正（六月）も行われる。そこに請願規則がならぶのは、元老院宛ての提出を定めた二年前の建白規則のもと、とくに国会開設勅諭の渙発後、天皇に直接請願するなどの無秩序な動きがあり、その規制を必要としたからである（後述一七八頁参照）。

「武断」政治批判 ——「世変論」

とくに府県会に対する規律に焦点を絞ると、井上は府県会の権限が小さいことが政府への対抗姿勢を生み出したと考え、その健全な発達のためにはむしろ権限を拡張することが必要だと論じていた（前述一四九頁参照）。これに対し、もともと府県会の設置に消極的だった岩倉は、府県会議員が「概ね自由・改進二党に属し……専ら民権を主張し、官府に抗敵するを以て議員の本分と為す者の如く施政の障碍をなさん」とする実情に業を煮やし、府県会を中止して国民諮問会を設けるという「意想外の政策」まで打ち出した（一五年一二月。岩倉実記〈下〉九四四頁以下参照）。

ここには、過去に学んで未来を描こうとする法制官僚と過去にすがり未来と対決しようとする老政治家の姿勢の違いが見えるが、井上は、山県議長に長文の「世変論」をあえて送り、井上参議回覧後のものを滞欧中の伊藤にも届けている（一二月一四日。井上伝史〈三〉五二四頁以下）。それは、山県議長が進めてきた強硬路線を諫めたもので、まず「政治上尤も慎重すべきもの」は「既得の権は奪ふべからずとの格言、是なり。各国変乱の因由は、往々既に予《あた》へて亦之を奪ふより生ず……人の怨念の情を起す者は、左手に之を与へて右手に之を奪ふより甚《はなはだし》きはなし」と一般論を説く。

そして、「府県会の規則未だ密ならざる者あらば之を追加すること可なり、府県会の規則を循守せざるの者あらば之を検束すること可なり（閉期を厳にするの類）、又甚きに至ては之を解散し之を停止すること可なり、国の安寧の為に已むを得ざるの極度に至らば之を廃するも可なり」。しかし、「府県会猶存するの日に於て既に与へたるの議権を奪ふは、理に於ても勢に於ても断じて不可」である。将来「人民の思想は次第に狂躁に赴き世論の風潮は次第に急激に注ぎ今より数年の後、堪へ難きの勢を醸生し終に非常の武断を要するに至る」であろう。ここで「集会条例・新聞条例も益々密にせざるべからず、狂暴の演説制せざるべからず、政社を禁ずるも可なり、人心を動かすの著書を滅板するも可なり」。しかし、「既に与へたるの権は、何等の事情ありとも奪ふべからざるなり」と畳みかけている（同書五二四頁以下）。

こうして「一小変の時期に際し、政府は或は既往の失を矯むる為に過度の武断を用ゐ、人民既得の権を奪ひ其の争抗の論理を仮し以て変乱を激撥するが如きことあらば……実に千載の遺憾なり」と嘆く「世変論」は、紛れもなく岩倉・山県などの強硬派への批判の書であり、文治政治への転換を促すものである。ここで井上は、伊藤に府県会の開設以来年々厳しい状況になった現状を前にした政府の「療治に巧拙あることにてムチャに挽回手段を施し候は、全局の得策に非ず」と憂慮し、参事院への期待も吐露している。いわく、「内務省 幷《ならびに》 に地方官よりは仝一致にて「前年度定額に依る者は、更に議定を経ず施行することを得」との改正案提出相成り候へ共、生は断然不可を陳じ、遂に参事院にても廃案に帰し候……生は県会中止を命ずるの条を加へ、決算不足を補充するの条、連合会を禁ずるの条を加ふる等に熱心いたし、補充論は参事院にて採用を得、連合会幷県会中止論は内閣にて採用を得、只今上奏中にこれあり候」と。

井上はその趣旨にもとづく「府県会幷地方税規則追加布告案」を用意し（井上伝史〈二〉三一三頁以下。後述一八四頁参照）、自らの関与した具体的な例を挙げて「武断」路線に対する批判への理解を求めたのである。ここで、府県会規則改正に見るように、「近時俄かに挽回論増候長いたし候は、一は従前の反動と、又一は、御手元より頻々独乙主義を皇張し「徴租を人民に任せざる」等の御通信より起用いたし候。又他の一因は福沢が内々専断論を右府［岩倉］辺りへ吹込み候故もこれあり候」と記したのは興味ぶかい。これは論鋒を伊藤にも向け、そうした「武断」政策の責任の一端は滞欧中の伊藤にもあると見て、その猛省を促したのであろう。

井上の怒りにも似た訴えに対し、指弾された山県やその傾向に加担したと疑われた伊藤がどのような反応を示したかはよくわからない。井上は、少なくとも伊藤との関係では「是等の愚見贅論は知己の為に一言するものにして敢えて他に公示する心得にこれなき候」と断りを入れ、「此の書面、御他見御左右たりとも御断り申し上げ候」と書き添えた（井上伝史〈三〉五二九頁）。しかし、かつて「書記官輩」と突き放した相手の諫言を素直に受け取るとは思えない。現に、憲法調査のためベルリンにいた伊藤は、自分を振り返り「政令寛大に失し」ていたと自省している（後述一七六頁参照）。

岩倉とのあいだ――皇室財産設定論の是非

府県会に対する対応は、岩倉と井上の間にある大きな考え方の違いを示しているが、徳川時代を想わせる岩倉の皇室財産設定論とこれに対する近代諸国に例を見ない巨額の帝室財産をもつことの非合理性を説く井上の批判としても表れていた（川田敬一『近代日本の国家形成と皇室財産』四一頁以下参照）。この問題は、官有地・民有地の区分に応じて地券発行や地租・地方税（旧区入費）の賦課の有無を定める地所名称区別令（七年）と関係するが、岩倉のほか伊藤も皇有地設定の議を閣議に提出した（一五年二月）。

そこで、従来の官有地を御有地と官有地に再編する議案が「内務部・財務部連合主査発議」による御有地布告案として参事院の議に付されたが、宮中府中一体論からすれば、「官有地とは即ち皇有地」であるから（井上伝史〈一〉三二〇頁以下の批判意見参照）、総会議（同年七月）において、「御有地と官有地とを区分するは得策に非らず」（岩倉実記〈下〉八二六頁以下）として、井上が強く反対論を展開するなどしたため、御有地布告案は廃案となった。

ところが、その後も皇室財産設定論議はつづき、山県・山田・西郷などの積極派と元田・佐々木・井上などの反対・慎重派に大きく分かれる。井上の反対論は執拗で、いわゆる官有地を「官有と皇有との区別をなすのみ」だとする議論にも、「官と皇とを両分して帝室と政府とを分割するの漸を開かんとす」るもので、「宮府一体の憲法と針路を別にするもの」（一一月二〇日山尾庸三宛て書簡、井上伝史〈二〉三一八頁以下）と批判するなどしたため、しばらく未決定のままになる（明治紀〈五〉六四五頁以下、七三五頁以下参照）。

井上は、先の「世変論」送付の十日後、さらに伊藤宛てに書簡を送り、「我が宮府一体の制を破壊する」おそれがあると警戒を促している（一一月二四日。井上伝史〈四〉七一頁）。福沢諭吉の帝室論が皇室財産説に影響し、政府と帝室を区別する論につながるからであるが、あわせて「前日参事院に於いて財務部より提出に相成り候官有地の外、皇有地を設くるの議案、電覧に供し奉り候。右に就き、小生は飽く迄異議を唱へ、遂に廃案に至り候へども、近日再議にも至るべきか」と推測している。実際、その二年後、最終的には「帝室財産設備の急務」を説いた松方大蔵卿の建議（一七年一一月）が受け容れられ、日本銀行と横浜正金の株券を「帝室御資」とするかたちで、皇室財産が設定されることになる（一八年五月。明治紀〈六〉四〇七頁以下参照）。

岩倉と井上の違いといえば、その頃、宮内省の中に岩倉を総裁心得とし、元老院副議長東久世を委員長とする「内規取調局」が設けられたことがある（一五年一二月）。これは、かつて岩倉が「儀制調査局」を建議したものの、憲法論にもとづく井上の強い反対にあって頓挫した構想を引くものである（前述七四～七五頁参照）。岩倉としては、帰国後の伊藤が憲法制度の整備に注力することを見越し、ロシア駐在公使柳原前光の強い進言もあって、再びその構想を建言したのである（岩倉実記〈下〉九五八頁以下、明治紀〈五〉八三六～八三七頁参照）。伊藤が滞欧中で、その構想に反対する井上が後ろ盾を失っていたことも好都合だったかもしれない。

その委員には、宮内省少輔香川敬三《かがわけいぞう》、参事院議官補尾崎三良、太政官大書記官股野琢《またのたく》などが任命され、皇室に関する諸礼式・祭祀などについて調査が進められたが、内規取調局は岩倉の死を機に廃止された（一六年一二月。明治紀〈六〉一四八頁）。そのため皇室関係の立案作業は、のちの制度取調局に引き継がれることになる（後述一九〇頁以下参照）。

2　伊藤の欧州憲法調査

調査団と調査項目

国会開設の詔勅は、一八九〇年（明治二三）に常設的議会を開会することを約束したが、政府は、国会の組織・権限・手続などを具体的にどのように設計するかという問題に直面する。これに対応するためには、ヨーロッパ諸国の議会制度を探究し、その前提となる憲法体制のあり方、とくにドイツ圏におけるそれを調査する必要がある。その任務を負うのは伊藤参議しか考えられない。現に三条太政大臣は伊藤を奏薦し、寺島元老院議長も岩倉に伊藤を推薦、岩倉も同意して奏薦した。その際、寺島は自らもアメリカ憲法研究に出かけたい旨を伝えたが、その希望は五カ月後に米国駐箚大使として赴任することで叶えられる。

そこで一八八二年（明治一五）二月七日、伊藤をドイツに派遣するとの天皇の内意が伝えられ（明治紀〈五〉六二六頁参照）、これを機に伊藤派欧準備が進められる。先の三大臣による立憲政体意見奉答もその一環であったが（前述一六六頁参照）、伊藤は参事院議長の任を山県に譲って欧州派遣の特派理事の任を引き受け、山崎直胤（太政官大書記官）、河島（大蔵権大書記官）、伊東（参事院議官補）、平田（大蔵小書記官）など六人の随行も決定された。そして三月三日、伊藤は「今爾《なんじ》をして欧州立憲の各国に至り、其の政府又は碩学の士と相接し、其の組織及び実際の情形に至るまで観察して、余蘊無からしめんとす」との勅書を受け、三十一件に上る調査訓条を授けられた（岩倉実記〈下〉八三〇頁以下、明治紀〈五〉六五二頁以下）。

そこには「欧州各立憲君治国の憲法に就き、其の淵源を尋ね、其の沿革を考へ、其の現行の実況を視、利害得失の在る所を研究すべき事」という総論的事項から、「皇族諸特権の事」ほか皇室関係一件、「内閣の組織並びに立法行政司法及び外交の事に関する職権の事」など内閣関係四件、「上院及び下院の組織の事」など議会関係十五件、「各省の組織権限の事」など行政組織関係三件、「司法官の進退黜陟《ちゅつちょく》」ほか司法関係一件、「地方制度の事」一件など多くの事項がある（権利関係事項はない）。翌日、三人の参事院議官補（西園寺・岩倉具定《ともさだ》・広橋賢光《ひろはしまさみつ》）も随行することになり、宮内卿から「皇室に

伊藤博文

寺島宗則

関する制度典章」「貴族の制度及び貴族の皇室に対する各般の事」「貴族の国家に尽すべき義務及び上院の組織」という三カ条の調査項目が示された（明治紀〈五〉六六二頁）。ただ、「上院の組織」に見られるように、憲法関係訓条とどのように振り分けられたのか必ずしも明らかでない。

伊藤を理事とする調査団は、三月十四日に横浜港を出帆し、イタリアのナポリ・ローマなどを経て、二カ月後にドイツ・プロイセンの首都ベルリンに到着した。その調査は、ここでの約五カ月間（五月二〇日～七月末、一一月初旬～翌年二月一九日）と、隣国オーストリアの首都ウィーンでの三カ月間（八月八日～一一月初旬）の調査に分かれ、それぞれ当地の政府・議会関係者や研究者から先の調査訓条に関係する多くの情報を得ることになる（稲田・憲法成立史〈上〉五六五頁以下）。

伊東巳代治

グナイスト、モッセとシュタイン

伊藤調査団は、ベルリン大学のR・グナイストによる国法学の談話に接し、ウィーン大学のL・シュタインによる国家学の講説を聴いている。先の派欧勅語に各国の「政府又は碩学の士と相接し」とあるのはそのことを指すが、老齢のグナイストは、伊藤の眼には当初「日本の現況を以て見候へば頗る先制論」と映った。その説くところが「仮令設立するも、兵権会計等に喙《くちばし》を容《い》れさせる様にては、忽ち褐乱《かつらん》の媒囮《ばいか》たるに適さず、最初は甚だ微弱の者を作るを上策とす」（五月二四日松方宛て伊藤書簡。伊藤伝〈中〉二七一頁）というものだったからである。本格的なドイツ公法学の講義は、グナイストの弟子A・モッセから受けることになった。ただ伊藤にとっては、グナイストより三十歳も若く、また自分より五歳下のモッセは「一法師」にすぎなかったようで、「一週間三回宛、独逸国の憲法より、政府百般の組織、地方自治の限界等に至る迄」の平板と見える体系的な講義は、正直かなり苦痛だったらしい（八月九日岩倉宛て伊藤書簡。伊藤秘録二九二頁参照。伊東訳の『莫設《モッセ》氏講義筆記』は、次の『大博士斯丁《シュタイン》氏講義筆記』とともに国立国会図書館憲政資料室に現存する）。

八月にウィーンに赴きシュタインの講説を聴くようになってから、伊藤は調査に自信を深める（瀧井・ドイツ国家学と明治国制一六五頁以下参照）。「来欧以来……独逸にて有名なるグナイスト、スタインの両師に就き、国家組織の大体を了解することを得て、皇室の基礎を固定し、大権を不墜の大眼目は充分相立ち候」との見通しがつき、「今日我が国の現状」は「英、米、仏の自由過激論者の著述のみを金科玉条の如く誤信し、殆んど国家を傾けんとするの勢」ではあるが、「之を挽回するの道理と手段とを得」た（八月一一日岩倉宛て書簡。伊藤伝〈中〉二九六頁）と確信したからである。

しかも、井上が大いに頼りにしていたロェスラーについて、伊藤は、その説がむしろ「自由に傾斜せることを往々発見せり。此人孛国の政治に反対家なり」（同二七日山田宛て書簡。同書三〇五頁）との知見をも得た。伊藤は井上の憲法論に対抗できる自信を得たのである（伊藤之雄『明治天皇』二四九頁参照）。こうして伊藤は、「小生八月上旬より維納《ウィーン》に遊び、有名なるスタインに就き、其の説を聞き、実に得る所少なからずと心竊《ひそか》に楽み居り候」（九月六日松方宛て書簡。同書三一三〜三一四頁）と書き送ることができた。ウィーンでの収穫はそれだけではなかった。伊藤は、「流行に附和したるデモカラシー主義の者」とは異なった「モナルキツカル・プリンシプル［君主主義］を主唱する」大学者として、シュタインを日本政府の顧問として雇い入れることを考える（一〇月二二日・一一月一五日井上馨宛て書簡。同書三二〇頁・三二一頁）。シュタインが老齢などを理由に固辞したため、日本招聘こそ叶わなかったが、代わりに「在墺国《オーストリア》公使館付」日本政府顧問となっている（明治紀〈六〉一二一頁参照）。その後、ドイツにおける調査は行政制度・行政裁判などに及んだが、翌年（明治一六）二月中旬に終了し、いよいよ帰国の段取りを進める。ただ、伊藤一行はなおベルギーのブリュッセル、ロンドン、そしてロシア皇帝即位戴冠式に出席するため山崎・河島・伊東とともにモスクワにおもむいた後、ナポリから帰国の途に就き（六月二六日）、八月三日夜半、横浜港に着く（途中、香港で岩倉訃報受信）。こうして伊藤は、西欧の立憲君主国の制度・実情を知悉した政治指導者「立憲カリスマ」（坂本・伊藤と明治国家六頁・一〇一頁）としての地位を確立するが、その間、井上などとの連絡も怠らなかった（大石・憲法史の周辺三頁以下参照）。

「留守政府」と内外協力

伊藤に対する派欧の命が下り、詳細な調査訓条が伝えられた日からまもなく、国会開設の準備に向けて遺漏がないよう、三条太政大臣から「閣員互に心慮を尽し熟議の上、中外同一に出るを期す」との勅旨が諸参議に伝達された（明治紀〈五〉六六七頁）。かつて岩倉遣欧使節団に加わった閣僚（木戸・大久保・伊藤など）と、日本に留まった「留守閣僚」（西郷・板垣・副島など）との間で意思疎通を欠き、ついに征韓論の変にいたってしまった教訓から、その轍を踏まないよう配慮したのである。これに対し、大木《おおき》喬任《たかとう》以下佐々木高行にいたるまで、伊藤自身を含む十一名の参議は、「耐忍不抜同心協力」を誓い、「苟も政治の概要及び将来の目的に係るものは務めて内外通報」するとの奉答書を三条経由で天皇に奉呈している（三月一七日、伊藤伝〈中〉二五八頁以下参照）。
そのため、滞欧中の伊藤から岩倉右大臣や松方・山田・井上馨などの参議宛てに出された通信だけでなく、岩倉右大臣や井上馨・山県参議などから伊藤に宛てた通信もかなりの数にのぼる。詳細は省くが、少なくとも三条太政大臣から三通、岩倉右大臣から七通、井上馨から十三通、山県から十二通を数えることができる(伊藤文書〈一・三・五・八〉参照)。その多くは、自由・改進両党の動静や大隈派・福沢の動きなどを伝えているが、伊藤の出発から三カ月、岩倉は、「集会条例改正、請願規則改正、府県会議員規則制定等、政府要用機密件々、総て井上毅より巨細申し入れ、且つ御談じ候筈に付き、之を略し候」と記している(伊藤文書〈三〉一〇六頁、伊藤伝〈中〉二八九頁)。

井上毅の法制通信

これは、先に見た治安立法に代表される国内法令の動きに関する限り、井上からの連絡が重要であることを示すが、井上の通信はそれ以外にも及んでいた。

実際、井上は「雉子橋《きじばし》[大隈]并に三田[福沢]の情況」(五月五日。井上伝史〈四〉六二頁)などとの関係から、「御西航前に比較候へば、四五月間は世の風潮一層迅速を加へ、集会演説の紛擾、地方官の困却を増し候に付き内務卿より上申の末、集会条例中数項の増補を評決せられ、近日公布の筈にこれあり候。古沢[滋]・植木[枝盛]等の煽動にて、関西の酒屋会議連より追々直願の書を宮廷に呈上するの企《くわだて》これあり。其の他各府県抔にも請願論を唱へ、追々種々の名義を拵へ、多衆紛擾を企つるの様子に付き急に請願規則を公布せられ、一定の規則を以て裁断いたし候筈にこれあり候」と伝えている(同二〇日。同書六三〜六四頁)。

井上は、つづいて「集会条例改正発行の事に付ては、山県議長より詳細書上致され候」(六月三日、同書六四頁)と述べ、請願規則についても、「自由党は頻りに人民を煽動し、百般の苦情を以て請願となし、大《(ママ)》政官門に迫るの内謀と相見へ候。ペチシオンの事、是迄一定の規則これなく候へば……官府を愚弄する様の事これなき様、山県殿苦心これあり、近日請願規則制定発布の筈にこれあり候」と伝え、府県会規則の改正の必要にも言及している（六月九日、同書六五頁）。

ここで見逃せないのは、「此に一つの難事出来いたし候は、彼の条約改正の一事にこれあり候」として、井上馨外務卿を中心に進められていた動きに対し、井上が厳しい言及をしている点である。その意味を理解するには、当時進められていた条約改正交渉について説明しなければならない。

3　条約改正・外交問題

法権・税権の回復

幕末から明治初年にかけて欧米諸国との間で結んだ不平等条約の改正は、明治国家の大きな課題であり、関税自主権の回復と領事裁判制度（いわゆる治外法権）の撤廃は政府・国民の悲願であった。しかし、領事裁判制度の撤廃、法権回復のためには関係諸国が納得する基本的な法典と裁判制度の整備が不可欠で、そのため政府は国内法令の整備を急いだ（五百旗頭薫『条約改正史』一二九頁以下参照）。

条約改正に向けた本格的な交渉は、寺島宗則（六年一〇月任）、井上馨（一二年九月任）の両外務卿によって進められてきた（外交文書〈経過概要〉一五一頁以下参照）。とくに井上外務卿は、前任者の税権回復第一主義をあらため、両権回復政策に立った条約改正草案――法権の一部回復をめざす修好条約草案と税権回復のための通商航海条約草案からなる――をまとめ（一三年七月）、これを日本駐在の関係各国公使に交付した。その際、ボアソナードを中心に司法省で立案した刑法・治罪法などを添えたのは、条約改正交渉の申し出に十分な根拠があることを示すためである。実際、刑法・治罪法はその月に布告され、一年半後の明治十五年一月から施行された（後述一八五頁参照）。

これを踏まえてイギリス政府は、提案された条約改正案を基礎にすることは認めがたいが、「東京に於て諸外国公使と連合して予先会議を開き、現行条約上に従来の経験によって肝要と認める改正を加へ、一般の約定を取極める考案を貴［日本］政府へ提出させる運びに至ろう……諸条約国にて右一般の約定に同意した上は、之を以て改正条約の基礎とし、各国で各別に条約を取結ぶやうにしたならよい」と提案してきた（一四年七月二三日・一〇月二五日。世外井上伝〈三〉三一七頁・三二五頁参照）。他の各国もこれに賛同したほか、日本側でも政変後まもなく開かれた御前会議において、大臣・参議一同の同意が与えられた（同一〇月二八日。保古飛呂比〈十〉五〇五頁以下）。

条約改正予議会

井上外務卿は、十四年政変後もその職にあって、東京で開かれた十五カ国の委員による「条約改正予議会」と称される合同会議に委員として臨んだ（一五年一月）。そして後日、外務少輔塩田三郎《しおださぶろう》が副委員に、参事院議官井上毅ほか一名が条約改正御用掛に指名されている（明治紀〈五〉六一一頁以下参照）。これが「予議会」と呼ばれたのは、「後日改正談判をなすべき為の下相談」という意味が含まれているからで（世外井上伝〈三〉二九二頁）、ここでの議決事項が最終的ではなく、各国公使からそれぞれ本国政府に伝達され、その回訓を待って改めて会議が開かれることになる。

英仏独米など関係国の駐日公使（各国政府委員）による予議会は、「世界外交史上珍無類の列国会議」（山本茂『条約改正史』二三三頁）とも評されるが、日本側としては、締約各国の「相互の間、其の利益の関する所異なるが為めに、従来外交公使等、共謀連合して以て我に当るの脅迫主義を挫折するの好機会を得」る（七月二九日三条太政大臣宛て井上外務卿「条約改正予議会始末上申案」、外交文書〈条約改正〉二五九頁）というメリットも見出していたのである。

この予議会は、一八八二年（明治一五）一月二十五日に始まり、半年の協議後七月二十七日に閉会した。その間に伊藤は憲法調査のため渡欧するが、日本側から関係諸国に示す譲歩案をめぐっては、伊藤の出発直前まで議論が紛糾した。もともと条約改正は「実に至重の事件」であり（二月二六日岩倉宛て井上書簡。井上伝史〈四〉三四六頁）、「斯くの如き重大事件、異議紛々は当然の事」であった（三月一一日同書簡。同書三四七頁）。それでも三月十二日、閣議決定を経て「民事・刑事裁判権を回復し、外国人をして内国人と均しく日本の法権に服せしめ、内地の営業・通商及び不動産所有の権を許す」（甲案）か、それとも「外国人をして警察並びに行政規則を循奉せしめ、民事上の裁判権を回復し、内地の通商を許す」（乙案）かの二案に絞り込んで勅裁を得ることになった（明治紀〈五〉六五八頁）。

これを踏まえて井上外務卿は、第九回会議（四月五日）において、外国人が「日本法律に服従する上は、何の場所を問はず、入居するを許可せんことを発議す」として、「外国人民は、日本人同様の制限に従て、国内何れの地たりとも随意に旅行し、居住し、且つ動産・不動産を所有し、商売・産業を営なむの自由を許与せんことは、当政府今日に在て異議なし。是れ拙者の欣然敢て各位へ報道する所なり」と宣言した（外交文書〈二五〉二三～二四頁、同〈条約改正〉九九～一〇〇頁）。

会議に臨んでいた各委員は、この「未曾有の一大断案」（世外井上伝〈三〉三五五頁）に驚きながらも歓迎の意を示した。問題なのは、この時、外務卿が「外国人民の為めに謀るに凡そ公正至当なりと認

む る保証と免除とは之を付与する」と約束して示した細目案である（六月一日、第一三回会議。外交文書〈条約改正〉一八三頁以下。細目案の内容は外交文書〈一五〉五四頁、同〈条約改正〉二六〇頁以下所収「条約改正予議会議事要領」参照）。

外務卿が提示した「日本の法律並びに其の施行に関して日本政府より与えたる特殊保証」とは、①「裁判上法律の適用は、日本政府にて特別の採用せる外国人判事に分任せしむべきこと」、②「外国人被告たる事件に於ては外国人判事を多数とし、又内外判事二名にて法廷を開くときは外国人判事に可否の権を有せしむべきこと」、③「日本人被告たる事件に於ては内国人判事を多数となし、又は之に可否の権を有せしむべきこと」などである。

条約改正案への批判と怒り

条約改正御用掛を兼務していた井上は、そうした「特殊保証」に怒りを爆発させ、激しいことばで政府を論難する（六月九日伊藤宛て書簡。井上伝史〈四〉六六頁）。井上によれば、条約改正の目的は当事国双方が満足すべきものであるのに、「彼のために我が全国を開き、而して我法権を全く回復せず、七分にして止足せば、辱国の条約にして、当局の各大臣は皆売国人たる事を免れざるべし」という。「明治政府は今日迄……天下後世に恥る事無かるべきに、今度の一挙にて変じて有罪の政府と相成り、永久百年の禍を遺し候事と遺憾千万痛息に堪えず」と嘆くほかない。そして外務卿の強気に押された政府首脳の姿勢を怪しみ、「今日、廟堂諸公は、明治三、四年以来、専ら条約改正を目的とし、内政百般の事も右の目的によりて急進の改正もこれあり候は、畢竟、法権全部の回復にこそこれあり候に、今日一日の会議に於いて是れを失敗に付し、漫然漠視するものは何ぞ」と続けた。

井上は、ベルリン滞在中の伊藤の英断による見直しを訴えたが、伊藤自身「特殊保証」には大きな懸念を抱いていた。岩倉に「条約改正一件に付いては……未だ外務卿よりの報道はこれなく候へども、井上毅よりの通信にて大要は承知仕り候。愚考にては譲与に過ぎたる廉々沢山これあり候」と伝え、「外国人を傭入れ、我判事と為すを外国に向て保証する事」「外国人被告たる場合に於て外国判事を増加する事」「内地人の裁判に外国人を参与せしむる事」などに対し、具体的な問題点を挙げている（八月一一日書簡、伊藤伝〈中〉二九五頁）。

伊藤の否定的意見に井上の批判がどの程度影響を与えたかはよくわからない。ただ、大木司法卿・山田内務卿や佐々木工部卿のように、井上同様、全面的な法権回復を強く主張したり内地解放を杞憂したりする有力な参議はいた（世外井上伝〈三〉三三九頁参照）。そうすると、井上の影響を論ずるまでもなく、伊藤がそうした結論にたどり着くことは容易に想像される。主要閣僚である伊藤まで特殊保証案に否定的である以上、法権回復に関係する修好条約案は国内的には暗礁に乗り上げざるをえない。もちろん、日本側としてはそれで条約改正交渉を打ち切ることはできず、条約改正予議会の終了後、個別交渉も進められた。その成果がまとまるのは、二年後の一八八四年（明治一七）七月のことである（後述二一二頁以下参照）。

4　内政上の問題

諸課題への対応

井上は、条約改正予議会の閉会四日前に朝鮮で起こった壬午《じんご》事変を処理する条約案を詰めるため京城（ソウル）出張を命じられ、約一カ月間そこにとどまり（一五年八月二〇日〜九月一四日）、九月半ばに帰国したが（前述一一五頁参照）、その後も相変わらず多忙であった。参事院議官として各種の意見を起案し、内閣委員として元老院に出席して議案を説明するなど、多様な仕事をこなしていたからである。本書は、これまで斯文学会意見（一〇月二二日、前述一五九頁参照）、皇有地設置反対意見（一一月二〇日、前述一七一頁以下参照）、そして府県会への規律強化などを批判する山県宛ての「世変論」（一二月一四日、前述一六九頁参照）を取り上げてきた。

それ以外のものに目を向けると、まず「世変論」と同じ趣旨から府県会の権限を確保すべく「府県会 幷《ならびに》 地方税規則追加布告案」を用意し、改正意見を七カ条にわたり具体的に示している（一五年一二月、井上伝史〈一〉三三三頁以下）。もちろん、この意見書にも「此の中、采庸《ママ》を得て実施せられたるは数件なり」と記されたように、実現にいたったものは多くないが、それを基にした府県会規則・地方税規則改正案と府県会議員連合集会等禁止案などは、内閣から元老院に下付され、修正議決された（一二月二三日。元老院〈十五〉一六一九頁以下参照）。この時、井上は、安場議官や大森議官補とともに内閣委員として議案の説明に当たっている。

次に、法令の問題ではないが、宮内省でまとめた『大政紀要』の修訂のことがある。詳細は省くが、岩倉は、内閣にドイツ人数名を内閣顧問として招聘する案があることを機に「我が建国の体と其の沿革風習とに通暁せしめん」がため「行政史編纂の事」について井上の意見を求め（一六年三月一三日）、その検討結果（井上伝史〈一〉三三七頁以下）を参考に「国体及政体取調の事」を建議し、採納された。そこで宮内省に編纂局が設置され（四月二日）、岩倉が総裁に任じられた（岩倉実記〈下〉九八一頁以下。明治紀〈六〉一四五頁参照）。その作業は、岩倉亡きあと山県に引き継がれ、年末に『大政紀要』としてまとめられたが（同年一二月）、倉卒の間に編修されたため不統一が目立っていた。

多くの仕事が一段落した井上の許に、三条太政大臣から「大政紀要の修成」依頼が届いた（一二月二八日。伊藤宛て井上書簡参照。井上伝史〈四〉七四頁）。もともと「岩公［岩倉］の精神より起き候事業」であるから、井上としては、いわば岩倉具視の遺志として「敬して御受け申したく」という気持ちは強いが、反面、「歴史編纂の事業は一の建築」にひとしく、通常の官務の傍らにやれることではない、という想いもある。そこで井上は『大政紀要』の修訂に専心する決意を固め、伊藤に「参事院議官の職幷其の他の官職を免ぜられ、専ら宮内省御用掛に又は修史館御用掛に仰せつけられ、主一に考証編成に従事いたしたく」と願い出（前記一二月二八日書簡）、山県にも伝えられたが、願いは叶わなかった（明治紀〈六〉一五五頁参照）。

陸軍治罪法案

井上の仕事の中で異彩を放っているのは、陸軍治罪法（明治一六年八月）との関わりである（前年一月施行の刑法にも興味深い改正意見を提出しているが、ここで扱う余裕はない）。そもそも刑法と治罪法は、領事裁判制度の廃止、法権回復のため、ボアソナードの草案をもとに制定され（一三年七月）、明治十五年一月一日から施行された。同時に、陸軍・海軍刑法（一四年一二月）も施行されるが、陸軍治罪法もこれに関連している。同法は一般の刑事訴訟法に相当するが、海軍治罪法とともに軍人の犯罪は軍法会議で審判することを前提とし、傍聴・上訴は許されず、一般の弁護人は付されないなど、通常の裁判手続と異なる手続を定めていた（後年の改正陸軍治罪法〈二一年一〇月〉でも維持されたが、改正法で再審・復権・特赦が導入される）。

政変後まもなく、陸軍省の軍律取調掛によって膨大な陸軍治罪法草案がまとめられ、印刷されていた（陸軍省『陸軍治罪法草案』一四年一一月、全八編三六〇カ条）。当初、普通刑法・治罪法、陸海軍刑法と同時に施行される予定で起案されたようであるが（参照、遠藤芳信「一八八〇年代における陸軍司法制度の形成と軍法会議」歴史学研究四六〇号三頁）、それを整理した陸軍省成案（全三〇九カ条）は、参事院でも議了し、「別に不都合の廉これなきに付き、同省上奏の通り布告相成り然るべき議」（主査議官山脇玄。梧陰文庫B一八四四「陸軍治罪法」末尾）と判断されていた。

ところが、陸軍省の「陸軍治罪法施行まで旧慣に依り治罪手続執行の事」に対する参事院の「勘査」があり（一四年一二月）、翌年九月に陸軍裁判所が廃止されて、同裁判所を前提としていた陸軍治罪法草案の重要部分が崩れてしまう（国立公文書館・参事院文書「十六年決裁録・陸軍 乾」「十五年決裁録・陸軍 坤」参照）。これを機に参事院で改めて検討した結果、同草案は大きく整理され（全六編一九三カ条。前掲・梧陰文庫「陸軍治罪法」朱修正参照）、いよいよ内閣に上申という段階になった。

ところがこの時、井上から山県参議・大山陸軍卿に対し、陸軍治罪法に対する修正・施行延期意見書が提出された（一五年一一月一八日、井上伝史〈一〉三一七頁）。治罪法施行後ほぼ一年の経験に照らし、「現行犯区別云々より其の他、大抵通常治罪法に模擬し、頗る欧州法律国の形象に擬したるもの」で不都合が多いため、いったん同法の「布告を猶予せられ、更に委員に付せられ、簡易行い易きの手続書を取調べ、当分施行の便法」で臨むべきだと主張したのである。そのため、陸軍治罪法草案は「文章聊か穏当ならざる分」があるとして修正され（同月二一日、山県参事院議長）、施行期日も改めて「明治十六年一月一日」とされた（海軍治罪法は一七年三月制定）。上申まで漕ぎ着けた件をここでなぜ修正し、施行延期としなくてはならなかったのか。

井上毅の問題意識

そもそも軍法会議を設ける目的は軍紀の維持にあるが、機密の保持と迅速性という要請から、一般の司法手続とは異なり、審理は非公開で上訴も制限されるといった特徴をもつ（前頁参照）。そこで井上は、ロェスラーにも垂問して「陸軍裁判に傍聴を許すときは、陸軍の精神に背く」「上告には制限あり」などと、軍法会議手続の考え方について確認を得ている（井上伝史〈一〉三一八頁）。井上の指摘を受けて、陸軍治罪法は第二局「長官〔山県〕の命により預り」となって、さらなる検討に付され（前掲・遠藤論文五頁参照）、「再校」案が得られた。

同案が主査を務めた参事院議官補曾禰《そね》荒助《あらすけ》から届けられると、これにも井上は強い疑念を投げかける。治罪法施行後、実際上の不便がいろいろ判ってきたのに、少し簡易にしただけの手続──「予審・公判を分ち、公判を以て公聴裁判となす事」「弁護人を許し、審事〔審問を行う軍法会議構成員〕と対審せしむる事」「治罪の程式に依らざるを以て上告を許す事」など──を採っていたからである。そして「今暫く是を猶予に付せられ、猶三、四年間も普通治罪法の経験を待ち、然る後に徐々に議定せらる、事、晩《おそ》からずと存じ候」とする意見を山県参議と参事院議官補渡《わたり》〔正元《まさもと》〕にも見せるよう依頼した（一六年一月四日曾禰宛て書簡、井上伝史〈一〉三三〇頁）。しかも数日後、井上は、山県あてに直接「陸軍治罪法頒行御猶予これあり、然るべく存じ奉り候。若し此儘にて条項の削除のみにても施行相成り候はゞ、普通治罪法と丶もに収拾し難き事に相成るべきかに憂慮存じ奉り候」と懸念を示し、理由の詳細を閣議で陸海軍卿に説明してもよいとも伝えている（同月一一日書簡、同書三三三頁）。

こうして参事院での再検討は曾禰・渡両議官補を中心に進められ、四カ月後、陸軍省成案を大きく縮減した「陸軍治罪法改正按」が山県から井上に届けられた（五月一七日、全六章八〇カ条。井上伝史〈五〉二五三頁参照。国立公文書館・公文録「明治十六年 陸軍省自五月至八月 第二」、梧陰文庫B一八四五「陸軍治罪法 改正案」〈印刷〉参照）。その後、山県参事院議長・大山陸軍卿の連名で出された閣議請議・参事院再議案は、「陸軍治罪法既に参事院の審議を経たり。而して今更に閣議を要する者あり」と書き出し、「今参事院審定する所の成案に就き、再たび之を刪省《さんせい》修正して以て閣議を仰ぎ、更に参事院の再議に付せんとす」と閉じるが、それまでの治罪法の経験を踏まえて「陸軍軍法は、宜しく簡にすべく宜しく煩にすべからず」との原則に立って、主な改正点を列挙している（井上伝史〈六〉一四二～一四三頁）。これは井上の代草にかかり、その主張とほぼ同じであるが、中には「恩赦は帝室の大権にして宜しく法律を以て其の処分を紀すべからず」（第五）のように、これまでの井上意見にはなかった憲法論からの指摘も見られる。

その後、陸軍治罪法は参事院の再審査に付され、その修正などを経た後、上奏されて確定すると、さらに元老院の議にも付された（全七四カ条。六月二〇日、元老院〈一七〉三六九頁以下参照）。ここでは、軍律取調掛として起案に当たった参事院員外議官補岡本隆徳《おかもとたかのり》（陸軍省歩兵大尉）も、議官水本成美《みずもとなるみ》や議官補渡正元とともに、内閣委員として出席して審議が進められ、同法案は数カ所の字句修正・削除が加えられて七月二十四日に議了、上奏手続を経て制定された（八月、同月一五日施行。国立公文書館・参事院文書「十六年決裁録・陸軍 完」参照）。こうして制定された陸軍治罪法は、井上が難点を指摘した事項をすべて削ったものになる。陸軍治罪法の制定・施行が大きくずれ込んだことについては、井上の反対意見が強く影響したためと考えられる。

制度取調局御用掛・宮内省図書頭

約一年前、宮内省の中に岩倉を総裁心得とする内規取調局が設けられたが、その死後も調査をつづけていた（前述一七三頁参照）。これに対し、「立憲カリスマ」としての自覚を深めた参議伊藤は、憲法制度及びこれと不可分の関係にある皇室制度を合わせて調査・検討する新たな制度取調機関を宮中に設けるべき旨の建議を呈出している（一六年一二月一四日。伊藤伝〈中〉三七一頁。現に四日後、内規取調局は廃止された）。

翌年（明治一七）三月十七日、伊藤博文を長官とする制度取調局が宮中に設けられた。まもなく伊藤が宮内卿を兼任するとされ（二一日）、同時に、明治四年以来、宮内卿を務めていた徳大寺《とくだいじ》実則《さねのり》は侍従長に任ぜられた。このように一般国務を担う太政官でなく宮中に制度取調局が置かれたのは、「主権者の親ら指揮してせしめたもう」に最適な「御座下」だからである。明治維新以来の慣例に反してまで伊藤が宮内卿兼任とされたのは、「内外古今の制度に熟達して、何時の御顧問にも対《こた》え奉るべき」第一人者であったからであろう（三月二四日東京日日新聞参照）。ここで新設の制度取調局と旧来の参事院の関係が気になるが、はたして参事院章程はまもなく改正され（四月）、参事院は、これまでもっていた法律規則案の発議権や意見上申権など、内閣と直接関わる権限をすべて失うことになった。重要政策に関わる問題は制度取調局に移されたのである。

そこで制度取調局の顔触れが重要になるが、まず最初の御用掛（局員）として参事院議官井上毅が兼任のかたちで任命された（三月二一日）。井上の不動の地位を示しているが、さらに五カ月後、宮内省に新設された図書寮のトップも兼任する（八月二七日）。この宮内省図書頭というポストは、「百布《ももしき》の大宮に宮つかへする百の官の其中に、図書の頭ほどいと栄なるものハあらじ」（一九年三月一九日式部次官高崎正風宛て書簡。井上伝史〈四〉四六五頁）と伝えるほど、井上の気に入っていた。その他、同院議官補の伊東巳代治（兼伊藤参議秘書官）、荒川邦蔵（太政官少書記官）、同権少書記官渡辺廉吉《わたなべれんきち》、牧野《まきの》伸顕《のぶあき》など、次いで金子堅太郎（太政官大書記官）、山脇玄（参事院議官補）などが御用掛に任命された（四月中旬）。六月までには米国から帰朝した寺島宗則や前年末に廃止された内規取調局の委員であった尾崎三良（参事院議官）も御用掛となり、参事院から塩田三郎議官、周布公平《すふこうへい》議官補なども登用された。こうして制度取調局は、発足から三カ月後、調査機関として本格的に整備される。

憲法立案問題

こうした陣容の制度取調局は、荒川を中心とした行政裁判法案の研究、尾崎を中心とした国会規則案の取りまとめ、華族制度の検討、そして皇室典範の原初的な案をなす皇室制規案の検討といった実績を残したが（大石・日本憲法史一三三頁以下参照）、その重要な検討事項と目された憲法については目立った成果を挙げていない。それは次のような事情があったからである。

伊藤は甲申《こうしん》事変の処理で清国との間の天津条約の締結（一八年四月）に全権大使として臨み、憲法調査の中心となるべき井上・伊東も随行するなど、かなり多忙であった（前述一一六頁参照）。とくに井上は、その三カ月余り前に締結された朝鮮国との漢城条約（一七年一月）にも井上馨外務卿の随員として外交交渉に臨んでおり、ほとんど日本にいなかった（一七年一二月下旬～翌年四月末頃）。そのため「長官代理」とされた寺島が事実上の局長となるが、そもそも伊藤は、いろいろな人がさまざまな関係から加わった「寄木細工のやうなもの」と見ており（島・近代皇室制度二〇頁参照）、制度取調局に多くを期待していなかった。伊藤は、憲法の調査を取調局の公式作業から切り離し、少人数のグループで内密に検討を進める方針を固めたのである。

そのグループとは、伊藤長官の総括の下に結成された井上毅、伊東巳代治そして金子堅太郎のいわゆる憲法起草トリオであり、筆頭の地位を占めたのは井上である。伊藤と井上の関係は明治八年以来のもので（前述六二～六四頁参照）、その間の往復書簡もかなり多く、少なくとも伊藤から井上宛て書簡は百二十九通、井上の伊藤宛て書簡は連名のものを含むと四百通見出されるという事実からも知られよう（伊藤文書・井上伝史参照）。

他方、伊藤秘書官となった伊東は、二年前の独墺憲法調査に随行してモッセやシュタインの通訳を

牧野伸顕

金子堅太郎

務め、講義録もまとめている（前述一七六頁参照）。この伊東が果たした役割も、井上と並んで無視することができない。実際、伊東から伊藤宛ての書簡は優に七百二十通に及ぶが（伊藤文書〈二〉参照）、常に伊藤と行動を共にし、その関係は「常住形影相伴うて機密にも参じたのは伊東一人」（吉野作造『閑談の閑談』一七〇頁）といわれるほどである。ただ、その事実から伊東の考えが伊藤に大きく影響を与えたなどと速断することはできない。その役割が井上のような政策立案者としてのそれにはなく、むしろ主として秘書官としての立場にあったからである。

そして伊藤滞欧時に元老院書記官であった金子は、寺島元老院議長の依頼に応じて作成した詳細な「各国憲法異同科目」が伊藤に評価されたことなどが縁となって登用されたものである（金子・憲法制定と評論七七頁、八八頁以下参照）。

第八章　立憲君主制への試練

1　責任政治への課題

立憲君主制と太政官制

制度取調局の設置後、宮内卿兼任となった伊藤参議には大きな障害があった。旧来の太政官制度に内在していた統一的な政治的意思形成の難しさである。天皇・皇族の庶務を所管する宮内省の長官という地位にもあったが、太政官制下では、慣行上「御前奏上は……大臣家の専任」（井上毅）、つまり国政に関し天皇に奏聞するのは三大臣（太政大臣・左右大臣）に限られる。そこで伊藤は政府組織の改革案をまとめていたが（明治一八年初め。伊藤伝〈中〉四四一頁参照）、井上・伊東を含めて天津条約の締結などに忙しく、内政改革に向ける余裕はなかった（前述一九〇～一九一頁参照）。

旧来のしくみに不満を募らせた伊藤は、ついに徳大寺侍従長と侍講の元田永孚《もとだながざね》に善処を申し入れた（一八年七月）。三条太政大臣にも、両名のような「宇内の大勢に暗く、時務の得失を弁《わきま》へず、且其の地位にあらず、其の責を負はざる者」との談話のみでは天皇による国政総攬はとうてい覚束ない、と訴えた。伊藤がやり玉に挙げた徳大寺や元田などの側近が、はたして「宇内の大勢に暗く、時務の得失を弁へ」ない人物であったかは、ここでは問わない。立憲的な国政運営という点から重要なのは、むしろ「其の地位にあらず、其の責を負はざる者」が介入する、という意思決定プロセスの問題である。

三条実美

欧州の立憲君主制によれば、国政について責任政治の原則が求められるが、責任政治を行うには国政の意思決定方法を統一し、責任を負う機関がなくてはならない。その役割を担うのは、原理上無答責とされる君主に助言し、国政を運営する諸大臣である。そこで君主と大臣の関係は密接で、その間の意思決定も一元的でなくてはならない。しかし、太政官制は、天皇と実質的に国政を担う参議との間に三大臣を介入させるもので、統一的な政治的意思形成をそこなうしくみと映る。

伊藤にも悩みがあった。黒田清隆が秋の政変・開拓使官有物払下げの中止により失脚し（一五年一月免職）、内閣顧問に追いやられて伊藤への反感を募らせていたのである。そこでいわば懐柔策として、岩倉死去後空席になっていた右大臣に黒田を充てようとし、当初反対した天皇の認許も得られた（一八年一一月）。この黒田右大臣登用案は、三大臣廃官を含む立憲君主制の構想と矛盾するが、黒田の固辞に遭って頓挫し、黒田からの内閣顧問辞官も却下されたため（伊藤伝〈中〉四四八頁以下参照）、矛盾が表面化することはなかった。しかし、この事件を機に政府組織改革への動きが本格化する。

政府組織改革への動き

伊藤の内意を受けた井上は、官吏に関する「責任の行政規則案」試案を伊藤に提出し（一一月一九日伊藤宛て書簡、井上伝史〈四〉九一～九二頁）、つづけて「経国立政の大綱」を示す「デクレー」（詔勅）案、その「デクレーの説明、又は補足」を示す「インストリュクシヨン」（訓示）案の検討結果を報告している（二四日、井上伝史〈四〉九二～九三頁）。尾崎三良は「此変革は余程秘密に且つ急速に且つ巧みに運んだ」と記し、「是には井上毅、伊東巳代治などが帷幄の参謀であった」などと記し（尾崎自伝〈中〉一一三頁）、憲法起草トリオが暗躍したことを示唆する。実際、井上だけでなく伊東・金子両名も関与していたことは、「内閣組織法案」に言及した伊藤が「三盟兄」宛てにしていること（一二月一〇日、井上伝史〈五〉三一頁参照）からも知られる。

井上としては、「今度の勅定並に官制は、実に将来憲法の基本として、議院に対する内閣之城壁」を形づくるものとして（同一一日伊藤宛て書簡、井上伝史〈四〉九三～九四頁）、一字一句疎かにできない。内閣組織問題は憲法体制を大きく左右するとの岩倉意見書などで強調した視点は——ここでも「交詢社の私擬憲法」と対比しつつ——貫かれている（前述一三三頁、一三八頁参照）。井上はいう、「内閣の組織において、英国風に類似の傾きを生じ候はゞ、将来にウォト、オフ、コンヒデンス〔信任・不信任決議〕の媒介となるは、必然にこれあるべきか、望むらくは独逸流の憲法上、合議責任の特例を除く外、各自責任の意味最も明白に相見え候様、これありたき事に存じ候……此事パル、メンタリ、システムと、コンスチチュシオナリ、システムとの岐途と存じ奉り候」と。前者がイギリス流議院内閣制、後者がドイツ流大権内閣制を意味することはいうまでもない。

三大臣廃官を前提に立憲君主制を実現しようとすれば、現に長く太政大臣の地位にある三条と左大臣熾仁親王の処遇が問題となる。左大臣については「元から親王なれば、左大臣を罷められた所が軽重を為すに足らず」（尾崎自伝〈中〉一一六頁）という事情もあり、とくに心配はいらない（現に改革後、参謀本部長専任となる）。他方、三条について、尾崎などの側近は伊藤右大臣案を推していたことから、太政官制の存続を前提とした処遇を望んだようである。しかし、三条自身は、内閣組織改革の必要と自身の解職を天皇に奏議した別冊（同書三三九～三四〇頁。その奏議文自体井上の代草。井上伝史〈六〉一七一頁以下）を添えて「今日廟堂の実際に就き、国家将来の為を図り候に、他に求むべき策これなく、反覆思考を尽し決定、奏議に及び候」と伝えている（同二〇日、尾崎自伝〈中〉一一四頁）。

太政官制廃止と内閣制度

こうして内大臣・宮中顧問官などを置き、旧来の太政官職制（太政大臣・参議・各省卿）を廃し、内閣を設けて総理大臣ほか宮内・外務・内務・大蔵・陸軍・海軍・司法・文部などの諸大臣を置き、参事院と制度取調局を廃止する改革が行われる（二二日）。御璽・国璽を尚蔵する内大臣は「常侍し及宮中顧問官の議事を総提」し、宮中顧問官（一五人以内）は「帝室の典範儀式に係る件に付き、諮詢に奉対し意見を具上す」るが、ともに国政上の役割は期待されていない（松田好史『内大臣の研究』参照）。そして内大臣に三条、総理大臣兼宮内大臣に伊藤、他の各大臣にそれぞれ井上馨・山県・松方・大山・西郷・山田・森有礼などを充てる人事も行われた。ここに「門地血脈の跡を留めず」「公卿の隻影を見ず」（明治政史〈上〉四八二、四八三頁）という伊藤内閣が成立するが、宮中顧問官（六名）と元老院議長大木、同議官（一四名）の人事も済んだ。

その日、内閣職権七カ条も制定された（官報不掲載）。総理大臣は「各大臣ノ首班」として「機務ヲ奏宣シ旨ヲ承テ大政ノ方向ヲ指示シ行政各部ヲ統督」し、「行政各部ノ績ヲ考ヘ其説明ヲ求メ及ヒ之ヲ検明スル」権限が与えられ、「凡ソ法律・命令ニハ内閣総理大臣之ニ副署シ、其各省主任ノ事務ニ属スルモノハ内閣総理大臣及主任大臣之ニ副署スヘシ」とする、いわゆる大宰相主義の考え方に立つ。

翌日、内閣改制に際して「各部に至ては官守を明かにし以て濫弊を除き、選叙を精《くわし》くし以て才能を待ち、繁文を省き以て淹滞《えんたい》を通じ、冗費を節し以て急要を挙げ、規律を厳にし以て官紀を粛《おごそか》にし、徐《ゆる》くに以て施政の整理を図らんとす」との勅語が掲げられた（二二日）。天皇が「諸大臣に望む所」を明らかにする趣旨であるが、ほぼひと月前、井上が伊藤に「官に定員を限る事」「選叙〔任官〕を精しくし、試験を行ふ事」「文書の繁を省く事」「経費を節する事」の四項目を一つ書きにするよう提案した「インストリュクシヨン」案（前述一九五頁参照）を取り込んだもので、井上の強い影響を見ることができる。同日、内閣に法制局が設けられ、その官制も公布された。長官のほか「法律命令の起草審査を掌る」参事官二十人などからなり、行政・法制・司法の三部が置かれ、長官に山尾庸三（宮中顧問官兼任）、参事官には前日に廃止された参事院・制度取調局の多くが登用された。

こうした一連の政府組織改革はどのように受け止められたのか。官紀五章（後述）が伝達された翌日、井上は、皆異口同音に「一言も異議を容れるべきなし」とするきわめて好意的な反応が得られ、「中江篤介〔兆民〕之門人など、尤も賛成の之意を表し候」ことを伊藤に伝えた（二七日夜、井上伝史〈四〉九四頁）。かつて敵対関係にあった民権派をも得心させた井上の満足げな様子が滲み出ている。

臨時官制審査委員

伊藤総理大臣は、三日前の勅語をうけて、その趣旨を敷衍した「各省事務ヲ整理スルノ綱領」、いわゆる官紀五章を伝達し、各省大臣に「此範囲内に於て便宜参酌し、案を具へて閣議に提出すべし」と訓示した（二六日）。その際、「一、官守を明かにする事」「二、選叙の事」（任官のあり方）「三、繁文を省く事」「四、冗費を節する事」「五、規律を厳にする事」を挙げ、具体的な綱領・大要・標準などを明示し、なるべく均一にするよう方向づけた。その内容は、井上が七年あまり前に出した官吏改革意見案と基本的に変わらないが（前述五七頁参照）、作業を早急に進めるため、井上を委員長とし、伊東・金子両総理秘書官、法制局参事官三名を加えた臨時官制審査委員が任命された。

本来なら、十四年以来不動の地位を築いていたロェスラーの出番であるが（前述一三三～一三四頁参照）、日本代表としてベルギーで開催される万国商法編輯会議に七月上旬から派遣されている（翌一九年二月初め帰国）。年末に頂点を迎える体制改革問題（前述一九六～一九七頁参照）の間もずっと不在であったため、三年前に来日したドイツ人顧問、C・ルードルフとH・テヒョーが代役を務めた（前述一六五頁参照）。前者は、総理大臣や秘書官の求めに応じて各種法令の布告の基礎となる公式法布告案や「立法権及び行政権の執行並大臣の地位に関する法案」という名の憲法草案などを作成し、後者はそれへの意見を求められている（大石・憲法史の周辺八二頁以下参照）。

翌年（明治一九）一月半ば、井上は「大蔵省は金子に、内務・司法は山脇に、文部・農商務は荒川に分担倚嘱《いしょく》いたし候、外務・駅逓［逓信］は、いまだ今日迄呈出に成り申さず候」と伝えている（一六日伊藤宛て書簡、井上伝史〈四〉九六頁）。この分担倚嘱は「各省均しく依らしむべき」通則とは区別された「一省毎に体制を異にする」各省に関するもので（後掲・伊東書簡参照）、すでに「各省に通ずる規則」と「各省特に掲ぐべき者」を区分する各省官制構想が固められていたことを示す（井上伝史

〈五〉六九一頁「各省官制大綱ニ関スル意見」〈井上自筆〉参照）。ここに言及のない宮内省関係は、宮内大臣伊藤と図書頭井上の許で進められるが、まもなく宮内省官制が制定され（二月四日）、翌五日には宮内次官に吉井友実《よしいともざね》、宮内書記官・内事課長に櫻井能監《さくらいよしたか》を充てるなどの人事も行われた。

このように官制審査委員の作業は短期間に精力的に進められ、ほぼ一月末までには最終案が得られた。実際、伊東はまもなく帰国予定のロェスラーの意見を訊くため、各省官制「通則案英訳は今朝より取り掛かりおり候……其内公文式の意見書も出来申すべく」云々（二七日書簡。伊藤文書〈二〉三五頁）、三日後にも「各省通則印刷出来候……御指図次第、直に各省大臣へ配布仕るべく候」と、伊藤に伝えている（三〇日書簡。同書三六頁。二月初めに届けられたことは二日伊藤宛て井上外務大臣返信。伊藤文書〈一〉二〇〇頁参照）。

公文式・各省官制など

ほぼ出来上がっていた公文式と各省官制は、ロェスラーの帰国後（二月初め）、その最終確認をまって上奏案を確定させるという手順がとられた。実際、その詳細な「公文式之意見書」「法律命令意見書」（法制関係〈上〉一頁以下、法制史料〈六〉三頁以下）について二月下旬まで審査委員の検討がつづけられ、伊東は、各省官制「通則案、本日委員長［井上］へ差出し置き、追って委員会を開き、逐条討議決定の上、御手元へ提出の筈にこれあり候」と伝えている（二三日伊藤宛て書簡。伊藤文書〈二〉三六頁。大石・憲法史の周辺八九頁以下参照）。

こうして、法律命令の公布・布告や親署・鈐爾《けんじ》（天皇の署名・押印）の格式などを定めた公文式、二日後には国家行政組織の通則や各省の職責・権限を定めた各省官制が相次いで制定された（二月）。前者は、大宰相主義の考え方から「法律勅令ハ内閣ニ於テ起草シ又ハ各省大臣案ヲ具ヘテ内閣ニ提出シ総テ内閣総理大臣ヨリ上奏裁可ヲ請フ」とするが、「凡ソ法律命令ハ官報ヲ以テ布告」するとして、いわゆる形式的公布制度を採り入れている（前述一六三頁参照）。

他方、各省官制は、文字通り「各省均しく依らしむべきもの」を定める各省官制「通則」編と外務省から海軍省まで「一省毎に体制を異にするものを別則」としてまとめた部分とに分かれている。前者は、各省大臣や次官、大臣官房などを置き、それぞれの職権・職掌などを統一的に規定したもので、官紀五章の趣旨を実現している。ちなみに、そうした通則と別則を一括りにする官制は、明治憲法制定後に全面改正され、各省官制通則（二三年三月）と各省別の官制に分けられた（同月。後述二五五頁参照）。

三月に入っても、帝国大学令（一日）、高等官官等俸給令（一七日）の制定、参謀本部条例の改正（一八日）、元老院官制の改正（二九日）などと続く。このうち帝国大学令（一九年勅令三号）は、一連の官制改革とは無縁のように映るが、必ずしもそうではない。それは帝国大学を「国家ノ須要ニ応スル学術技芸ヲ教授シ及其蘊奥ヲ攷究スル」機関と位置づけ、そこに「学術技芸ノ蘊奥《うんのう》ヲ攷究」する大学院と「学術技芸ノ理論及応用ヲ教授スル」分科大学を置き、これに法科・医科・工科・文科・理科の五つを設けた。これにより、広範な知見を活用して制度設計を行うための「国制知」（瀧井一博『ドイツ国家学と明治国制』二頁、二二一頁参照）を育み、「国家ノ須要ニ応スル」官僚を養成する狙いをもっていたからである。

関西清遊

さて、井上毅は、宮内省図書頭・臨時官制審査委員長として激務をこなしてきたが、内閣制度の発足にともなう官制改革や要人・官吏処遇問題も一段落した三月半ばから四月初めにかけて、関西を旅行する機会を得た。尾張の津島から伊勢へと向かう様子を、井上は「劣生、特恩を以て旅行の機を得、四日市より上陸し、熱田［神宮］に参詣し、尾張城天守閣に登覧し、［岐阜］養老瀑に一泊し、琵琶湖を経て石山寺に至り、鹿飛《しかとび》之山路を攀《と》ぢ、宇治に出て、奈良より吉野に赴き、所々之勝地を探り、誠に近来之清遊にて、宿疾頓《とみ》に軽快を覚候……明日より伊賀路を経て伊勢大廟［神宮］に謁し、帰京仕るべく候心得に之あり候」と描いている（四月二日伊藤宛て書簡、井上伝史〈四〉九八頁。三月一六日高崎正風・丸山作楽《まるやまさくら》宛て書簡、同書四六五頁）。

よく忙中閑ありというが、その時機を得て体調の快復を実感している井上の穏やかな表情が浮かぶ。この旅程中、石山寺から宇治にいたる経路は、おそらく井上が与謝蕪村の「宇治行」を読んでいて、今でいえば瀬田川を南下する宇治川ラインに沿って鹿跳渓谷《しかとびけいこく》を経由する行程を辿ったのであろう。そして吉野を訪ねた際、足利尊氏に敗れた後醍醐天皇が南朝を建てた往時を偲んだのか、井上は「あはれとも見るべかりけり山桜仮の都のかたみと思へば」と詠んでいる（井上伝史〈六〉一五頁）。

その後も春から夏にかけていろいろな分野で整備が進められた。森文部大臣が進めた学校関係を除くと（後述二八二頁参照）、中央官庁関係では、会計検査院官制（四月）、治安・始審・重罪の三種の第一審裁判所や控訴院・大審院・高等法院という上訴裁判所を設ける裁判所官制（五月）、さらに地方自治のため地方官官制（七月）などであるが、ここでは省略せざるをえない。

2　基本法の起草

起草方針

このように各種制度が整いつつあった五月頃、総理大臣伊藤博文は、井上・伊東・金子の憲法起草トリオ（前述一九一頁参照）に対し、欽定憲法主義・大権内閣制・両院制議会などの原則を確認するとともに、基本法の起草方針を明らかにした（金子・憲法制定と評論一三三頁参照）。この基本法とは、憲法・典範のほか憲政運用に不可欠な一連の憲法附属法（議院法・選挙法・貴族院令など）を意味し、基本方針とは、第一「皇室典範を制定して皇室に関する綱領を憲法より分離する事」、第二「憲法は日本の国体及歴史に基き起草する事」、第三「憲法は帝国の政治に関する大綱目のみに止め、其の条文の如きも簡単明瞭にし、且つ無将来国運の進展に順応する様、伸縮自在たるべき事」、第四「議院法、衆議院議員選挙法は法律を以て定むる事」、第五「貴族院の組織は勅令を以て定むる事、但し此の勅令の改正は貴族院の同意を求むるを要す」、第六「日本帝国の領土区域は憲法に掲げず法律を以て定むる事」、第七「大臣弾劾の件を廃し上奏権を議院に付与する事」を指す。

このうち皇室典範と憲法は井上、議院法は伊東、そして貴族院令と選挙法は金子が担当するというように、各起草主任も定められたというが、金子の記憶に頼った回想であり、どこまで事実に近いのかよくわからない。実際、伊藤や井上などの書簡類をみても役割分担の話は見当たらず、貴族院令（第五項）は、当初「元老院組織権限法」、次いで「貴族院組織令」として起案されたものだからである（稲田・憲法成立史〈下〉一一三三頁以下、原田一明「貴族院令初期草案の作成」梧陰研・明治国家と井上四

阪谷芳郎

二五頁以下参照）。とはいえ、第一点と第二点は数年前からの確認事項であったし（前述七三頁、一三九頁参照）、制度取調局の設置後まもなく憲法起草グループが形成され、折に触れ機に臨んで伊藤が基本的な憲法観や起草方針を伝えるとともに、その中で議論が交わされて大まかな合意に達していたことは大いにありうる。

そこに基本法の一角をなす会計法が見えないのは、その特殊性に由来する。そもそも国の財政は基本法が整備される以前から恒常的に運営され、その規律もかなり蓄積されていた（一四年四月会計法、翌年一月改正会計法、一七年一〇月会計年度改定、一八年三月歳入出予算条規など）。こうした財政関係法規の基調をなしたのは、大蔵省の財政統制権の確立という流れである。そこで会計法は、新たに規律を設ける他の基本法と異なり、大蔵官僚に原案作成を任せるのが適当とされ、制度取調局設置後まもなく大蔵省に入った阪谷芳郎《さかたによしお》を中心に起案されている（小柳・会計法三〜四頁参照）。

もっとも、井上などがその検討に無関係だったわけではない。井上は松方大蔵大臣に頼まれ、「小生素而不案内の事にも候へば、定めて杜撰少なからず」と断りつつ会計法草案に対するコメントを提出している（二〇年一一月一一日）。その一カ月余り後にも「会計法第一修正案」を内見して、「第一案に比較すれば益々周密整理に就き、幾《ほとん》ど完璧の法律となり、大体賛成」と評価しながら、重要な指摘をしている（一二月二一日。ともに井上伝史〈四〉五一〇頁参照）。ただ、その場合でも「偏に主任起草員の撰擇に任せ候」

と述べ、あくまで起草責任者ではないとのスタンスに徹していた。

皇室関係法の検討

具体的な草案作りは、憲法より皇室関係法が先行する。尾崎・牧野・香川などを中心に、制度取調局において皇室法案の検討が進められていたからである（前述一九〇頁参照）。その成果は内閣制度発足直後に「皇室制規」としてまとめられたが（宮内省立案第一稿。小林＝島・皇室典範〈上〉五八～五九頁参照）、その「皇位継承ノ事」「摂政ノ事」を見た井上は、伊藤宮内大臣に長文の「謹具意見」を送り、一時的な女帝でなく女系をみとめ、皇女からその皇子に継承することを定めている点を厳しく批判するとともに、摂政を置く場合にも議院に問わないこととし、場合により譲位をみとめることが妥当と論じた（井上伝史〈二〉六九五頁以下参照）。

今日でも女帝の問題と女系の問題は混同しやすいが、この意見は皇室関係法に関する井上の考え方をよく表している。基本的視点は岩倉意見書と同じで、「政治法律百般の事は尽々《ことごと》く欧羅巴に模擬すること可」だが、「皇室継統の事は祖宗の大憲あるなり、決して欧羅巴に模擬すべきに非らず」とする。そもそも「我国の王室の系統は、祖宗以来不文の間に自ら不抜の憲法を存したれば、強ちに事新らしく掲載するの要用あることなく」「王家の事に就ては寧ろおほらかに一つの大綱を掲ぐるに止まり、其佗の事は之を不文に附する方、然るべきに似たり」と。この「大綱」とは「皇統は、皇祖の遺範に遵《したが》ひ、万世一系、神孫の承くる所とす」との一条であるという。たとえ「相続の事の大綱」が必要だとしても、「先帝登遐《とうか》［崩御］の際定まれる皇太子又は皇太孫なきときは、嫡長の順序に従ひ、皇子又は皇孫、大統を継ぐべし。皇子皇孫なきときは、皇兄弟皇諸父に及ぶべし。親王なきときは、諸王大統を継ぐべし」と加えれば済み、「其の佗は幼冲《ようちゅう》摂政の事及皇族の典範のみにて足れり」と説く（同書七〇四頁）。

その結果、女系による皇位継承を外すなどして条項を簡潔に整えた「帝室典則」がつくられる（一九年二月下旬、宮内省立案第二稿）。これに対しても、井上や元老院議官土方久元《ひじかたひさもと》などから立法技術的な疑問や意見が寄せられ（四月中・下旬）、その修正案が伊藤から三条内大臣に提出され（六月一〇日）、佐々木・寺島・副島などの宮中顧問官の評議に付される（七月下旬まで）。しかし、宮中顧問官の評議に満足しない伊藤の反対で天皇の裁可を得るにいたらなかった。

このように皇室関係法は初め「皇室制規」として起案され、のち「帝室典則」として検討されたが、秋には表舞台から姿を消してしまう。次にその動きが表面化するのは翌年（明治二〇）一月以後のことで、伊藤に改めて起案を依頼され、精力的な検討をつづけた元老院議官柳原前光（賞勲局総裁兼任）が膨大な「皇室法典初稿」（全二一章一九二カ条）を伊藤に提出したからである（小林＝島・前掲書六三頁以下参照）。伊藤は、尾崎などとともに三条内大臣に親しく皇室法にも明るい柳原に託したのである。

皇室典範草案と高輪会議

皇室法典初稿を伊藤から示された井上は大鉈をふるい、「皇室典憲」（全六章三八条）と「皇族条例」（全一〇章七七条）に分けてまとめた。これには「台命の旨により、即ち皇室典範と皇族条例との両部に分ち起草致し、呈覧奉り候」とあるように（二月二六日伊藤宛て井上書簡、井上伝史〈四〉一〇二頁）、伊藤の判断が深く関わっている。井上自身「右両様に分ち候事は……簡繁各々其所を得る為に最良法」と伝えたが、それには理由があった。実は、柳原が精力的な検討をつづけていた一月上旬から、井上は「王室家憲」をめぐる問題についてロェスラーと問答を重ね（法制史料〈六〉三〇頁以下参照）、「純然たる王家に関る事項にして、国民と主権者との間の関

ロェスラー

係にあらず。並に国権執行の原則に関渉せざるものは、之を憲法より除くことを得べし」「皇族に関する一切の規定を家憲に譲るを得べし」といった教示を得ていた。井上としては、自ら起案している憲法との調整を考えなければならず、長大な法典は基本法に相応しくないと判断したのである。

井上の分割修正案は柳原にも届けられたが、納得できない柳原は、改めて井上案をやや縮小した皇族条例案と逆に皇室典憲案を大幅に増やした「皇室典範再稿」（全一二章一一九カ条）を伊藤と井上に届け、皇室法規の考え方について統一を図るため会議の開催を求めた（三月中旬）。そこで伊藤・井上・柳原、それに筆記役伊東を加えたいわゆる高輪会議が開かれ（三月二〇日）、井上が認める余地を残すべきだと主張した譲位制は否定されるが、天皇の尊号は「天皇」に統一され、皇室財産の細則事項なども削られた結果、皇室典範案は大きく縮小されている（全七〇カ条）。

皇位継承については、第一順位の皇嗣に精神・身体に不治の重患や重大な事故があり、継承順位を変更する必要が生じたときはどうするかという問題もあった。柳原は元老院に諮詢して決定する考えだったが、井上が疑問視したため、改めて天皇の専権に属すべきか宮中顧問官に下問すべきか、それとも皇族と元老院に諮詢すべきかの検討が迫られた。ロェスラーは、成年以上の王室の男子、王家事務の最上監督権をもつ宮内大臣、法律問題の最上顧問としての司法大臣などからなる「皇族会議」に諮詢し、その結論を踏まえて皇位継承順位を変更すべきだと答えた（四月四日）。これが採用されて後

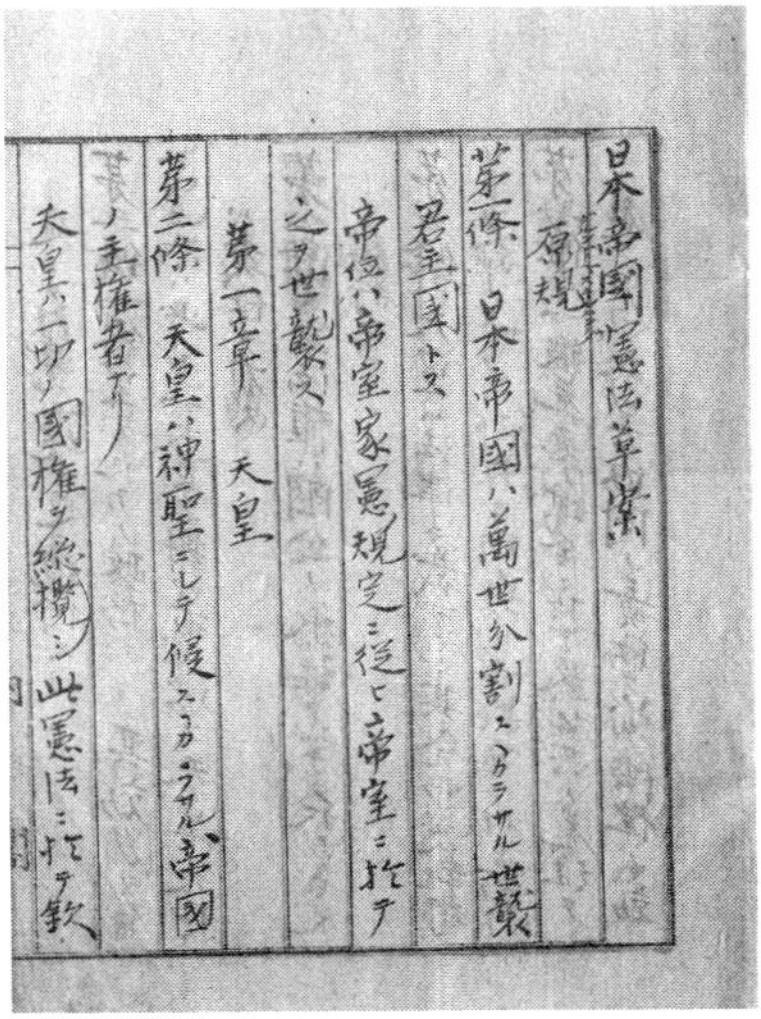
日本帝國憲法草案
原規
第一條　日本帝國ハ萬世分割スヘカラサル世襲君主國トス
帝位ハ帝室家憲規定ニ従ヒ帝室ニ於テ之ヲ世襲ス
第一章　天皇
第二條　天皇ハ神聖ニシテ侵スヘカラス天皇ハ帝國ノ主權者ナリ
天皇ハ一切ノ國權ヲ總攬シ此憲法ニ於テ欽

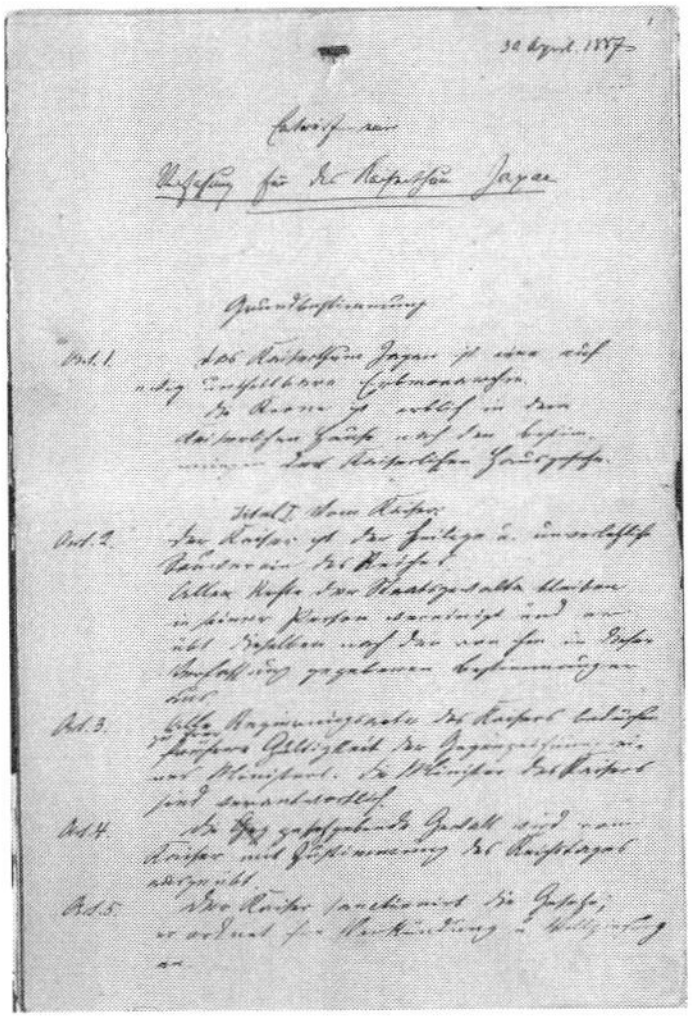

ロェスラー憲法草案・ドイツ語原文

の皇室典範の「皇族会議」となるが、今の典範が定める「皇室会議の議により」継承順位を変更するというしくみもそこに由来する。

　これで皇室典範案の大枠はほぼ固まるが、柳原はその後も「皇室典範艸案《そうあん》」（全一二章七九条）を伊藤・井上に差し出し（四月下旬）、井上もそれを修正した典範草案を作成したが（全一二章七七カ条）、同時に、柳原の依頼をうけて条文ごとの解説文を起案するという作業にも取り組んでいる。事実、二月下旬以後、井上は「皇室典範の為に歴史上の考証を主とし、説明書試草致し候」と伝え（二六日伊藤宛て書簡）、柳原が右の艸案を井上に提出した際、「説明書或は義解と称すべき歟御立稿相願いたく」と頼まれ（四月二七日書簡。井上伝史〈五〉二三八頁）、憲法甲案・議院法案（後述）を提出した時にも「旅行中も怠らず、王室法の説明に従事いたし候」と約束している（五月二三日書簡。井上伝史〈四〉一〇四頁)。

だが、この頃を境に皇室典範をめぐる動きはまたも表舞台から姿を消してしまう。次にそれが表に出るのは、憲法草案の上奏が近づいてきた翌年(明治二一)春になってからである。この頃、伊藤・井上などの憲法起草者は、上奏案を確定するため典範についても再検討の作業に移っていたからである。その結果、典範草案はさらに絞られ(全一二章六八カ条)、これにも再検討が加えられて四月初めに枢密院の審議に付す最終的な典範上奏案が確定するにいたる(六六カ条。奉呈日不明。ただし、後述のクルメッキ意見書の衝撃がある。二三〇頁以下参照)。

憲法甲案・乙案

憲法案の本格的な起草は十九年秋頃に始まっていたようで、井上は「昨冬来追々教示を承り候主義に依り候へば、「ローヤル、プレロガチーフ」を憲法に掲挙候は、却って矛盾の嫌いあるか。嘗て承り候教示の旨に従へば、むしろ帝王大権は……詔勅の中に平叙し……憲法条章の中には掲げざる方、体裁の宜しきを得るかと存じ奉り候。因て試に別紙起草、御参考に供し奉り候」と伊藤に伝えている(一一月二二日、井上伝史〈四〉九九頁)。初めの一文は、すでに十八年冬頃から基本的な憲法観や起草方針を伊藤が指示していたことに符合するが(前述「起草方針」参照)、試草「別紙」は「朕祖宗の遺烈を承け万世一系の帝位を継ぎ」云々で始まる憲法上諭の草案を指す。条文本体の起案も進められ、翌二十年三月には憲法「初稿」がつくられたが(全四章三九カ条)、司法・裁判、財政・会計などの規定を欠く簡短なもので、未完の草案にとどまる。

続いて井上が草したのは「乙案」と名付ける本格的な憲法草案である(全八章七九カ条)。これはなるべく「私意」を交えず「務めて許多の条章を列挙する」という方針で作成されたが、まもなく憲法

「甲案」（正式草案の意）も伊藤に届けられた。これは「根本条則」「国民」「内閣及参事院」「元老院及代議院」「司法権」「租税及会計」「軍兵」からなる包括的な草案である（全七章七二カ条）。両案にはかつて岩倉意見書で強調された基本原則――「帝位継承法」のあり方は憲法から分離する、大権内閣制をとる、前年度予算制を採ることなど――をすべて盛り込んでいる。

この時、ロェスラーも伊藤の命をうけて起案にたずさわり、井上が乙案を提出した頃「日本帝国憲法草案」を仕上げた（四月三〇日。全八章九五カ条。法制史料〈六〉一六頁以下。梧陰文庫Ⅱ四六八〈独語原文〉参照）。これは、井上案と異なり、議会の予算議定権に多くの制約を設けている。そこで井上は、財政部分を素材としてロェスラーにいろいろと疑義を質し（六月一〇日・一四日答議など。法制史料〈三〉四七頁以下参照）、自らの草案「租税及会計」条項の再検討を進め（六月中旬）、その影響の下に作られた夏島草案（八月中旬）への批判を展開する（後述二二四頁参照）。

五月二十三日、井上は、伊藤に「本日生亡母祭日に付き、出勤仕り兼ね候」と詫びつつ（前述一七頁参照）、「甲案 附ロスレル・モスセ両氏答議」「甲案正文」「議院法」の三点を差し出し、「一応ご流覧を経候て、甲乙両案の間、台意を以て取捨の方嚮示されたく、然る上にて更に固めて一案となし、猶又僚員会議研究いたし候て、終りに説明も起草仕るべく候哉と心組み仕り候。何分重大之事に候へば、御多事中とは申し乍ら、概略の処ご自身御取捨御加筆たまわり候はゞ、大幸の至りに存じ奉り候。其上にて文字之辺は、再応練り候て一之議事之応案之体となし、印刷いたし、更に再三の御指揮を仰ぎ候事と相心得たく存じ奉り候」と伝えた（井上伝史〈四〉一〇四頁）。

伊藤の役割の大きさとともに今後の手順の概略を示すが、「僚員会議研究」というのは起草トリオによる検討作業を指す。甲案に「ロスレル・モスセ両氏答議」を添えたのは、乙案同様、井上が憲法上の諸問題についてロェスラーやモッセと問答を重ねてきたからで、その数は問答のない司法権・軍兵の二章を除いて約三十件に及ぶ。ここに逐一紹介する余裕はないが、岩倉意見書の作成に向けた十四年六月頃から直前の二十年五月十六日までの答議を含んでいる（憲法資料〈上〉三〇九頁以下参照）。

「議院法」構想

井上は、憲法甲案と同時に最も重要な憲法附属法、議院法の草案も伊藤に届けた。

これについては、「各国之参照を附し候事、中根重一へ托し置き候……又議事法細目研究仕りたき心得にこれあり候」と記している。この中根重一《なかねしげかず》は、ブルンチェリー『政治学』その他を翻訳したドイツ語に堪能な外務省翻訳局翻訳官を指し、議院法とは、憲法乙案とほぼ同じ頃、伊東が中心となってまとめた「議院法試草」（全一二章五七カ条。憲政文書二五一）を指す。これは第二次案に当たるが、こうした議院法（法律）は、両院制をとる立憲君主国では異例である。法律だと両議院の合意のほか君主の裁可を必要とするため両院制の趣旨とも合わないし、各院の議事手続はその議院自ら自由に定めるという議院自律権（自治権）に反するからである。にもかかわらず、起草者があえてその構想に立ったのは、両議院の内部組織・運営のあり方が憲法体制を左右しかねないからで、とくに大権内閣制を国政運用の基本にするなら、政府に大きな脅威となる民選議院（下院）の自治的な動きを封じるしくみが必要となる。実際、それを裏付ける例はドイツやオーストリアにあり、起草者はそこにヒントを得ていた。

しかし、議院法の構想が異例である以上、相応の理由づけが欲しい。そこで井上はロェスラーに対し、「各国に於いて、議院の組織及議事法の大要は、之を憲法に掲げ、而して其細則は、之を議院自治の権に任ずるを通例とせり。独り巴威児《バヴィエル》及墺地利《オーストリー》に於ては、憲法の外に別に議院の事務に係る法律ありて、其法律には……議院規則に（即ち議院自治の権に依り、自ら制作したる所の規則）委ねたる内部の規定をも包含して記載したり。我国に於て新に議院を設立するに当ては、巴威児の例に倣ひ、憲法の外に別に議院法律を設くること、尤も適当にして、且つ将来に便利なりと信ずべきに似たり。右に付き、貴下の意見を示されんことを乞ふ」と、要点を押さえた問いを発している（五月九日）。

その二日後、ロェスラーは「予も亦法律を以て議院の事務順序を定めるを必要と認め」る長文の回答を寄せた（法制史料〈二〉一三九頁以下参照）。これが起草者を勇気づけたことは間違いない。現に、前記「議院法試草」の冒頭には、「墺国及巴威璽索遜《ザクセン》等の例に依らむとするなり、其詳細はロイスレル博士の答議に具はる」との書込みが見られ、自信をのぞかせている。

そうした草案を極秘に検討する——「要査閲の緊要書類これあり、閑地に就いて熟閲細考」する——ため、伊藤は、六月一日午前、霧雨の中、伊東と金子を随行して神奈川県金沢の旗亭「東屋」に向けて出発する（同日三条宛て書簡、女婿末松謙澄《すえまつけんちょう》宛て前日書簡。伊藤伝〈中〉五二五～五二六頁参照）。このように記すと、皇室典範・憲法草案などの検討は順調に進んでいるように見えるが、実はその間、基本法の立案作業をリードしてきた伊藤や井上は、別の重大問題への対応にも追われていた。

末松謙澄

3　条約改正問題

条約改正会議と裁判管轄条約案

先の条約改正予議会の結果、一八八四年（明治一七）夏には条約改正交渉の基礎とすべき覚書が各国公使に交付されたが、外国人判事の任用などの特殊保証は井上を激怒させ、暗礁に乗り上げる事態を招いた（前述一八二頁以下参照）。しかし、対外的には予議会終了後に個別交渉が進められ、ほぼ各国政府の賛意を得られた。そこで日本側はそれを基礎とした条約改正案を極秘裡に作成することになる。外務省顧問H・デニソンが起草し、外務・司法両省で検討するなどして作業が進められ、条約改正原案が一応完成したが（一八年四月下旬）、政府はそれを各国全権委員に内密に通知し、その反応を参考にしつつ最終的な条約改正案を確定した。

その案が提出された条約改正会議は、翌年（明治一九）五月一日から翌年四月二十二日まで、合計二十六回開かれる（外交文書〈会議録〉三四三頁以下）。憲法起草グループが皇室関係法や憲法・議院法などの立案に携わっていた時期であるが、この時、井上馨は、内閣制度発足により外務大臣として、青木外務次官などとともに会議に臨んだ（世外井上伝〈三〉八四八頁以下）。

会議では、日本側配布の改正案が不適当とされ、通商航海条約案と裁判管轄条約案に分けた改正案を基礎とした談判が進められた（第六回、六月一五日）。次の第七回会議（同二九日）において、改正条約締結後二年以内に日本全国を外国人に開放して日本人と同じ権利・特権を与えること、日本政府はその期限内にヨーロッパ流の諸法典を編纂・布告し、その英訳を改正条約施行前に諸外国政府に通達すべきことが確定した。そこで司法省内に井上外務大臣を委員長とする法律取調委員が設けられ（八月六日）、特命全権公使西園寺公望、ボアソナード、三好司法次官、司法省顧問W・カークウッドなどが委員に任命された（翌年春、弁理公使陸奥宗光、ロェスラーやモッセなど追加任命。二〇年四月一二日）。会議最終日（四月二二日）に確定した裁判管轄条約案には、内地解放・内外人同権と各種法典の編纂・外国政府への通知のほか、外国人裁判官の任用、それを裁判組織の多数派とするという内容が含まれていた。日本の裁判所が、外国人を一方の当事者とする民事訴訟を裁判する場合、判事の多数は外国人裁判官（選定は日本政府）で占めるというものである。この件は、すでに前年（明治一九）の第六回会議に日本政府が提出していた条約草案に含まれていたが、本格的な検討は第八回会議（一〇月二〇日）から始まり、最終的に右の条約案に落ち着いたが、その間、対応策として帰化法制定も検討されている（後述二五七頁以下参照）。

三好退蔵

ボアソナードの憤激、井上毅の呼応

この裁判管轄条約案が実施されると、日本に不利になることは眼に見えている。ボアソナードが憤慨していることを聞いた井上は、法制局参事官などからの伝聞だと断りつつ、伊藤に「或る親密之交際ある日本人」に語ったという、「余は今日、日本人の為に喪に居るの心地す」と嘆く「極秘之話」を伝えた（五月七日、井上伝史〈四〉一〇三～一〇四頁）。「日本は将に回復すべからざる哀惜の地に沈まんとす……条約改正の

談判、段々に外国公使の為に侵入され……総て日本の為に甚しき不利益の点に落ち、将来この改正より生ずる結果は、遙かに旧条約にも劣るに至らんとす。此上は只だ日本人民の輿論、又は内閣の注意を以て改正に抵抗し、遂に批准を経るに至らずして、旧条約を継続する」のみと。

当初伊藤は浮説の類と受け取ったが、「内外に関係したる重大之事に相聞え、且語気激切に相覚え候」井上に、直ちに面会して真意を確かめるよう指示した（五月八日。井上伝史〈五〉三三一頁）。井上が「秘密を守ること」を約束して詳細を聞くと、ボアソナードは外務大臣・次官に持論を述べたが聞き入れられなかったこと、山田司法大臣に注意したものの権限外として一蹴されたことを打ち明けるとともに、条約案に含まれる重大な問題点を指摘し、政府高官である井上も「本国の為に古今未曾有の危急に際し何等の尽力をもなさゞる乎」と「顔色勃然として憤怒の色あり」という様子で詰問した。

井上はその面談を「対話筆記」（応接書）にまとめ（五月一〇日朝。法制史料〈九〉一五二頁以下、井上伝史〈五〉六九六頁以下参照）、伊藤に委細を伝えるとともに、山田大臣にも手渡した。山田は、「裁判権の条約草案に付て意見を述べよ」とボアソナードに依頼したが、後日井上は、その意見書を待ちわび、「国の命運に関係し、永久之一大事に候へば、一己の利害に拘らず、応分の尽力仕りたき心得」を吐露している（二四日山田宛て書簡二通。井上伝史〈四〉六三四頁。伊藤に憲法甲案・議院法を届けた翌日。前述二〇九頁参照）。山田大臣は事の重大性を認識し、「閣議之を容れて各国委員会議之を可とし草按を改正するを得ば、比較表中の失点を減するを得、治外法権を回復し国民の幸福を増加する事、期して待つべきものなり」として、「陛下親しく内閣に臨み、衆議を尽さしめ、然る後、聖断を賜ひ」云々と説く意見書を奏上している（外交文書〈二〇〉二一一頁以下「外国人裁判官ニ関スル件」附記参照）。

そこにボアソナードの裁判権条約案意見も届いた（六月一日、法制史料〈九〉一五七頁以下）。その主張は明確で、「日本国の利益、面目、安全の三目的より見るに、日本の位置は現今より一層悪し」として理由を縷々説明した後、この段階ではもはや各国委員から譲歩を引き出すことはできないから、内閣に「草案全部の抛棄、即ち棄却」を求め、その「最も穏当なる方法は、外務大臣躬《みずか》ら之を請はるゝ」ことにある、という。しかも外務大臣が諸大臣に申し出る際の口上案まで提示し、内閣が一致して認容するのは疑いないこと、その発論は「外国と為すべき将来条約に関し、国の信用を受くべき新なる一原因となる」と説き、「草案の棄却は、日本の第一委員［井上外相］の発議に出ること」を最も希望すると論じた（外務大臣の反駁は世外井上伝〈三〉八九〇頁以下）。

条約改正中止論

問題の条約案とボアソナードの反対意見は、政府の徹底した秘密主義のためすぐに世間の耳目を浴びることはなかったが、伊藤ほか一部の閣僚は少なからず動揺し、井上自身「初め同氏の説話を筆記いたし候節、同時に此の事の結末は必ず面倒に至るべしと予想」していた（七月二〇日伊藤宛て書簡〈未発〉参照。井上伝史〈一〉五五〇頁）。その意見が届いた日、伊藤は伊東と金子をしたがえて神奈川金沢へと出発したが（前述二一一頁参照）、その午後、井上大臣は、一日も猶予がないとして天皇に拝謁して事情を伝え、「至急内閣今一層結合力を以て、断固不抜、憲法幷に王室の憲法、条［約］改正、新約の結果たる諸法律同意施行の手順等成就せしむる迄の為に、一と締りの手段相付け申さず候ては叶わず」などと奏上したところ、「多少の事情は粗御承知」で「至極尤もの申立」と言われたようである（伊藤文書〈一〉二一七頁参照）。外務大臣の危機感をうかがわせるが、この頃、井上は会議録の解釈などによる善後策の相談も受け、「篤と熟考仕り候処……今日に於いて会議筆記調印前に、許多之改正をなして、彼れをして失望せしめ、彼れより不同意を発言せしむるに若かず」と返している（六日井上馨宛て書簡。井上伝史〈四〉三〇九頁）。

その結論にいたった背景には、井上が外国人の民権享有問題に関し、ロェスラーから「裁判官は主権者の名を以て国権の一部を施行」する者であって「外国政府と関係ある地位に立つべからず」として、「何れの国に於ても外国人に裁判官の職を許したるものなし。若し之を許すときは、是れ即ち憲法上の原則との大牴触と謂わざるべからず」（同書五二七頁）とする明快な回答を得ていたこともある。そこで井上は、伊藤に「憲法と外国裁判官との事件の牴触を説き候」と知らせ、かつてモッセが「日本政府の外国人を官用せざるに其道を得ざること」を説いた際、話が「改正条約の談に及び、瑞西《スイス》の法の例に倣ひ帰化法を設くべきこと」を内密に告げられたことも伝えた（井上伝史〈一〉五二三～五二四頁）。その二日後、井上は「別冊はロスレル氏答議に候処、偶然、裁判官の件に論及せるは、定めてボアソナド氏と同感と察せられ候」（六月八日山田宛て書簡、井上伝史〈四〉六三四～六三五頁）と自信を深めた。

この頃、政府内の疑念は深まるばかりで、ボアソナードの内密意見書も外に洩れつつあった。井上と親しい元老院議官なども「ボアソナード建白書及び草案を内見」して大いに驚き、「条約改正条款の不可なるを論じ、土方［久元］は宮中顧問官一致協合して之に当らん事……予等［尾崎・東久世など］正面より伊藤伯に面じ其不可を痛論せん事」を決意する（一一日、尾崎日記〈中〉一一七～一一八頁）。その後も「斯く立法、司法の権を挙て外国人に付するときは、我独立の権利は全く地に払うに至るべし……宜しく我等の尽すべきの時、今日に在り」（七月九日）と意気込み、三条邸での例会（東久世・

土方・柳原・尾崎など参加）で「ボアソナードの山田への建議書反訳」を読んだが、「各大臣、高等官数百人、誰一人此事を痛論する者なし」（二一日）と嘆いている（同書一二三、一二四頁）。

そこに昨年二月以来の欧州視察から帰国した谷干城農商務大臣が、内閣一致のため多言無用と制止されたにもかかわらず、活発に反対論を展開するなどして火に油を注ぎ（小林和幸『谷干城』一三一頁以下参照）、閣議でも改正条約案の非を論じて井上外務大臣とも激論を交わしている（明治紀〈六〉七七八～七七九頁参照）。こうして、宮中顧問官の佐々木・元田・土方など天皇側近はもちろん、山田や松方大蔵大臣などの主要閣僚なども条約改正中止論に傾くが、決定的な影響力をもったのはボアソナードとこれに同調した井上の意見であった。そこで『明治天皇紀〈六〉』は、「図書頭井上毅、亦条約改正案に大いに疑義を抱き」云々と特記して一連の経過を詳述している（七八八頁以下）。

井上毅の勲功

井上は、まず外務大臣に急転直下不退転の勇断を切望する意見を奉呈した（七月一二日）。このたびの条約案が不可である所以を説明したものであるが、自ら「深く心肝に感銘して今に至て忘れざる」特別の想いもあった。かつて「同一の問題に付き閣下に対し反対の建議を呈出し、言辞疎暴に渉りたるも、猶閣下の大度の容納する所となりたる」ことを想起したのである（井上伝史〈一〉五二九頁以下。前述一八二～一八三頁参照）。

井上はいう、「権利の毀損は内治干渉より甚しきはなく……内治干渉にして、条約に根拠し条約の明文に於て、間接又は直接に承認するに至ては、其国の主権は外国の為に制限さるる者……半独立の邦たる位地に墜落したる者」といわざるをえない。そもそも「司法は主権の要素」であって、「司法立法の公権ある官職に外国人を用ひざるは、独立各国の憲法に直接或は間接に明言する所」である。

同じく「立法の事は主権中最重大なる者なり。若し立法にして直接又は間接に外国の承認を要するの事あるに至らば、其国の主権は全く地に堕ちたるものなり」と。こうして「新条約案は当局者の予期する所の外に、不幸にも偶然に内治干渉の性質を……含有する者なり。故に全く之を破毀するの勇断を取る」ほかないと説いたのである。

その五日後、今度は伊藤総理大臣に対し、その「三思を懇祈」して「高明濶大なるを頼むのみ」とする意見書を提出した（一七日、同書五四〇頁以下。四日前にも一書を呈した）。そこに添えた「意見覚書」は、井上の「精髄を瀝《した》む」ものとして一読を求め、井上外務大臣宛ての意見書でも用いた「内治干渉」の意味を欧州公法家の所説を紹介しつつ検討し、「兵力を用いざる交際上の干渉も、亦均しく内治干渉なり」「内治干渉は、国の独立主権を毀損する者なり」「条約に於いて自国の立法上の区域を制限して各国に保修の約束をなすは、条約上内治干渉を承認するなり」「内治干渉を承認するの条約は必然に後来、強制手段の干渉を招くべき者なり」「故に、此の条約案は単純なる法律の問題に非ずして、即ち国の独立主権の危迫なる問題なり」（同書五四三頁以下）との結論を得たという。そして、治外法権と内治干渉との決定的な違いを説明した後、「地《(ママ)》外法権は譬へば手足の病なり、内治干渉は肺腑の病なり。手足の病と肺腑の病とは、生命に関係すること、いずれか尤も急促なるべき乎」と譬え、稿を閉じた。

井上一流のレトリックで総理大臣の決断を促したのであるが、こう迫られて「手足の病」を優先する者などいないだろう。

条約改正会議の無期延期

こうして最終回となる条約改正会議の席上、井上大臣は「毫も余の発意に係らず亦嘗て予期せざりし事情に由り帝国日本政府は……裁判管轄条約に就て変更を加ふる事に決定せし」ことを告げざるをえなかった（七月一八日。外交文書〈二〇〉五一頁）。山田大臣はじめ閣僚が条約改正中止論で固まったからであるが、外務大臣自身すでに「迚《とて》も将来其目的を遂ぐる勇気は日々消散するの思」を伊藤総理に伝えていた（同日書簡、伊藤文書〈一〉一二八頁）。

閣内の混乱や世論の反応などを憂慮した天皇は伊藤を呼び、外務当局の秘密主義と一部閣僚の言動が招いた結果だとして井上大臣に善処方を促すよう指示した（二三日）。この勅意は直ちに大臣に伝えられ（明治紀〈六〉七八四頁、伊藤伝〈中〉五四四頁参照）、ついに二九日、「政府に於いて特に異見を抱き候は……編成法典は之を外国政府の検閲に供し、其の允許を経べき趣これある処……日本帝国の面目を維持するには、先ず右法典を編成するに如かずと一同決定」したことを理由に、「法典編纂の結果を本会に提出する事を得るの日まで期日を定めず本会を延期する」という改正会議無期延期通牒が各国公使に送付された（外交文書〈二〇〉五一～五二頁）。

こうして井上外務大臣は、会議中止の顚末を奏上して（八月二日、明治紀〈六〉七九二頁参照）、問題はひとまず落着し、井上馨も辞任した（九月一七日）。そして伊藤総理大臣が外務大臣を兼任するほか、伊藤が固辞した宮内大臣に土方久元が就き、ひと月半前に免官となった谷農商務大臣の後任に黒田が就くなどの人事が行われた。外務大臣が委員長を務めた法律取調委員会も外務省から司法省に移され（一〇月二一日）、新たな法律取調委員会が発足することになる（一一月四日）。

ボアソナード機密漏洩処分問題

佐々木宮中顧問官は「此度井上君之功勲は百年後に泯滅致さず」と記しているが（古城・井上伝二五三頁参照）、井上は別の深刻な問題を抱えていた。ボアソナードが「政府の冷遇する所」となり、機密漏洩を理由に懲罰に付される――「外交上の機密を漏洩し、且つ政府の一般の政図に対し誹謗を恣《ほしいまま》にしたるの過失を以て、それ々々懲責仰せ付けられるべき哉」という――との噂を耳にしたからである。

井上は、五月上旬、「秘密を守る」との約束の下にまとめた「対話筆記」を念頭に（前述二一四頁参照）、伊藤に「彼れは小官限り親密なる慨嘆の説話を致し候……小官より伊藤伯へは報告すべしと相断じ候へども、其の他へ漏洩せん事は夢々ボアソナド氏の感覚せざる所にて、況や此の一場の説話を筆記して内覧に供し奉り候末、内閣諸公の見聞する所となりたるは……全く小官のダシヌケの所行……小官はボアソナド氏を欺き、一場の説話を釣取りて筆記となして政府に内通し、同氏を不幸なる結果に落ち入らしめたり」と説明し、「外交上の機密を漏洩候は……小官にこれあり」と「苦心切迫」の心情を吐露して「高明に訴へ御諒察を仰ぎ候ほか之なし」として不問に付すことを求めた（七月三〇日。井上伝史〈一〉五五〇頁以下「ボアソナード宥免《ゆうめん》意見」参照）。

井上は「官吏服務紀律に対し、自ら免れざるの罪」があるとして引責、辞職するつもりでいた。同紀律は旧行政官吏服務紀律を前日改正したばかりで（二〇年七月）、新たに「己ノ職務ニ関スルト又ハ他ノ官吏ヨリ聞知シタルトヲ問ハス官ノ機密ヲ漏洩スルコト」を禁じていた。しかも、「官吏紀律の件に付き、ロスレル氏の意見に依り、朱書修正を加へ候て初稿共に台覧に供し奉り候」（七月一九日伊藤宛て書簡。井上伝史〈四〉一〇五頁）とあるように、井上自身その立案に携わっていたのである。井上は自責の念に苛まれたが、結果的にボアソナード懲戒は行われず、伊藤宛て書状も出されなかった。

4　憲法起草グループ

夏島での検討

さて、伊藤が神奈川の夏島に赴いたのは極秘裡に憲法草案を検討するためで、伊東・金子両秘書官も同行していた（前述二一一頁参照）。初め旅館を利用し、まもなく少し離れた夏島（現在陸続きの横浜市金沢区野島公園付近）に落成したばかりの別荘に移して検討が進められる。その滞在は当初少なくとも六月下旬直前までつづき、その後も断続的に九月初めまで及んだが（八月一日井上馨書簡参照。伊藤文書〈一〉二二〇頁、五・一七・二〇日伊東書簡。同書〈二〉四四頁以下参照）、当初その場に井上の姿はなかった。このことは、出発前日に伊藤が末松に宛てた書簡にその名がないことから推測できる。しかも井上は、裁判管轄条約案反対論への対応に苦慮していた外務大臣の相談などに乗り（六月六日書簡。前述二一五頁参照）、山田大臣にも「今晩参邸伺い奉りたく候」と伝えている（同八日書簡、井上伝史〈四〉六三四～六三五頁）。途中から井上も検討会議に臨ん

明治憲法草創碑

だが、ずっと参席していたわけでもない。六月十二日から十八日頃まで近県へ旅行に出ていたからである（後配つる宛て井上書簡参照。井上伝史〈四〉三一七〜三一八頁）。

伊藤も、内閣総理大臣の立場上、条約改正問題に無縁でいられたはずはなく、井上馨・山田大臣などの来訪を受けたほか、折から生じた板垣退助の授爵拝辞問題への対応にも追われた。その事情を述べる余裕はないが、その騒動を収めるため伊藤は一時帰京し、授爵の勅命は撤回せず板垣の辞爵は認めないとの閣議決定にいたる（一四日）。板垣は改めて授爵拝辞を願い出たが（七月七日）、却下されたためようやく叙爵を受け入れた（同一五日。伊藤伝〈中〉五一九頁以下、明治紀〈六〉七五五頁以下参照）。その間、伊藤は大隈・後藤などの叙爵記念会の陪食にも出席しており（六月二〇日）、ずっと夏島にとどまることなどできなかったのである。

夏島草案批判　ここでの検討の結果、夏島草案と呼ばれる「日本憲法修正案」が得られたが（全七章八九カ条。八月中下旬）、その財政関係規定はロェスラー草案の影響を強く受けている。そこで井上は、六月中旬以来進めてきた自らの憲法草案の「租税及会計」条項への再検討を基礎としつつ、修正案全般に対する詳細で批判的な「逐条意見」を伊藤に提出している（八月下旬。井上伝史〈一〉五六九頁以下）。この頃、秘密のはずのロェスラー憲法草案が外部に漏れるという事件が起こり（秘密出版・西哲夢物語事件）、井上にとってはボアソナード機密漏洩処分問題につづく不祥事で、伊東が「漏洩一条余程心痛相成り居り候」と伊藤に伝えたほどだが（八月二一日書簡。伊藤文書〈二〉四七〜四八頁）、ここでは立入らない。

およそ完成した条項から起草者の考えや思想を引き出すのはむずかしいが、井上の逐条意見は、そ

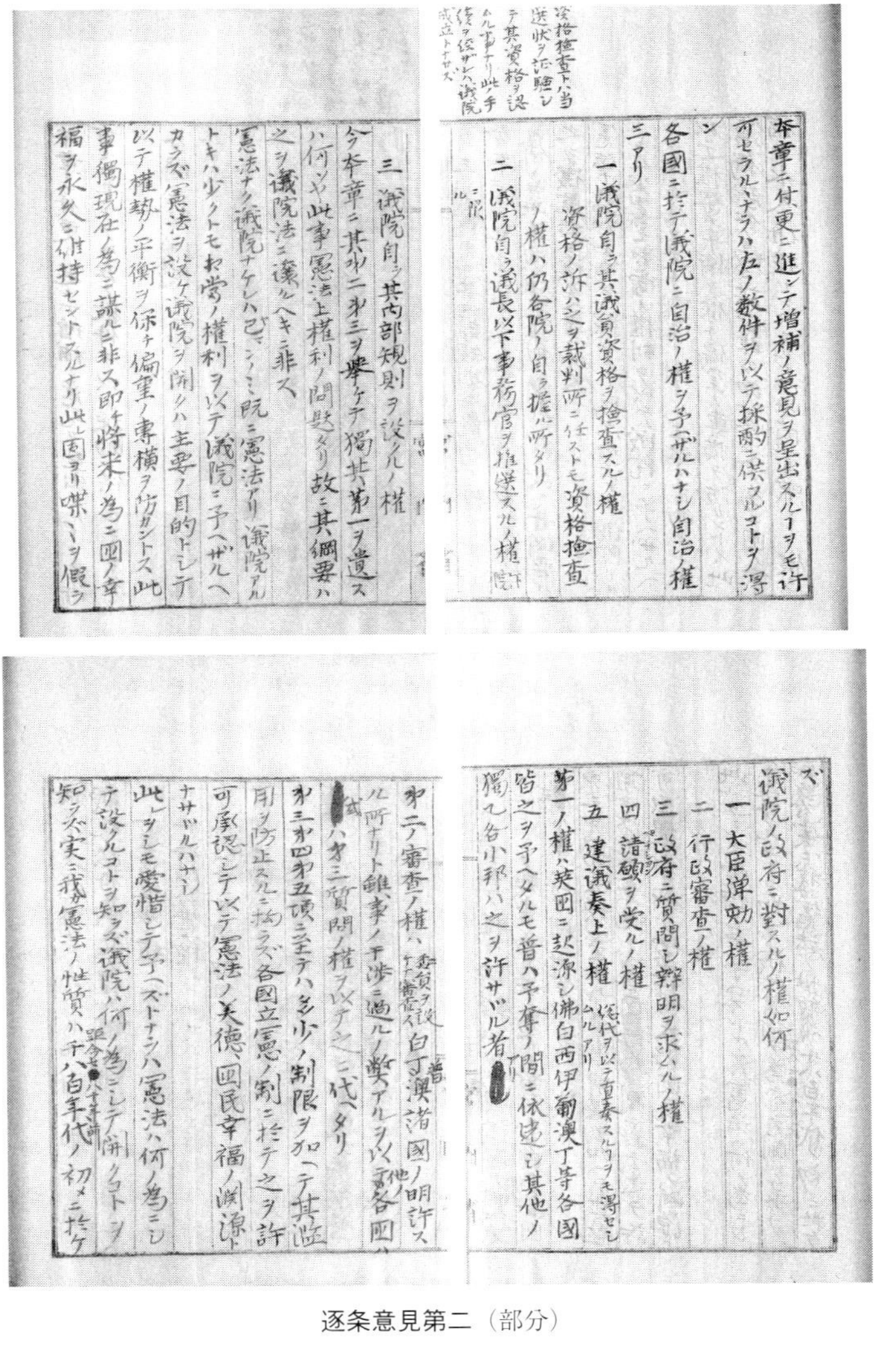

逐条意見第二（部分）

の憲法観や憲法構想をよく示す点で読み応えがある。それは、全条章に対する簡潔なコメント（第二）から、とくに議会を対象とし、「二十年八月廿八日」の識語がある第二（同日書簡。井上伝史〈四〉一〇七頁）、残りの条章を取り上げた詳細な意見（第三）に分かれる。

その要点は、①第二章で天皇を「元首」とし、その身体を「神聖にして侵すべからず」とする文言は、ともに削るべきである。これらは「学理上の語」「道徳上の成語」で、「侵すべからず」というのも妥当でない。②第四章「臣民一般の権利義務」は、第三章「帝国議会」と入れ替えて前に置くべきである。③議会について、立憲的議会が有すべき議長等の選任権・内部規則設定権などの議院自治権と、大臣弾劾権・政府質問権・請願権・建議奏上権などの政府統制権に充分配慮すべきである、という。これは井上がとくに力説した点で、「既に憲法あり議院あるときは、少くとも相当の権利を以て議院に予《あた》へざるべからず」「此れをしも哀惜して予へずとならば、憲法は何の為にして設くることを知らず、議院は何の為にして開くことを知らず」と畳みかけている。

その批判は当然、ロェスラー草案の影響を強く受けた財政関係規定にも向かう。とくに議会審議が首尾よくいかず、次年度予算が年度末までに成立しなかった場合に天皇の決裁を経て内閣の責任で施行するという、勅裁施行制に筆が進んだ時、井上の熱量は頂点に達した。いわく、「本条……は、政府と議院と予算の叶議整はざるときは、政府之を断行すと云ふに過ぎず。果して然らば、始めより予算を議に付せざるに若かず、又始めより議院を設けざるに若かず、又始めより憲法を定めざるに若かず……此のごとき立憲の主義に背ける専制の旧態を哀惜せんとならば、何を苦しんで立憲政体を設けらる乎……ロスレル氏が「ビスマルク」氏の政略主義を采《とり》て我国の憲法となさんとの意見は、畢竟、東洋の立憲は名義の立憲にして、未だ真の立憲を行ふの度に達せずとの度外の推測に由る」と。

実に手厳しいが、これには理由がある。井上は、予算不成立の場合に勅裁施行制をとるロェスラー案と前年度施行制に立つ自身の案との違いについて伊藤から説明を求められ、前者はビスマルク流の専制主義で、自らの案はザクセンの現行法にならった旨答えていた（同一四日「憲法乙案試草会計部に関する意見」、井上伝史〈一〉五六七頁以下）。しかも、前年度予算施行制は、十四年の岩倉意見書以来の既定方針でもあった（前述一三九頁参照）。にもかかわらず、伊藤が決裁した夏島草案はビスマルク流の専制主義に左袒したものである。井上の厳しい反応はそこに由来する（ただし、ロェスラーの「社会的君主制」という思想を背景にした別の見方について大石・日本憲法史一七七頁参照）。

他方、ロェスラーもまた、夏島草案に対する逐条意見、「日本帝国憲法修正案に関する意見書」を伊藤に提出している（九月初め）。これは夏島草案を自ら作成の草案に対する修正案と見立てたもので、「異議なし」とするところが多い。それでも、選挙の自由や代議士手当などの規定を削ったことは妥当でない、議会の権限として法律起案権・上奏権・請願受理権・政府質問権などを考慮すべきだといった、井上と同じ批判的意見を述べている。

十月草案への動き

この前後の時期も、憲法起草グループが本来の仕事に専念できる状況にはなかった。六月から七月に表面化した条約改正問題の時と同様に、租税の軽減、言論集会の自由と外交失策の挽回を内容とするいわゆる三大事件の建白への対応など、さまざまな課題に直面していたからである。実際、伊藤総理大臣は、東京府知事以下在京の地方長官が召集された謁見所において、条約改正の件や壮年志士の横行を念頭に置きつつ、言論集会の自由に名を借りて「暴動を謀り又は教唆する者あらば、治安を維持するが為に臨機必要なる処分を施す」「外交の事を以て人民の公議に附せんとするの説」は「断じて取らざる所なり」とする施政方針を訓示している（九月二八日、明治紀〈六〉八一二頁以下）。

これは、井上の「訓示を以て政図の目的を表明し、基礎の強固なるを知らしめ、而して必要の事項はなるべく訓示の上に詳悉にする方、得策か」という考えに沿ったもので（同月一九日伊藤宛て書簡。井上伝史〈四〉一〇八頁）、案文も井上が用意している（井上伝史〈六〉一七六頁以下参照）。さらに井上は「熟々《つくづく》今日の時状を観察するに、政府の人民に対せる威信は殆ど地に堕ちたり」との嘆きで始まる政府施策意見案をまとめ、「多議を待たずして速に之を断行せざるべからず」として、宮中・外交儀礼を除く「儀文形式にして太平の観美に属する者」を全廃すること、「地方の弊政を改革す」ることなどを挙げ、とくに政府がもっとも人心を失う端緒となる「官商通牒の弊」は「賄賂又は商利の関係ある」官吏の解任や必罰厳責・実効的な服務紀律により根治すべきだと説く（一〇月七日、井上伝史〈二〉六〇八頁以下、同〈四〉一〇八頁以下）。政府の威信は地に堕ちたとの嘆きは、保安条例が制定された時も繰り返されるが（後述二二八頁参照）、ともに井上の焦燥感と危機感を示すものである。

そうした課題に対応しながらも、憲法草案の検討は粛々と続けられ、十月半ばには起草トリオが高輪の伊藤私邸に会して再検討会議を開いた（一五～一六日。一三日井上宛て伊藤書簡。井上伝史〈五〉三五頁参照）。ここで夏島草案、井上・ロェスラーの各逐条意見などを参考材料として「十月草案」と呼ばれる修正案が作成されたが（全六章八二カ条）、多くの点で井上の意見を採り入れている。代表的なものは、「帝国議会」と「臣民の権利義務」の章を入れ替えたこと、予算不成立時の対応として前年度予算施行制にしたこと、両議院の上奏権・請願受理権・政府質問権を新たに明文化したこと（ロェスラー同意見）であるが、領土・国境の変更に関する規定を削ったのはむしろロェスラーの主張による。ただ、十月草案を全体として見れば、井上の意見がふたたび影響力を強めており、ここでの修正は確定的な上奏案にいたるまでほぼ維持されている。その意味で高輪での再検討会議の意義は大きい。

井上毅の覚悟

十月草案の作成後三カ月間は、そうした検討会が開かれた形跡はない。伊藤が沿海防備状況を視察するため、約一カ月半、大山陸軍大臣や伊東などを随行して沖縄・九州地方におもむくなど（一一月八日〜一二月一七日）、かなり多忙であったからである。井上は、その間、会計法案への意見も提出しているが（前述二〇三頁参照）、前記三大事件の建白などの動きに動揺した政府は、反政府運動に対する取締り強化に乗り出し、憲法起草作業にも少なからず影響を与える。実際、保安条例（同月二五日制定）は、屋外の集会・群衆に対する警察官の禁止権をみとめ、皇居三里以内の治安妨害のおそれのある居住者に対する三年以内の退去命令権を警視総監・地方長官に与えるなど、異例の強権措置をとった（三日後、新聞紙条例・出版条例改正）。翌日公布即時施行の同条例の威力は激越で、「二十六日の夜より同二十八日に至るまで退去総計五百七十人の多きを加へたり」といい（明治政史〈上〉五四四頁）、尾崎行雄・中江兆民・片岡健吉などの名もある（後述二五三頁参照）。かつて井上とともに言論統制令を立案した尾崎三良も（前述六八頁以下参照）、「近来政治上の事を元老院に建白し、又諸大臣に面会し言論稍々詭激に亘るの徒なきにあらずといへども、未だ此の如きの鎮圧法を行ふの必要あらざるが如し」と批判的で（尾崎日記〈中〉一六九頁）、井上も強い疑念をもち「病と称して辞職せんとす」といわれる（明治紀〈六〉八六〇頁参照）。

井上は、「昨冬来胃病ハッキリいたし兼ね、時々痙攣を起し候」ような「病苦の身」で（五月二三日伊藤宛て書簡。井上伝史〈四〉一〇四～一〇五頁）、心労も重なり、春以来の政府の施策に深く失望しつつあった。そこで覚悟を決め、土方宮内大臣に宮内省図書頭の辞任を申し出た（二七日）。三年前に着任したそのポストに満足していたことを想うと（前述一九〇頁参照）、辞職願の重みがよくわかるが、すぐに却下されてしまった（翌二八日、同書四八五頁参照）。

井上は、直ちに翌朝、伊藤に対し、保安条例施行の「今日の情勢を観察するに政府の人望は実に地に堕ちたり」と嘆きつつ緊急方策を提言するとともに、「一身の末事を以て閣下に哀請するの時機に遭遇せり」として骸骨表を差し出した（井上伝史〈一〉六一六頁以下。松方大臣の内覧にも供した。同〈四〉五一二頁）。いわく、「保安条例の発行は一時の安寧を保持するの効力あること」に疑いはなく、「前途立憲政体の施行の為に良好安全なる進路を開くも此の条例に在る」としても、「至緊至要の急務」は「民政をして親切着実ならしめ地方の弊政を除く」こと、「官商通商の弊を根治」することなどである。

基本的に先の政府施策意見（一〇月七日）と同じで、「国民の嚮背、国運の安危に関係する者」として、天皇自ら「勤倹の懿徳を以て明かに天下に示し」、「政費中各般の要需を類別し、其の直接に富殖の基を為し国の財源を増進し及人智を開発すべき者を第一必要」と論じ、聖上自ら「率先の標準」を示し「率先して一国臣民の……気力を振作勧導」すべきことを説く。

他方、井上は、「若し果して意を決して断行せられれば、小生は素より心に期する所あり、知己の為に執鞭の力を致し躬を以て国に殉ずるは、之を神明に誓ふことを得ん。他人の呼んで牛と為し馬と為すも、決して意底に介帯せざる所なり……若し小生の愚言にして徒に書生の空論たる……ことを免れざらしめんとならば……時ありて愚弄を被り罵言を被り……生きて世に益なく死して人の為に笑はれん」と悲観する。鬼気迫るものがあるが、この時すでに自分は伊藤のために誤られたという想いがあったのであろう（後述二六四〜二六五頁参照）。

とはいえ、伊藤などの強い慰留に遭い、井上が重任を解かれることはなかった。年が明けてからも起草グループによる再検討は精力的に進められ、井上は、翌年（明治二二）一月中旬から下旬にかけて修正意見をまとめるとともに、主として十月草案をもとに憲法全般にわたる逐条説明の執筆に従事している。この間、第二代法制局長官に任ぜられ（二月七日）、夏島で憲法草案を「勝手我儘に討論」する機会も設けられた（同一〇〜一二日夕方まで。九日井上宛て伊藤書簡参照。井上伝史〈五〉三三五頁、伊藤伝〈中〉五八〇〜五八一頁）。

憲法上奏案に向けて

その結果、いわゆる二月草案（全七章七八カ条）、次いで一カ条少ない浄写三月案（三月上旬、稲田・憲法成立史〈下〉三九五頁）がまとまった。その間に、①「行政」章に規定していた財政関連条項を「第六章 会計」に組み入れて「行政」条章を削る、②「司法」章の前に「第四章 国務大臣及枢密顧問」を設けて、甲乙両案以来あった合議制機関としての内閣を消し「国務各大臣」の責任を明示する、③夏島草案以来あった「府県郡」を基礎とする地方自治に関する規定も削るなどの修正が施され、④議会の予算議決権の範囲についても重要な変更が加えられた。

すなわち、十月草案は議会による毎年議決を要しない歳出として「法律に依り政府の義務を履行するに必要なる」ものだけを掲げていたが、二月草案はいわゆる既定費・法律費・義務費の費目を挙げて、議会予算議定権の範囲外とした。しかし、これだと議会の権限がいちじるしく弱くなり、議会の

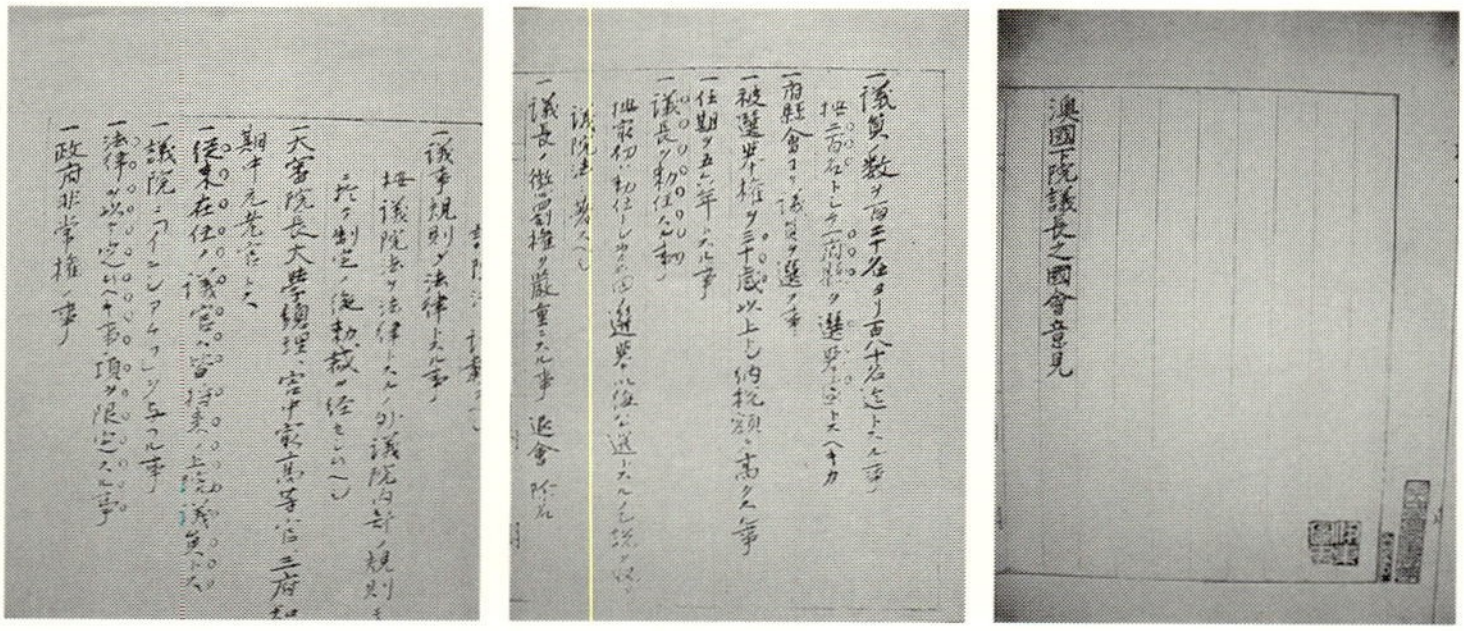

クルメツキ意見書

存在理由すら疑わしくなる。そこで浄写三月案では「之ヲ予算ニ掲グルモ、帝国議会ハ政府ノ承諾ヲ経ズシテ既定ノ額ヲ廃除シ又ハ削減スルコトヲ得ズ」と変えた。それらの費目にも議会の予算議定権が及ぶことを前提としつつ「政府の承諾」という手続的な制約要件に改めたのである。ちなみに、後の枢密院諮詢案における議会の予算議決権の制約規定はその浄写三月案を基礎としたが、それに対しても原案起草者による再考の末さらに修正が加えられる（後述二四六頁参照）。この間の変化は、立憲主義の要求と政府の危惧感との相剋をよく示すが、前記の浄写三月案は天皇に上奏すべき確定案となるはずだった。ところが、ウィーンから届いた一通の意見書により大きく見直しを迫られる（大石・議院法制定史一一五頁以下参照）。

クルメツキ意見書の衝撃――憲法・議院法上奏案の見直し

この「日本憲法の施行に関する意見書」（一八八七年一二月付）は、オーストリア帝国議会の下院副議長J・クルメツキが、当時ウィーンに滞在し、シュタインの講義を聴いていた元老院議官海江田《かいえだ》信義《のぶよし》の依頼に応じてまとめたもので、日本に届いたのは翌年（明治二一）三月半ば頃であろう。直ちに邦訳され伊

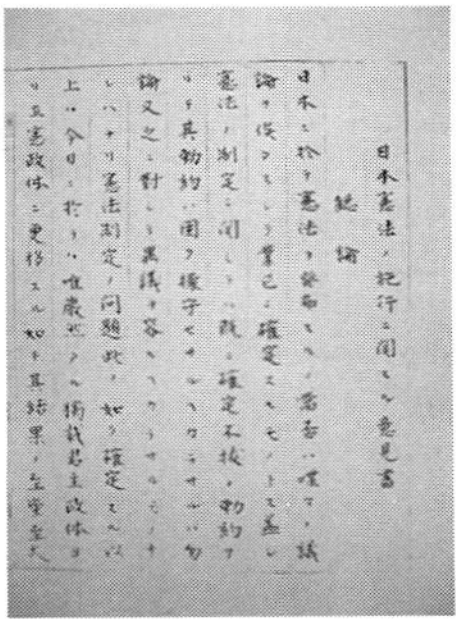

藤・井上など関係者に届けられたが（憲法資料〈下〉一二三〇頁以下、梧陰文庫Ⅱ四六六。大石・憲法史の周辺一七四頁参照）、主として議会の組織と権限に関するものである。そこで伊東は「澳国下院議長国会意見」（憲政資料室・伊東関係文書七五）と名づけ、①「代議院の議長は、勅命を以て之に任じ、該院の選任を許さゞる事」、②「代議院の議長に、甚だ広大なる懲罰権を有せしむる事」、③「議事規則は貴重なるものなれば……皇帝の勅意に基き予め法律として制定し、憲法と同時に発布せられん事」に要約したが、第一・第三点は日本側を大いに驚かせた。民選議院の議長選任権と議事規則決定権（法律部分を除く）は、甲乙両案以来、立憲議会の議院自治の表れとして当然視され、それを否定する議論などなかったからである。

この意見書をロェスラーに示すと、その提案にすべて賛意すると回答してきた（三月二九日、英文）。そのため伊東を中心に対応案が練られ、①議長の選任方法は最初は勅任とし、第二回選挙以後は議員中から公選することとし、議院法に定める、②議長の懲罰権は退会・除名を含めた厳重なものとし、議院法で詳しく定める、③議院法のほか議院の内部規則も議院で制定した後に勅裁を経るものとする、と決定された。この対応案は、たんに議院法案だけでなく憲法案の修正をも必要とし、浄写三月案「衆議院ハ議長副議長ヲ議員中ヨリ選挙ス」との規定をそっくり削り（憲法案は全七章七六カ条となる）、同時に「両議院ハ此ノ憲法ニ掲グルモノ、外、其ノ会議及内部ノ整理ニ必要ナル諸規則ヲ制定ス」という規定の末尾も「……諸規則ヲ議定シ、勅裁ヲ経テ施行ス」と改めている。

確定稿の上奏

こうして皇室典範の上奏案「帝室典範稿案十二章六十六条」につづいて、「日本帝国憲法稿案凡そ七章七十六条」が上奏された（四月二七日頃。明治紀〈七〉五四頁以下参照）。両案を審議すべき枢密院の官制・事務規程が制定される数日前のことである（後述二三五頁参照）。一方の議院法案は、第二次案に当たる議院法試草（全一二章五七カ条。前述二一〇頁参照）以後、伊東を中心に検討が進められた結果、憲法十月草案の頃には新たに「議員資格の異議」「委員会及長委員会長部局長」「歳入出予算案の議定」「請願」などの条章を加えた大部の第三次案が作成された（全一七章一一四カ条）。クルメツキとロェスラーの意見書がこれに拍車をかけ、とくに議長の懲罰権は議院法で詳しく定めるとの方針から再検討した結果、四月下旬には最終案「委員会議原案」がまとまった（全二一章一二八カ条。大石・議院法制定史一三二頁以下参照）。

その経緯についても、井上は「議院法仮浄写いたし、清覧を請ひ奉り候。議院懲罰処分之事に付ては、墺国議長之注意により独乙之未行法案に依拠し、起草を試み置き候。ご清閑を以て閲視たまわり、更に御指教下され候へば、大幸に存じ奉り候。其上にて幾回も改案仕りたき心得にこれあり候」と伊藤に伝えている（二六日書簡。伊藤文書〈一〉三七五頁）。憲法案が奏上された時、井上代草の上奏文は「憲法稿案の外、更に憲法と緊切の関係を有し、而して同時の発布を要する者、第一貴族院組織勅令、第二選挙法、第三議院法、是なり。此れ皆成稿あり、不日に繕写進呈し、続いて聖裁を乞はんとす」と記している（井上伝史〈六〉一八〇頁参照）。この議院法「成稿」は前記の委員会議原案を指すが、確定案となるにはなお「幾回も改案」を必要とした。その作業は八月下旬まで続くが、長い時間を要したのは枢密院での皇室典範・憲法の議了（七月中旬）を待っていたからで、憲法草案（とくに「議会」

章）に加えられた修正は、議院法草案に大きな影響を与えることになる（後述二四一～二四二頁参照。貴族院令・選挙法の起草経緯は紙幅の関係から省略する）。

第九章　憲法制定から憲政実施へ

1　基本法審議

枢密院会議

一八八八年（明治二一）四月二十八日、天皇の「至高顧問の府」として設けられた枢密院は、「天皇親臨シテ重要ノ国務ヲ諮詢スル所」として、憲法・皇室典範など基本法の諮詢案だけでなく「憲法ノ改正又ハ憲法ニ附属スル法律ノ改正ニ関スル草案」などについて「会議ヲ開キ意見ヲ上奏シ勅裁ヲ請フ」組織である。一方で立憲制下の諮問機関として「施政ニ干与スルコトナシ」とされたが、その事前審査権は無視できなかった（緊急勅令・財政処分など）。

その構成は、議長・副議長・顧問官（一二人以上）、表決権のない書記官長・書記官からなり、内閣の諸大臣も「其職権上ヨリ……顧問官タルノ地位ヲ有シ議席ニ列シ表決ノ権ヲ有ス」とされた。総理大臣職を解かれた伊藤が議長に（特旨により内閣に列席。総理後任は黒田）、宮中顧問官九人、元老院議官三人が枢密顧問官に任じられた（のち副議長に寺島、元《もと》田《だ》永孚《ながざね》など三人も顧問官に）。法制局長官井上は

枢密院憲法審議が行われた旧赤坂仮御所御会食所
（現 明治記念館，東京都指定有形文化財）

書記官長を兼任し（翌年五月一〇日まで）、総理大臣秘書官の伊東・金子も書記官を命じられ（ほかに津田道太郎《つだみちたろう》・花房直三郎《はなぶさなおさぶろう》も着任。いずれも兼任）、憲法起草グループが枢密院の議事を主導することになる。先に基本法の上奏案の確定や諮詢案の成立時期にこだわってきたのは（前述二三三頁参照）、上奏案の確定までは起草グループ内部でいくらでも修正できたが、上奏後枢密院に諮詢されるとその自由がなくなるからである。

五月八日午前、枢密院開院式が行われ（構成員でない三条内大臣・土方宮内大臣・徳大寺侍従長も陪席）、勅語につづいて議長は「先ず皇室典範より始むべき順序なれども、事急にして謄本未だ整頓せざるを以て、姑らく憲法より開議せざるを得ず」と釈明した（枢密院〈二〉三頁）。そして条章ごとに註解（説明）入りの憲法諮詢案（全七章七六カ条。番号付き蒟蒻《こんにゃく》刷り）が配られ、「査閲の便を謀る為に此日より十日間を期して閣員閲歴を了《おわ》る」べきことが決議された（同書二～四頁）。

十四年政変で下野した大隈は、伊藤や井上馨の推挙により外務大臣として入閣しており（二月一日）、憲法審議での言動が注目されたが、「最初に出席して全く言ふ所なく、且つ後に出席もせず、遂に無言に終りたり」（三宅・同時代史〈二〉三三六頁）という。大隈にとって「憲法の逐条論は興味索然たる」もので、その関心はもっぱら条約改正問題にあったのである（後述二五五頁参照）。

皇室典範諮詢案

枢密院は、皇室典範諮詢案の準備が整ったため、五月二十五日午後、当初の予定通り典範から審議を始め、六月十五日午前の第三読会の結了をもって終わる（諮詢原案から二カ条減じて一二章六四カ条に。枢密院〈一〉一三九頁以下、小林＝島・皇室典範〈下〉五一八頁以下）。この間、天皇は毎回臨御、書記官長井上は起草主任として条章の説明に当たり、伊東・金子など四人の書記官が交代で記録に当たったが（憲法でも同じ）、開議前の五月十八日、勅旨により三条内大臣と丁年以上の親王も会議に班列することになった（明治紀〈七〉七一頁。京都在住の二親王は参列不要）。これを機に別の流れが皇室典範の審議に影響を与えることになる（後述二三八頁以下参照）。

審議の冒頭（五月二五日）、「典範は公式に依り之を臣民に公布する者に非ず」という趣旨を問われた井上書記官長は、「抑《そもそも》皇室典範は憲法及法律と異にして皇室の家格《ママ》を条定し臣民の権義と相関渉することなく、全く皇室の特権に出るものなるがゆえに内閣総理大臣の副署を待て公布すべき者に非ず」と応え（小林＝島・前掲書五二二頁）、成立した典範でもその立場で貫かれている。ちなみに、のちの公式令（四〇年二月）では「皇室典範ノ改正ハ……公布ス」とされた（同年「皇室典範増補」なども同じ）。起草者の立場は否定されたことになるが、次の問題も同じである。

永世皇族主義の問題

諮詢案は「皇子ヨリ皇玄孫ニ至ルマデハ、生レナガラ男ハ親王、女ハ内親王ト称フ。五世以下ハ生レナガラ王、女王ト称フ」と定めていた。この永世皇族主義の考え方――裏からいうと、皇族の賜姓列臣制の否認――は、大きな論点となった。実際、三条内大臣からは「本条の文面……に拠れば、百世の後に至るも皇族は永世皇族なるが如し。皇統の御繁栄は固より願ふ所なりと雖も、例令《たとへ》ば百世と云ふときは、皇統を距《へだつ》る既に遠しと云ふべし。而して皇族の数も甚だ増加すべきに付き、或は帝室よりの御支給充分に行届かずして、却って皇族の対面に関するが如きこと起らざるを保せず。故に或は但し書きを以てするも可なり……姓を賜ふて臣下に列するの余地を存し置きたし」との修正意見が出された（六月四日午後。同書五七三頁）。

この賜姓列臣論に賛同する意見は多かったが、井上は「五世以下皇族にあらずとすれば、忽《たちま》ち御先代に差支えを生ずべし。継体天皇〔二六代〕の如きは、六代の孫を以て入りて大統を継ぎ玉へり……継体天皇の時の如きことあらば……百世の御末裔孫に至る迄も皇族にて在はさんことを希望せざるべからず……皇葉大いに御繁栄ましまして御世帯向に困難を来さずやとの懸念も一応道理なきにあらずと雖も……此の如くに皇葉の御繁栄ましまさば、是れ誠に喜ぶべき事にして……成るべく皇族の区域を拡張すること、誠に皇室将来の御利益と云ふべし」として反論した（同書五七四頁）。その後も永世皇族主義にはいろいろな修正説や疑問が出された。そのため次会に回された表決の結果、多数により諮詢原案維持と決した（六日午前。同書五八〇頁）。しかし、その後の検討の結果、諮詢案の「生レナガラ」の文字を二カ所削ることになり（一五日午前）、これが正文となる。

ちなみに約二十年後、親王・王・女王は「勅旨又は情願に依り臣籍に入らしむること」が認められた（明治四〇年二月皇室典範増補）。これにより三条などが主張した皇族賜姓列臣制が採り入れられ、起草者の考えた永世皇族主義は、典範公布不要論と同じく否定されることになる。

三条グループの牽制

皇室典範については、三条内大臣のほか丁年以上の親王も枢密院会議に班列することになったため（前述）、熾仁親王邸に貞愛・能久二親王が集まり、三条のほか皇室関係法にくわしい賞勲局総裁柳原前光を招いて典範諮詢案を検討している（五月二三日、小林＝島・皇室典範〈下〉七三頁参照）。翌日、柳原は伊藤に「皇室典範箋評」（同書五一七〜五一八頁）を提出し、起草者とは異なり典範を公布すべきことを主張し、永世皇族制も国史上例がないことなどを伝えている。

枢密院審議が始まってまもなく、宮内省の中に柳原を委員長とし、元老院議官鍋島直彬・尾崎、宮内省の岩倉大膳太夫、櫻井主殿頭などを委員とする臨時帝室制度取調局が設けられた（三一日）。柳原は皇室制度に造詣が深く、伊藤から皇室法典の起草を依頼されたほどであるが（前述二〇五頁参照）、この時三十八歳で「年齢四十歳」という枢密顧問官の年齢要件を充たさず、「局外無権の身」（同二四日伊藤宛て柳原書簡。伊藤文書〈八〉六七頁）であった。そこで柳原の知見を活用するため、臨時の関係取調局を設けて抜擢したのであろう。

もともと三条・東久世・土方・尾崎・柳原などは、少なくとも前年（明治二〇）六月から「十一日会」と称して定期的な会合をもっていた（尾崎日記〈中〉一一七・一二四・一四八頁など。島・近代皇室制度六六頁以下参照）。とくに「皇室典範会」は伊藤が枢密院に諮詢する典範案を三条に内々に示して意見を聞くよう求めたことに由来し、この年「五月より十二月に至る間」、開かれていたらしい（尾崎自伝〈中〉一七四頁参照）。三条・東久世・土方などの枢密院構成員が審議に臨むに際し、そこでの検討が大いに役立ったことは、先の永世皇族主義に対する三条の反対意見にも表れている。

柳原の率いる臨時取調局は、このように三条グループ「皇室典範会」とも連携しながら、条項だけでなく註解（説明文）についても再検討を進め、十月中旬には柳原と尾崎の間で「皇室典範修正案に関する建議」に関する「協議」も行われている（尾崎日記〈中〉一三一頁参照）。その内容は明らかでないが、それが翌年の再審会議につながることになる（明治紀〈七〉七九～八〇頁参照）。

憲法審議は六月十八日午前から始まり、七月十三日午後の第三読会の結了をもって終わる（諮詢原案七章七六カ条から一カ条増。枢密院〈一〉一五五頁以下）。その様子は詳しく紹介されているので（稲田・憲法成立史〈下〉五八二頁以下参照）、ここでは要点を絞ることにしよう。

憲法諮詢案

大きな論争となったのは、諮詢案「天皇ハ帝国議会ノ承認ヲ経テ立法権ヲ施行ス」とする規定の「承認」の語である（他にも数カ所）。その語は「下より上に対して認可を求むるの意」（元田・寺島など）であり、天皇と議会の位置づけが転倒しているとの批判がそのつど展開された。議長は「立憲政体を創定するときには、天皇は行政部に於ては責任宰相を置て君主行政の権をも幾分か制限され、立法部に於ては議会の承認を経ざれば法律を制定すること能はず。此二つの制限を設くること、是れ立憲政体の本意なり」との公式論で応じたが、いろいろな修正論が出て収まらなかった（同二〇日午前）。そのため、議長は井上書記官長に「承認の条」の再調査を命じ、まもなく調査結果が議長に伝えられて（二六日井上書簡。井上伝史〈四〉一二九～一三〇頁）、立法権「承認」は「翼賛」に、他の条項は「承諾」に修正された（七月一三日午前。最終的にはすべて「協賛」という文言に修正。翌二二年一月二九日）。

次に諮詢案第二章「臣民権利義務」をめぐる論争がある（六月二二日午後、第二読会）。井上書記官長が標題を読み上げるや、森大臣はそれを「改めて臣民の分際と修正せん」と提案した。「臣民とは……天皇に対する語なり。臣民は天皇に対しては独り分限を有し、責任を有するものにして権利に非ざるなり」というのである。議長は、その議論を「憲法学及国法学に退去を命じたるの説」と断じ、そもそも憲法創設の精神は「第一、君権を制限し、第二、臣民の権利を保護する」こと、「若し憲法に於て臣民の権利を列記せず、只責任のみを記載せば、憲法を設くるの必要なし……君主権を制限し……臣民は……如何なる権利を有すと憲法に列記して始て憲法の骨子備はるものなり」云々と論じた。

伊藤としては、立憲主義や近代憲法の公式的理解を説いたのであるが、森の臣民分際論の真意は別のところにある。それは「臣民の財産及び言論の自由等は、人民の天然所持する所のものにして……憲法に於て此等の権利始て生じたるもの、如く唱ふることは不可」という発言が教えてくれる。その自然権的な発想からすれば、自由・財産を創設的権利のように説くことがむしろ問題なのである。

七月十三日午後、枢密院閉会に臨んで議長は「之より其の議決の結果を陛下に上奏するの手順に取り掛る」ことを告げた。これで典範と憲法の条章は確定し、ここから約二カ月の夏季休暇に入るはずであったが、これまでの議論とその後の再検討（後述二四八頁参照）により、基本法全体について相当の修正が必要なことが明らかになった。そこで枢密院は翌年（明治二二）一月中旬に重ねて会議を開くが、五月から七月にいたる典範・憲法会議と九月から十二月に行われる議院法・選挙法などの会議を「第一審会議」、そして翌年一月中旬の基本法全体に関わる会議、一月下旬の憲法会議を人はそれぞれ「再審会議」「第三審会議」などと呼んでいる。

議院法上奏案の作成

夏季休暇後の第三議案となるのは議院法諮詢案であるが、その作成に向けた検討は憲法審議と併行するかたちで進められた。両議院の組織・権限や手続を定める憲法第三章「帝国議会」の条項に加えられた修正は、当然、議院法案に影響するからである。その作業は委員会議原案の再検討というかたちをとり（前述二三二頁参照）、憲法第一審会議の終了前後から八月下旬までの短期間のうちに集中的に行われた。井上と伊東を中心とし、ロェスラーなどの意見を徴しつつ進められ、最終的に原案から大きく縮減した上奏案が確定する（全一八章一〇五カ条）。原案の第十章「議院日誌議事録及新聞紙」四カ条、議院規則の勅裁施行制を定めていた第二十一章などを削除したほか、伊藤議長自身による逐条修正意見（八月下旬）をも反映した結果である（大石・議院法制定史一八〇頁以下参照）。

これを踏まえて伊藤は、「議院法は成案の上は速やかに上奏し、陛下より九月十一日迄に枢密院へ御下附相成るべき事　但し奏上同時に其写を各員へ分配すべき事。議院法上奏の後は上院組織法［貴族院令］撰挙法再校正に取掛り成案の上は上奏の用意相成り置きたく候」などと伊東秘書官に伝え、上奏・諮詢手続を指示している（日付不明、憲政文書六五五〈二〉）。議院法稿本の上奏はおそらく九月初めに行われたが（大石・前掲書二二〇頁参照）、上奏後もなお検討はつづいている。

井上は九月七日、静養中の箱根湯本から伊東・金子両名に、「十日には帰京いたす筈」との予定と枢密院開院の際は「答弁は伊東君へ御倚托いたし候間、御担当下さるべく候」と依頼しつつ（実際、井上は議院法審議中ずっと欠席）、議員歳費条項に「副議長殿［寺島］へ生より申立て置くべき候、議員故ナク出席セザル者ハ其ノ年俸ヲ給セズとの一条加えられたく存じ候……年俸の章の附項にても然るべきか。兎に角御考え置き下され、議事中の機会もこれあり候ば御補入給はるべく候」と、付加条項を提案した（井上伝史〈四〉二八二〜二八三頁）。これは最終段階で実現することになる（後述二四四頁参照）。

議院法諮詢案——混乱と収拾

議院法第一審は、九月十七日午前に始まり、十月三十一日午後の第三読会をもって終わるが（全一八章一〇二カ条に。枢密院〈二〉二頁以下）、典範・憲法の場合とは異なり、開議当日に配布された資料には説明文は付されていなかった。そのため元田顧問官から直ちに問合せがあり、病中の井上は「議院法に付ての説明これなき事は、劣生に於ても遺憾存じ候……右に付き参考書は各国の議院規則に依り候ものにて、一二御参考の為、さし出し候……若し又万一聖上[天皇]の叡慮により説明書必要との事にも候はゞ、夜を日に継ぎ候て簡単之物拵え申すべく……存じ奉り候。定めて出所ある御尋ねかと気付き候まゝ、卒爾乍ら申し上げ候」と答えている（九月一七日書簡。井上伝史〈四〉五九〇頁）。

まもなくやはり説明書があれば「大いに宜しきとの御沙汰」により「簡単之御弁明書御取り調べ御差出しに相成りたく」との連絡が届いた（二一日井上宛て書簡。同書〈五〉二〇五頁）。そこで井上は文字通り夜を日に継いで、まず元田の許に「説明書上半」を差し出し、次いで「議院法説明、半ば乍らやうやく成稿に付き、昨夕早速[土方]宮内大臣迄差し出し」た旨を伝え、同時に「後日更に各国の参照を付し、進呈仕り候へば、姑く一応の註明に止め候」とも述べている（二四日・一〇月一日。ともに元田宛て書簡。井上伝史〈四〉五九六・五九〇頁。前者への返書は井上伝史〈五〉二一三頁）。

議院法審議では、典範・憲法の場合には見られなかった混乱が生じた。主役の伊藤議長は、西郷海軍大臣などとともに朝鮮・ロシア領沿岸視察のため途中まで不在で（その間、寺島副議長と土方宮内大臣が議長職を務める）、復帰したのは十月十二日午前である。報告・説明の任を負うべき井上書記官長もずっと欠席で、すべて伊東書記官に委ねられたため、議事はしばしば混乱におちいり、審議はなかなかはかどらない。たまりかねた元田顧問官は、井上に「本日より二読会午前迄にて相止み、随分亦論も出、議場不整頓に相見へ、残念に御座候。議長と貴兄の御欠席にてはがゆき所少なからず候」と嘆いている（前記九月二一日）。おそらく臨席者全員の想いでもあるが、帰国した伊藤議長が席に就くと、十八日から二十四日まで土・日曜を除き連日、午前午後とも会議が開かれ、議事はスムーズに進んだ。議院法の審議は、実質上伊藤議長復席の時から始まったと見てよい。

議長は、二十四日午後の会議終了前、「法律完美の為、第三読会前に之を委員会の調査に附せん」と提案し、河野・東久世などの整理委員会がまとめた修正案（全一二章一〇二カ条）を第三読会にかけて確定したが（三一日午後。大石・前掲書二四四～二四五頁参照）、この最終段階で、議員等の歳費受領規定について審議前に井上が提案していた「但し召集に応ぜざる者は此の限に在らず」との但書追加案が議長から示され議決された（九月七日前記書簡参照）。最終的には、「此ノ限ニ在ラズとの文例は制限に対する除外例の熟語なるべく、権利に対する取除には当らずと考えられ候。むしろ、但、議員ノ召集ニ応ゼザル者ハ歳費ヲ受ルコトヲ得ズと修正相成り候はゞ、意義文字倶に完璧と存じ奉り候」（三一日。伊藤宛て書簡。井上伝史〈四〉一三六頁）という井上の立法技術的見地からの進言で正文が確定するが、さすがにプロフェッショナルというほかない。

その他の基本法

その他の基本法の審議は、会計法・選挙法・貴族院組織令の順に進められ（第一審。一一月五日午前から一二月一七日午後まで）、最終日午後は、選挙法第三読会に引きつづき貴族院組織令第三読会も行われて年内の会議が終わる。このように急いだ背景には、会計法諮詢案の審議中「憲法発布之期限、内々叡慮相伺い候処、明春二月十一日、即ち神武紀元節に執行然るべし」との天皇の考えが示された（一一月二三日、井上伝史〈五〉四〇頁）という事情がある。これにより基本法の再検討や枢密院の審議には期限が区切られ、関係者は二カ月半後の憲法発布を念頭に置いて作業を進めることになる。

基本法審議の詳細については省略せざるをえないが、これまでと異なる手続上の特色を確認しておくと、まず会計法案については、「通例の順序に依れば、報告員をして先ず原案を調査せしめ、其の調査したる所を各位に報告して第一読会を開き、而して後之を修正すべき筈なれども、此の順序を踏まば、従て議事停滞するの虞ある」ため、「三名の調査員を命じ、大蔵大臣の派出員と共に協議の上、予め之が修正を為さしめた……此の修正案を以て議案と倣し、逐条朗読せしむ」とされた（一一月五日午前議長釈明。枢密院〈二〉三〇三頁）。その三名は寺島副議長・佐野・吉田両顧問官、派出員は大蔵省主計局長渡辺国武を指すが、ここにも会計法制定上の特色がある（前述二〇三頁参照）。

選挙法案についても、議長は「行政区画と各地の人口の多寡とを標準として」編成した「各府県の選挙区割を示す」附録が「未だ上奏の運びに到らざるを以て、今暫く之を配布する能はず……起草者の編成したる儘にては、或は其の区画の実際と齟齬することなきを保し難し。故に今其の附録は各府県知事に照会し、之を実行するに付き、地理上差支なきや否を諮詢中なり。本法の議事終結するの前、各位の覧に供するを得るの運びに到るべし」と釈明した（同二六日午後。枢密院〈二〉一七三頁）。実際、選挙区割りを定める選挙法附録は翌年一月中旬に示されている（後述二五〇頁参照）。

2　再検討と調整

議決済み諮詢案の問題

典範・憲法の議了から約十日後には早くも起草グループの中で再検討が始まる。その代表例は、第一審会議で原案通り議決された「天皇ノ憲法上ノ大権ニ基ケル歳出及法律ノ結果ニ由リ又ハ帝国議会ノ議決ニ由リ生ジタル政府ノ義務ヲ履行スルニ必要ナル歳出ハ、政府ノ承諾ヲ経ズシテ既定ノ額ヲ廃除シ又ハ削減スルコトヲ得ズ」、という議会の予算議定権への制約規定である（前述二二九～二三〇頁参照）。井上は「既定ノ額ヲ」を削るべきだとする顧問官が多かったことを念頭に、それを強く否定する意見を伊藤に送っている（七月二四日、井上伝史〈四〉一三一～一三二頁）。

それによれば、「天皇の大権なる語を会計上に提出したるは、ロエスレル氏の発明にして、幾《ほとん》ど一家の奇説にはこれ無きやと劣生は最初より掛念仕り候」という。なぜなら、君主は特定の範囲に限って「行政を支配する」わけではないからである。つまり「既定ノ額ヲ」を削り「天皇の大権に依れる支出は、議会之を拒むを得ずといふは、恰《あたか》も予算は議会之を拒むを得ずと云へるに同じ……故に天皇大権云々と云ふときは、既定の額云々は従て必要なる用語にして……此の既定額の一句を削らるゝときは、従て天皇大権の一句も亦削らるべし」。

確かに、ロェスラーは自らの憲法草案で「予算に関する国会の承諾は天皇が憲法上の権利に依て定められたる支出に及ぼすこと」がないよう定め、夏島草案修正意見でも「帝国議会が予算を議決するを以て辞柄《じへい》［口実］と為し、以て行政権の施行に干与するの許すべからざること」を説いていた（稲田・憲法成立史〈下〉一二四頁、一六二頁、三四六頁参照）。井上からすると、諮詢案はそれと同じであるから「既定ノ額ヲ」を削るわけにはいかないのである。再検討の結果、「憲法上ノ大権ニ基ケル既定ノ歳出……ハ帝国議会ニ於テ政府ノ承諾ヲ経ズシテ之ヲ廃除シ又ハ削減スルコトヲ得ズ」と改められ、井上の主張は生かされ、ほぼ憲法正文となる。ただ、冒頭の「憲法上ノ大権ニ基ケル既定ノ歳出」（既定費）のほか、「法律ノ結果ニ由」るもの（法律費）、「議会ノ議決ニ由リ生ジタル政府ノ義務ヲ履行スルニ必要ナル」もの（義務費）が具体的に何を指すかは明らかでなく、その範囲いかんは議会の権限を大きく左右する。第一審会議で井上毅は「其種類の実物に至ては、憲法制定の後、当局者に於て之を定むるならん」と答えていたが、その時、問題が顕在化することになる（後述二五四頁参照）。

また、会計法案の審議中に憲法発布期限が指示されたが（前述二四四頁参照）、これを告げた伊藤は、「過日も御内談申し候憲法案修正の箇条及プレーアンプル文章、尚細考の上、多少に改正儀もこれあるべしと察せられ候に付き、篤と御鑒考《かんこう》相成り置きたく候」と告げた上「右文章中には憲法有効の期限をも明示し置くこと必要ならん」（井上宛て書簡、井上伝史〈五〉四〇頁）と指摘した。これは、第一審議決条項に対する再検討の様子を表すとともに、のちの憲法上諭の末尾にある「帝国議会は明治二十三年をもって之を召集し、議会開設の時を以て此の憲法をして有効ならしむるの期とすべし」という一文の起源を示している。

井上は、選挙法諮詢案に対しても興味ぶかい修正意見を提出した（一二月七日夜、井上伝史〈四〉一三七～一三八頁）。「陸海軍軍人ハ現役中選挙ノ権ヲ行フコトヲ得ズ。及被選挙人タルコトヲ得ズ」として、その選挙権・被選挙権を否認していたのに対し、参政権を重んじる立場から「陸海軍将校ノ待命及休職停職員タル者ハ現役ニ同ジク被選挙人タルコトヲ得ズ」として、休職・停職中の将校は被選挙権のみを制限し、選挙権は「文官と同じく保存する」という追加案を主張した。この意見は採用されなかったが、これを機に「現役中」の解釈問題に対処するため、「其ノ休職停職ニ在ル者亦同ジ」を追加することが全会一致で諒承されている（一二月一二日午前、枢密院〈二〉二〇六頁）。

総合的再検討

会計法・選挙法・貴族院組織令の議了によって枢密院の会議が終わると（一七日）、書記官長・書記官などを含めた枢密院関係者は、慰労のため午餐の陪食にあずかったが（二〇日。明治紀〈七〉一七一頁）、基本法全体を通した再検討・確認作業は年末も進められた。この中で、憲法にいう貴族院組織法を定める勅令は「貴族院令」と明記され、貴族院組織令の名称もたんに「貴族院令」となるが、翌年（明治二二）早々、新年挨拶のかたわら井上は伊藤に「憲法典範并貴族院令再審本、浄写差出し奉り候。議員(ママ)法は猶伊東秘書官と打合せたく候に付き、浄写に及ばず、仮清写にて差出し候」と、具体的な検討状況を知らせている（一月二日。井上伝史〈四〉一三八～一三九頁。翌日付返書、井上伝史〈五〉四〇頁）。

一、憲法末尾の条に……総テ第六十八条ノ例ニ依ルとある末句、総て第六十八条ノ規定ニ依ルと修正相成りたく候。「例ニ依ル」と云へる語は、凡例を付す所には適当すと云へども、此の所には適当せず。皇室典範并憲法とも、猶精しく検閲候処、右の外には更に気付きこれなく候。

一、議員(ママ)法には、仍《なお》数多の改正を要すべき所これありやに存じ候。即ち補修意見書相認め候て差出し取捨を仰ぎ奉り候。来七日迄に御一見を経候はゞ、大幸に存じ奉り候。
一、撰挙法も、定めて右同様と存じ奉り候。猶、金子と打合せ候上にて更に伺い奉るべく候。

ここでの「再審本」への言及はまもなく再審会議が開かれることを告げるが、「来る七日面命を得べく候へども、最早一月中間もなきことに付き、心悶《もだえ》き候まゝ啓申奉り候」というのは、迫り来る憲法発布期限を前にした焦りを示している。五日後の会議により、伊藤・井上などが再審会議に「原案取調掛」として提出すべき基本法全体に関わる修正上奏案が確定する。

ところが、一月十日、伊藤は帝室取調局の柳原総裁から「皇室典範修正之意見書」を受け取ったが、ここに具体的な修正案も含まれていた。そこで直ちに井上に対し、風邪を気遣いつつ「至急に御談合之上取捨を決し申したく候……明朝は九時より［黒田］総理邸にて集会、過日来再調査之書類提出、熟議を遂げ候筈にこれあり候。但し、典範丈けは後廻しにするの外これなき候」と急報した（一月一一日。井上伝史〈五〉四一頁）。しかも柳原は、翌十二日、伊藤・井上に同じ内容の長文の書簡を届け、「皇室典範修正之意見書」にも記された三点の「愚見の重件」――「皇族列次は皇位継承の順序に依る」「皇族遠系より漸次賜姓授爵のことあるべし」「皇族会議は皇族懲戒等の時に止め、重事の諮詢は枢密院のみに定む」――を主張し、両者の示談を期待した（伊藤文書〈八〉六八～六九頁、井上伝史〈五〉二四〇～二四一頁）。だが、その件はすでに枢密院会議で議論済みで、文字修正を除き、採用されなかった。

再審会議

明治二十二年一月中旬の三日間、「原案取調掛」の修正案を検討するため基本法全体を対象とする再審会議が開かれた（以下、第三審会議も含めて稲田・憲法成立史〈下〉八二七頁以下参照）。ここでは、憲法（一六日午前・午後）、議院法・選挙法（一七日午前）、議院法・選挙法附録・貴族院令（一七日午後）、そして皇室典範（一七日午後）が順に審議されるが、その冒頭、議長は「憲法は……一旦之を発布したる上は再たび更正すべからず。頗る鄭重を要するものなるを以て、更らに之を内閣の再調に付せられ、内閣は勅命を奉じて其の已《やむ》を得ざるの修正をなし、之を上奏したり……此の草案は一旦議決を経たる者にして、其の重て審議に付せらるゝは、修正の条項に限れり。依て此の会議に於ては、第一読会を省き、且つ修正の条項のみを本官朗読すべし。其の意見ある各位は、朗読の後に於て直ちに之を提出せらるべし。其意見なき箇条は可決と認め、次条に移るべし」と述べ、残り一カ月を切った憲法発布をにらんで迅速な議事手続を求めている（枢密院〈三〉三頁）。

再審に付された修正は、細かな字句修正まで含めると計二十三カ条にのぼるが、憲法の大きな修正点は、議院の法案提出権（起案権）は認めるが上奏権は削ったことである。これは、両権を認めることは議院の立場を強めるだけでなく、上奏が政府弾劾に通じることへの懸念にもとづく。そのため、議院の上奏権は認めるが法案提出権は認めないという逆の前提に立っていた議院法案の規定も、合わせて修正議決された。この点を含め修正原案はすべて可決されたが、法案提出権を認めたことに対応する法案発議・修正要件も整備されている（一七日午後）。

典範がいちばん後回しになったことについて、伊藤議長は、憲法修正議案の第三読会が終わった後、「目下帝室制度取調局と協議中に係り、未だ決定せざるを以て明日は議院法再審の議を開く」旨を述べた（枢密院〈三〉一七頁。前述二四九頁参照）。実際、伊東は直前にも柳原の皇室典範草案意見書に対する「高見を疑ふの鄙見の大略」を欠席中の井上に伝えている（一月一五日。井上伝史〈五〉六六頁以下）。こうして典範修正案は最終日午後に付議され、ほぼ原案通り第二読会で決議された。

ところが、その再審会議の議決結果がそのまま上奏されることはなく、伊藤・井上などの原案取調掛はとくに憲法についてなお再検討をかさねている。議院の上奏権復活を望む枢密顧問官が多かったこと、摂政設置の原因に関してロェスラーから原案の「精神若くは身体の不治の重患に由り」を「其の他の故障に由り」に改めるべきだとする「皇室典範第二十一条意見」が届けられたことなどによる。

第三審と最終調整

こうして一月末の三日間、憲法の再修正案が枢密院の審議にかけられた（二九日午後〜三一日午後まで、憲法第三審。枢密院〈三〉三六頁以下）。その再修正提案は、①議院の上奏権を復活する、②皇位継承要件に「皇男子孫」を明記する、③議会の立法権への「協賛」に統一するなど十七カ所に及び、ほぼ提案通り議決された。中には議院法にあるから不要とする議論により議院の質問権を削り（二九日午後）、「問題外」にもかかわらず貴族院の予算審議権を制限していた条項を削除する提案が可決される（三〇日午前）など、原案取調掛が想定していなかった修正も成立している。

そこで議長は「前日来憲法中、二三の条項を修正したるに因り、議院法にも亦幾分の更正を加ふる所あるべく、是亦修正の上、更に各位の集会を仰ぎ。検閲を請ひ而して復《また》上奏すべし」と締めくくった（三一日午後）。さらなる集会は二月五日に開かれ、午前に会計法を除く基本法の「総委員会」、午後にはそれを踏まえた本会議がもたれたが（枢密院〈三〉五一頁以下）、午前の総委員会では憲法・典範・議院法などの再々修正条項が――摂政設置にかかわるロェスラー意見も「久きに亘るの故障に由り」として――可決された。実質上、憲法は第四審、典範・議院法は第三審会議を形づくるが、午後の本会議ではそれらの確認に引きつづき会計法の再審会議も行われ、基本法すべてが確定した。

3 関係法令の整備

憲法発布式典と三大椿事

一八八九年（明治二二）二月十一日午前、宮城（皇居）正殿において憲法発布式典が行われた。夜来の雨は朝から雪へと変わったが、紀元節親祭・賢所での告文朗読に続き、十時から憲法発布式が執り行われた（三宅・同時代史〈二〉三五八頁以下参照）。よく好事魔多しという。式典当日の朝それが起こった。俗に三大椿事《ちんじ》といわれる。

まず、伊藤博文が紫の袱紗に包まれた憲法の正文原本を持参するのを忘れた。これはたんなるエピソードで済むが、文部大臣森有礼が式典列席のため永田町の官邸を出る直前、刺客のために斃れた（翌日明方死去。享年四三）。きわめて衝撃的な事件だったが、約ひと月後、井上は、国書専門の学生を養成する皇典講究所において「故森文部大臣ノ教育主義」と題する講演を行い（三月九日）、その教育論を紹介するとともに、相談に応じて密かに教育に関する意見書を代草したことなどを追悼の意を込めて語っている（二〇年「森文部大臣教育議」、井上伝史〈六〉一七三頁以下参照）。

これと並んで深刻だったのは、官報号外として印刷された憲法発布詔勅に誤りがあったことである。本来「明治十四年十月十二日の詔命を履践し……」とあるべきところ「明治十四年十月十四日の詔命を履践し……」となっていた（大石・憲法史の周辺二四四～二四五頁参照）。その責任をとるため、井上は書記官長名で、伊東・金子両書記官は連名で、枢密院議長宛てに「相当の御処分」を求める「進退伺」を差し出し（二月一三・一四日。井上伝史〈四〉一四二頁、伊藤文書〈二〉六〇頁）、直ちに「去る十一日官報号外憲法第一紙中、明治十四年十月十四日は十二日の誤写なり」との内閣書記官名「正誤」を掲載することで決着が図られた（一四日官報）。翌日、伊藤は、井上に「貴官及び金子・伊東之進退伺書は、小生預り置き、内閣の評議を乞い遣り置き申し候」と伝えたが（井上伝史〈五〉四三頁）、内閣評議の内容はよくわからない。ただ、まもなく「枢密院書記官長井上毅外二名、勲位進級の件」が決裁され（二月二七日、国立公文書館・記録局「件名簿 甲」参照）、勲一等に叙し瑞宝章をたまう親授式が行われたこと（三月六日、明治紀〈七〉二三四～二三五頁）などを考えると、処分はなかったと考えられる。

森　有礼

憲法発布記念に大赦令も出された。不敬罪・内乱陰謀罪などの刑法犯のほか保安条例・集会条例などの治安立法違反なども対象で、「福島県平民河野広中等五百四十人赦に浴す」という（明治紀〈七〉二一五頁）。一年余り前東京退去とされた尾崎行雄・片岡健吉・中江兆民なども含まれるが（前述二一七頁参照）、西南戦役で官位剥奪となった西郷隆盛に正三位が贈られるなど、「朝敵」の汚名をそそぐ措置も取られた。

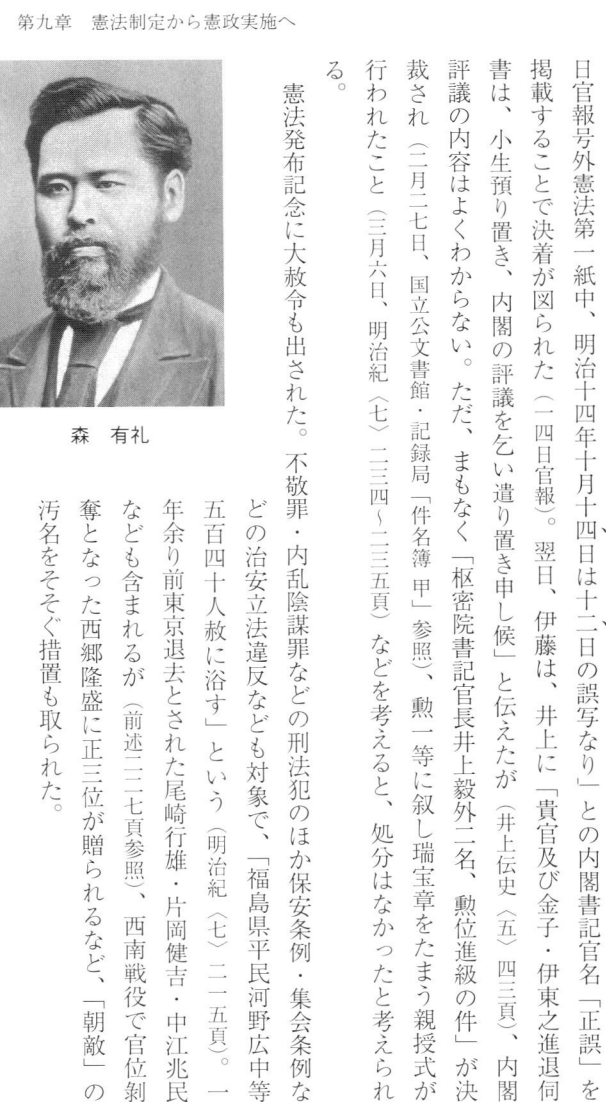

憲法制定後の課題——法令審査と法令改正

憲法の制定・発布とともに問題となるのは、新聞紙条例や保安条例などそれ以前に制定された法令をどうするか、また憲法と同時に制定された議院法・選挙法・貴族院令・会計法のほかに憲法の運用に必要な附属法をどう定めるか、である。

前者の関係では、憲法は「法律の範囲内」で居住・移転の自由、言論・集会・結社の自由を保障しており、そうした法令は少なくとも法律（議会制定法）として改めて定める必要があろう。このことは、憲法起草者が早くから強く意識していた。現に、枢密院再審会議を前に「憲法発布に付き、他の法律規則に矛盾を生ずる件々」（憲法資料〈下〉一五八頁以下）という検討文書も作られている。これは、保安条例の問題のほか、大臣の罰則設定権を認めた各省官制通則と罪刑法定主義との関係、公文式・内閣職権の大宰相主義と大臣分任主義との関係なども取り上げている。他方、憲法運用に必要な法令の問題として、前記の第六十七条の施行に不可欠な三費目の指定がある（前述二四七頁、大石・日本憲法史一八二頁。柴田紳一「帝国憲法第六十七条施行法（会計法補則）制定問題と井上毅」梧陰研・明治国家と井上三二七頁以下参照）。そうした問題を審査したのは法制局であり、その長官を本務とする井上毅である（五月一〇日書記官長を解かれ長官専任に。後任は伊東）。

そのため法制局は春から夏にかけて多忙をきわめた。問題のある多くの法令に検討を加え、改正案を用意するとともに、憲法と同時に制定された基本法以外の関係法を整備する必要もあったからである。実際、井上長官は、大臣の罰則設定権の関係で「法律の委任に依らざる省令の罰例は、総て廃止することを明言し、以て憲法の正文と行政上の便宜とを調停せしむる」方法を取るべきだとする各省官制改正意見を伊藤に届けている（五月三一日、井上伝史〈四〉一四九〜一五〇頁、同書〈二〉一一二頁以下）。同じく「省令に罰則を委任するの法律案」や憲法「六十七条既定歳出の取しらべ」などについて伝えたり（六月一一日。井上伝史〈四〉一五一～一五二頁）、ふたたび「行政命令罰則の事」についてプロイセンの例などを示したりしている（同二七日。同書一五三頁）。

こうした検討の成果が結実するのは冬以後のことで、翌年に立法化されたものが多い。二十二年中に内閣官制の全面改正と公文式の一部改正は実現したが（一二月）、翌年になって裁判所構成法・行政裁判法の制定（二月・六月）、各省官制通則の全面改正（三月）による省令罰則設定権の削除、集会及政社法（七月）の制定による集会条例の廃止が実現した。そして間もなく、第六十七条施行法に代わる会計法補則も制定されている（八月。大石・前掲書二六七頁以下参照）。いずれにせよ、そうした憲法と法令の矛盾という問題は、大隈外務大臣の下で極秘に進められていた条約改正にも強い影響を与えることになる。

4　再び条約改正問題

二つの公文

大隈は、憲法会議で沈黙をつらぬき（前述二三六頁参照）、前任者の轍を踏まないよう密かに条約改正案のとりまとめに力を注いでいた（外交文書〈条約改正〉条約改正経過概要二二七頁以下）。その作業は外務大臣秘書官加藤高明《かとうたかあき》やデニソン、モッセなどの助力を得て進められ、枢密院で会計法第一審会議が行われた頃（二一年一一月）、前大臣時代の通商航海条約案と裁判管轄条約案を一本化した和親通商航海条約案（全二四カ条）がまとまった。この案は、問題の外国人判事任用や法典編纂事前通知を廃止するとともに、領事裁判制度についても外国人居留地などの特定地域に限り五年間存続させ、その廃止と同時にそれまでの永代借地権に換えて完全な土地所有権を外国人にみとめるというもので、かなり改良されたように見える。同案による交渉は、関係諸国による合同談判方式を避け、各国公使と個別交渉を行う国別談判方式により十一月下旬から独米仏ロなどの順に進められた。憲法制定後まもなくまずアメリカ（二二年二月）、次いでドイツ・ロシアと合意に達し（六月・八月）、英仏との交渉も大きく進展している。

その和親通商航海条約案には、伊藤議長も井上農商務大臣も基本的に賛成したが、外務大臣による二つの宣言・公文をともなっていた（外交文書〈二二〉一頁以下、同〈二二〉一一二頁以下）。一つは大審院における「外人判事任用に関する宣言」で、「政府は、其大審院に於て判事の資格を以て職務を執らしむる為め、外国法律家若干名を任用することを決したる旨」と新条約の実施から「十二箇年間は必ず之を継続すべき」ことを伝えるもの、もう一つは「法典編纂及び翻訳に関する宣言」で、刑法・治罪法・民法・商法・訴訟法を新条約実施後二年以内に改正編纂に従事し、その公正な反訳文を「発布後一カ年半以内に公布」することを約束するものである。これだと、条約案本文で削除した外国人判事任用や法典編纂の通知が義務づけられ、実質は旧案と変わらない。

この条約案については、駐米公使陸奥宗光から大隈外務大臣宛てに「外国人裁判官任用に関する憲法上の疑点」が伝えられたが（三月二九日発・四月二三日着。外交文書〈二二〉一四七頁。明治紀〈七〉二五三頁参照）、大臣は追って制定されるべき裁判所構成法で解決されるとすげなく回答している（五月一四日発。同書一九九頁）。しかし、まもなくイギリスの新聞で報じられた改正条約案の要旨――大審院における外国人判事任用と法典編纂・翻訳に関する宣言を含む――が国内で報道されると（同三一日東京日日新聞など）、官民を問わず条約改正中止を唱える反対派と条約改正断行を主張する賛成派とに分かれて激しい対立が生じた。大隈を応援する改進党の機関誌「郵便報知新聞」は反対派を批判する「条約改正問答」を連載したが（七月三日～一九日）、「官民の情状は中止七分断行三分」と診断された（明治政史〈下〉九八頁。三宅・同時代史〈二〉三八三頁参照）。

この「内外の現況」を前に、前任の井上農商務大臣は「当分ポリチックは内外え対し不為不言仙人と云ふ決意之外は有害無益」と鳴りを潜めてしまう（六月六日伊藤宛て書簡。伊藤文書〈一〉二三七頁）。

そこで法制局長官に対し、外国人裁判官を憲法に矛盾しないかたちで任用できる道が求められ、井上は、明治「十九年冬帰化の件」（井上伝史〈四〉一五五頁）を検討した成果を利用しつつ、ちょうどドイツとの和親通商航海条約が成る頃、六月十日から下旬にかけて山田司法大臣との連絡をとりつつ帰化法の検討を進めた（同書六三七頁以下の諸書簡参照）。

「帰化法」構想

その件は、前外務大臣時代に外国人法官の任用が問題になった際（前述二一三頁参照）、ロェスラーやモッセと問答を交わし、とくにモッセから大きな教示を得ていたことを指す（一九年一一月二〇日・一二月三日、法制史料〈一〉一三七頁以下、同書〈十〉八〇頁以下参照）。井上は「裁判官を外国人のまゝにて採用するときは……国民の公権を掲げたる明条と乍《たちま》ち矛盾するに至るべし」と原則論を述べつつ、例外的に「独乙に傚ひ、外国人を官使するときは其の任命状を以て帰化証と同視するとの一条を帰化法の中に設け」る方法を伊藤に伝えていたのである（一二月一八日書簡。井上伝史〈四〉一〇〇～一〇一頁。法制関係〈上〉五二四頁以下「国民身分法」〈井上毅試案〉参照）。

これを基に井上は、黒田総理大臣と大隈外務大臣に、状況を打開する「唯一の方法」は「法律を設け外国人の帰化を認め及び外国人にして日本の官職に就かしむるの要用あるときは、先ず特別に帰化証を付予し、帰化の民たらしめ日本臣民と同じく一般の権利及び義務を有せしむること」だとして、「国民身分及帰化法」の制定を急ぐよう求める意見書を届けた（二〇年七月四日、井上伝史〈二〉一五五頁以下、外交文書〈二二〉二三五～二三六頁）。

同日、井上はこの意見書を伊藤議長や元田枢密顧問官にも送って理解を求める（井上伝史〈四〉一五四頁、同書五九二頁参照）とともに、これまで協力を得てきた山田司法大臣にも「憲法の干楯《かんじゅん》たる亦帰化法に在り、憲法の蠹賊《とぞく》［損害］たるも亦帰化法に在り」と伝え、その制定に大きな期待を寄せている（一五日井上書簡。井上伝史〈四〉六四二～六四三頁）。その際、国内法と国際法の関係上、「帰化法発布のみにては公文の載する所を打消すの力なく、故に第二の公文を発して各国に「帰化法の範囲内に於いて外国出身の判事を帰化せしめて任用すべし」との旨を明言す」ること、帰化法の早期制定に次いでその旨を明言する第二の公文を発布することも必要と説く（同一九日閣議提出「条約改正意見」、井上伝史〈二〉一六五頁以下。山県内務大臣に示すために作成された「条約改正始末概略」同書一九一頁以下。後述二六四頁参照）。したがって井上の論は、条約改正反対論であって改正中止論ではないが、伊藤などは条約改正憲法違反との議論が起こると「大に其の前後処置に困しむ」天皇からの下問にも応じないという「不為不言仙人」の有様だった（明治紀〈七〉三一二・三一四頁参照）。

いずれにしても、井上の帰化法構想は「特別法に依らずして外国人を裁判官に任用するに至っては……憲法矛盾」とするロェスラーの答議（法制史料〈二〉一六三頁）を参考にするとともに、とくにモッセとの談話の中で改正条約について「帰化法を設くべきこと」を教示されたことに由来する（六月六日黒田総理宛て井上書簡参照。井上伝史〈四〉三九一頁）。

井上毅の改説

この構想を大隈外務大臣も受けいれ、八月初めの閣議では「速やかに帰化法を設け、大審院に任用せんとする外国人は帰化人たるを要すと定め、既に調印せる米独二国には之れを説明して其の承認を求め、未だ調印せざる諸国には更に公文を発して前回の公文を撤回すべし」と決定した（二日、明治紀〈七〉三二二頁）。もっとも、井上農商務大臣は欠席した伊藤に対し、「昨日之会議之席も総理之意見幷決論等も判然致さず……斯くの如き有様にては彌《いよいよ》以て落胆の外これなく候……最早不言不為学仙人之決意は彌増長致し」云々と伝えている（翌三日。伊藤文書〈一〉二四〇頁。その頃の前外務大臣の心情は、世外井上伝〈四〉一〇六頁以下参照）。その数日後、ロシアとの間に和親通商航海条約も成ったが（八日）、結局、その閣議決定は実行されなかった。

この背景には、副島・鳥尾両枢密顧問官、海江田元老院議官、西村宮中顧問官などが大隈外務大臣の官邸を訪ねて論難する（一四日）など事態が紛糾したこと、上奏案を下付された枢密院が夏季休暇のため議事に必要な顧問官の出席を確保できない状況にあったこと（二一日伊藤宛て寺島副議長書簡参照。伊藤文書〈五〉二〇二頁）などが関係しているかもしれない。しかし、大きな契機となったのは、その後——おそらく八月十日前後——井上毅自身が松方大蔵大臣との面談などを通じて帰化法論から条約改正中止論に転じたことにあり、最終的にこれが優勢を占めたからであろう。

井上は、松方大蔵大臣と面談した時（八月一〇日夜）、その話合いの中でこれまでの問題意識を超える重要な論点に気が付いたのか、翌日、山田司法大臣も「未だ十分注意せられざる」問題点を指摘した「別紙」を松方に送り、山田大臣にも示すことが必要と説いた（一一日、井上伝史〈四〉五二九頁以下）。要するに「若し甲国は改正を承諾し、乙国は之を承諾せざることあるときは、其の結果は如何の問題を生ずべし」という論点で、約十日後の黒田総理大臣宛て条約改正意見（後述）も同じである。

その日、井上は、閣議で最終的な対応まで話が及んだときは松方大臣が「止むを得ざる場合には改正を中止し、批准延期之決意」を唱えると見て、その際の「針路」も具体的に示した（一一日、同書五三一〜五三二頁）。それは、一「憲法矛盾は、中止の為には最も強き理由にして、外国人も亦我が憲法実施の為に十分なる余地を与ふるの徳義上の義務を認むべき事」、二「内閣辞職して中外に謝する事」、三「批准及実施に付き、無期限の延期を申込み、五法［刑法・治罪法・民法・商法・訴訟法］及裁判構成法を国会に付し、之を実施するの後に非ざれば、何等の決定なり難き旨を宣言する事」というもので、内閣への提議案も付されている（同書五三二頁以下。井上伝史〈四〉一八三頁以下参照）。

条約改正中止論

井上は、そうした国内的対応に加え、黒田総理大臣に「条約改正意見」を提出している（二二日、井上伝史〈二〉一七七頁以下。外交文書〈二二〉二九一頁以下参照）。それは「条約改正に付き、最大一の困難は、甲国は改正を承諾し乙国は承諾せざるときの場合なり」との書出しが示すように、基本的に約十日前の松方宛て「別紙」と同じで、問題点と方向性をよりシャープにまとめたものである。つまり、承諾・不承諾の諸国がある場合、条約改正の第一目的である関税権回復・税額増加という狙いは、第三国への課税より不利な課税は認められないとの条項により有名無実になるほか、最恵国待遇条項――第三国国民に与えられるより劣らない待遇をみとめる国際法上の定め――により、旧条約を存続する国も新条約締結国と同じ利益を主張できるという厄介な問題が生ずる、というのである。

この問題は、外国人法官任用や帰化法制定の是非といった国内的な論議を超えるもので、確かに山田大臣も「未だ十分注意せられざる」ところであった。そこで井上は、「此の困難なる成行を避くる為には必ずや一転策を用ゐざるべからず」として、一「十分なる譲与をなし、彼の希望に対《こた》へ以て新条約を完結す」、二「先ず改正を承諾する国を結合して新条約を履行し、改正を承諾せざる国に向て旧条約を棄却す」、三「改正を中止す」という三策を提示する。その上で井上は、第一案についてはこれ以上譲歩の余地はないこと、第二案については「条約の棄却〔破棄〕は我れに法律上の十分なる条理」がないことから実行しがたく、ともに採用できないのに対し、「第三策は第二策に比すれば法理に悖《もと》らず事情に逆《さから》はずして実行し得べきの方法たり」と結論する。井上にいわせると、改正断行論を説く新聞がこうした「外交上容易ならざる駆引を軽々に論過せる事」は「驚怪に堪えず」(九月一日元田宛て書簡、井上伝史〈四〉五九四頁)ということになる。

この点について『明治天皇紀〈七〉』は、「毅、初め帰化人採用の説を主唱し、以て条約の罅漏《かろう》を修補せんとせしが、今や帰化人採用を以て言ふべくして行ふべからずと為して、条約の中止を唱ふるに至る」(三四五頁)と記して井上の変節をにおわせる。しかし井上の議論は、たんなる改説でなく、むしろ国際法をも視野に収め、官民を問わず帰化法構想を媒介としたそれまでの条約改正賛否論などとは異なる次元に立つものであった。

井上は、自分の「本意」が徳大寺侍従長を介して天皇にも伝えられたことをうけて、「此事近日廟堂中之問題と成りて両議分岐、終に聖裁を奏請に至る」だろうと見る(前掲・元田宛て書簡)。実際、

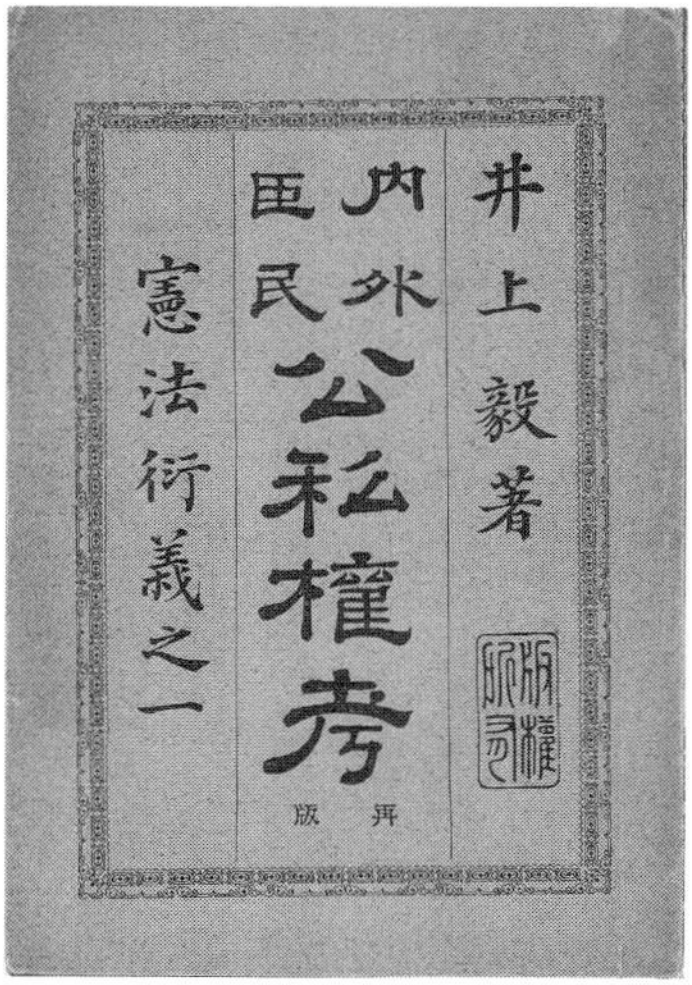

『内外臣民公私権考』

井上の条約改正中止論がすんなりと伊藤議長や黒田総理大臣・大隈外務大臣などに受け入れられたわけではない。その間の経緯は省くが、内閣の方針が定まらないことに業を煮やした井上は、あえて松方大臣に「国家万世の計の為に、御自身率先して内閣辞職針路中止を御申立に相成り、之を以て閣議の問題とせられ候事」が「上策」と提案し、そうでなければ「小生は一兵卒の事に候へば、憚りなく更に総理又は外務へ最後の建言仕り候心得にこれあり」と迫った（一三日。井上伝史〈四〉五三五～五三六頁）。

井上の心情

それでも埒が明かなかったため、井上は「小生は憲法矛盾論之先鋒者に候へば、一日も早く閑地に就き申さずしては、良心不安に覚え候」として、伊藤議長に法制局長官の辞表を提出するとともに、黒田総理大臣や大隈・山田両大臣にも辞意を伝え、「十日の菊花」と思いつつその旨を差し出した（九月一六日、井上伝史〈四〉一五八頁。山田宛て書簡、同書六四五頁。明治紀〈七〉三四九～三五〇頁参照）。その裏には、平素の病身からくる苦痛、条約改正問題への対処方針に関する自らの改説が内閣に大きな混乱を招いたことへの責任にくわえ、まもなく発行される自著で改説後の立場を鮮明にしたことから生じる批判と混乱などを考えたからであろう（結局、この時、長官辞職は認められなかった）。

本文六十四頁の小著にすぎない『内外臣民公私権考　憲法衍義之一』（二三日刊行。井上伝史〈三〉五八六頁以下）は、改説後の井上の立場を公に宣言したもので、法制局参事官中根重一などの協力を得つつ取り調べてきた成果（八月一六日井上宛て書簡。井上伝史〈六〉三三〇頁以下）を「憲法義解の責任を荷《にな》ひ、憲法主義之保護者之一人となりて……一身を犠牲にして以て百世の公論を待つ之決心」を固めて世に問うたのである（九月二二日伊藤宛て書簡、井上伝史〈四〉一五八頁）。ここに至るまでに「一昨年之秘密出版騒ぎ之如き事に至り候も面白からず候へば、いっそ公然小生之名前にて出版公布いたしたく」との希望を伊藤に伝え（八月三〇日井上書簡。井上伝史〈四〉一五七頁）、了解も得ていた（この続編を「憲法衍義二」として予定していたが〈井上伝史〈補二〉一七八頁以下参照〉、これは省略する）。

法制局長官の辞表を提出した際、井上には内心忸怩たる思いもあった。「非常の精神、非常の知略、東洋第一之豪傑」と評する大隈との関係にふれ、「今更申し候も詮なき事に候へども、昨冬外務大臣へ一応意見申し出候節、再三折返し手強く申立てず候事、後悔此事にこれあり候。グツ〱いたし候内、憲法をキヅモノにいたし候事、返々《かえすがえす》残念之至りに存じ候」と悔やんだ（九月一六日伊藤宛て書簡、井上伝史〈四〉一五八頁）。同じ日、山田にも「昨冬此事進退を以て十分に極論せざりし事、今更後悔千万に存じ候。今日に至り候ては、何事も十日の菊にて婆心に均しく」云々と伝えた（同書六四五頁）。

この日、さらに元田にも「最早他にせんすべ無く、一身良心に背かざる処分に出候而已にこれあり候。諸公皆亡国の臣にして、一も振て正気を維持し、大勢を挽回する之気力これなく、扨々末運とは心事残念之至りにこれあり候。感心なるは独り大隈の胆力にこれあり候而已。小生今日より百事を抛《なげう》ち病痾を休養する心得にこれあり候」と心情を吐露している（井上伝史〈六〉三〇五頁）。伊藤や井上馨は、大隈を外務大臣に推した手前、当初賛成していたものの、憲法違反論などが起こると積極的な行動に出ることはなかった。大事なときに「不言不為学仙人」を決め込むような政治家を前にした井上の絶望的な嘆きが聞こえてくる（前述二五六頁参照）。

井上と元田の間には頻繁なやり取りがある。天皇が深く信任する元田に伊藤・大隈・黒田などの意向を確認させるなどしていることから（七月二二日、明治紀〈七〉三〇九頁。同二九日、同書三一四頁。九月二〇日、同書三五一頁など）、井上はその考えを天皇に伝え、天皇も井上の知略を借りることを元田に期待してのことであろう。井上は元田に閣議決定を要する点を「現在改正案の外、公文の載する所は、総て之を取消す事。是を取消すには閣議を経、明文を以て公然外国政府へ掛合う事」「右一二大国にて不承知の機あらば、左右共速に其の決着を突留め、愈々六《むつ》かしきならば、総ての国の改正を中止する事」「左右共決着迄ノ間、調印済みの国々に向て批準なき様、外務大臣より申入る事」の三カ条に要約して示したが、これもその意味で理解することができる（同二一日、井上伝史〈四〉五九五〜五九六頁）。

条約実施延期へ

閣内の断行派（黒田・大隈）と反対派の対立という事態を打開するため、内閣大臣と枢密顧問官の合同会議なども提案されたが、実現しなかった。それだけでなく、条約改正を断行するか中止するかを改めて議論するかを閣議で決定すべきだとする議論すら起こり、収拾がつかなくなる（明治紀〈七〉三五五頁以下参照）。こうした状況の中、山県内務大臣が帰国するが（一〇月二日）、両派は、前年末から欧州諸国の国防・自治制の研究に携わり、条約改正問題に関わっていなかった山県の取込みを考え、慌ただしい動きを展開した（同書二七一頁）。

井上も、その離日から帰国直前九月下旬にいたるまでの経緯を、「主上」つまり天皇の意向を織り交ぜつつ、簡潔に記した「条約改正概略始末」を参考に供すべく（井上伝史〈二〉一九一頁以下）、病中をおして山県に面会した（一〇月五日。翌日元田宛て井上書簡、井上伝史〈四〉六〇〇頁）。この時「吾輩もと伊藤……の老練意見の為に誤られ……今更遺憾に存じ奉り候」と悔恨の念を漏らしている。山県は「是に於て滞留数日にして其の意を尽せり、有朋の意漸く決す」と言われるが（明治紀〈七〉三七〇頁）、その意味は条約改正時期尚早論・改正延期論である。

まもなく伊藤は枢密院議長の辞表を提出する（同一一日）。黒田や大隈などの閣僚や天皇も慰留に努めたが、伊藤の辞意は固かった。その一週間後、大隈が夕方退庁直後に外務省門前で兇徒に襲われ、爆弾で右脚切断の重傷を負うという事件が起こる（一八日）。これにより、日本側は、批准を待つばかりになっていた米独ロとの間だけでなく、改正談判中の英仏などとの対応も迫られた。その善後策について井上は、実質上の総理、山県内務大臣に対し、「速に外務大臣の仮任を定めらるゝ事」（ただし、重大事なので他の閣僚に兼任させるか新任の外務大臣を選ぶこと）、「各国調印済の国に対しては批準《（ママ）》を拒むの外に中止延期の路はあることなし」（この場合、総理大臣又は新任外務大臣が「聖旨を奉じ公文を発し或は普露米の三国には特に新公使を派遣する」こと）、「調印未済の国に対しては談判中止の由の公文を発する事」などを、それぞれ公文案を添えて提言している（二〇日頃。井上伝史〈二〉二〇二頁以下「条約改正意見」。公文案は同書一九四頁以下参照）。

その後、井上は松方大臣に「先日山県伯へ差出し候書付」を提示するとともに、「全権委員負傷に付き、談判延期又は実施期限延期、と云ふ様の姑息論」ではなく、「今日は失ふべからざるの機会に付き、外国公使に泣き付き、全局の引き戻しを付ける事は、左まで困難の事にはこれあるまじく」云々と説き、今なすべきことは、「廟議一定して外務当局者に方向を授け、迅速に着手致し候に、今更顧慮すべき事はこれなしと存じ候」と力説した（二四日。井上伝史〈四〉五三六頁）。

こうして黒田は枢密顧問官となり（二五日）、三条内大臣が総理大臣を兼ね（他の閣僚は留任）、伊藤も三十日に辞職を認許されて宮中顧問官に就いた。そこで井上は山県内務大臣に「新外務大臣を定められ候事、急中之急」とし、「最早議論は已に尽きたり、着手如何と視るの時」だと迫った（一一月六日井上書簡。井上伝史〈六〉三二一頁）。こうした意見や進言との関係は明らかでないが、ひと月後「将来外交の政略」に関する閣議決定が行われ（一二月一〇日「閣議案」、閣議に付された「意見書概要」参照。外交文書〈二二〉三二九頁以下）、その三日後、三条総理大臣名で「新条約実施期日延期に関する件」が署名済みの米独ロの各公使宛てに電報で通知された（同書三三四頁参照）。その翌日、大隈は外務大臣の辞表を提出、十日後に免官となる（二四日。後任は外務次官の青木周蔵）。

この日、三条に代わり山県が総理大臣となって内務大臣を兼任するなど、閣員の一部変更が行われるとともに、大宰相主義に立った内閣職権を修正した内閣官制が定められた。井上は、その原案と目される「内閣組織」案と内閣一致を誓う各大臣上奏案も用意したが（井上伝史〈六〉一九五頁以下）、そこには、広大な権力イメージをともなう内閣総理大臣の職に代えて各省大臣の中に「内閣長」と称する「一の首相」を設けるといった大胆な提案も見える。

5　憲政実施へ

欧米議院制度調査

少し時間を戻すと、憲法発布の後、議会開設に向けていろいろな準備を進める必要があった。そこで、以前から悩まされていた脳痛から回復した金子は、井上書記官長に議院規則などの取調べのため「欧州行」の希望を伝えていた（五月一五日伊藤宛て井上書簡参照。井上伝史〈四〉一四八頁参照）。ただ「井上氏の考に依れば、事務局設立は急に相運び候様に見え申さず候」という（六月一〇日伊藤宛て金子書簡。伊藤文書〈四〉二九頁）。政府内は条約改正問題への対応で多忙だったからであるが（前述二五五～二五七頁参照）、井上が手を拱いていたわけではなく、松方大蔵大臣に「議院事務之準備に至り候ては、別に臨時局を設けられ、相当の人員を命ぜられ、速に取り掛かり申さず候ては間に合い兼ね申すべく、苦心存じ奉り候」と伝えている（七月二日書簡。井上伝史〈四〉五二八頁）。

中橋徳五郎

こうしてまず、金子を代表とする欧米議院制度調査団が設けられ、農商務省書記官中橋徳五郎《なかはしとくごろう》、法制局参事官試補の太田峰三郎《おおたみねさぶろう》・齋藤浩躬《さいとうひろちか》・木内重四郎《きうちじゅうしろう》を随行して調査を進めることになったが（七月二一日横浜発。翌年五月末に木内など三名、六月上旬に中橋・金子帰国）、その模様についてここで紹介する余裕はない（詳しくは大淵和憲校注『金子堅太郎 欧米議院制度取調巡回記』参照)。

臨時帝国議会事務局

次いで条約改正問題が一段落した頃、井上長官を総裁とする臨時帝国議会事務局が内閣に設置され(一〇月一二日)、書記官に法制局から曾禰書記官、山脇・中根両同参事官、渡辺廉吉総理大臣秘書官、林田亀太郎《はやしだかめたろう》などが任命された。この冬、井上総裁は、憲法条項を示しつつ「国会開院の前着手すべき事件」を挙げ、とくに臨時議会事務局が調査検討すべき「両院開会の手続幷各種の規則取調べの事」として、議長の職務、議事規則(動議・修正・討論)、議事日程・議事録、内部警察、議員懲戒規則、議院会計規則など十七項目を示し、「右成案の上は其の重なるものは勅令を以て公布せられ、議院の憲法五十一条に依り自ら制定するの時まで効力を有する旨を明言すべし」と指示している(井上伝史〈二〉二〇六頁以下)。その趣旨は議院自律権との調整をはかることにある(前述二一〇頁参照)。

各種規則案の立案作業は、翌年の貴族院・衆議院書記官長の任命(二三年五月。貴族院は金子、衆議院は曾禰)、議会制度調査団の帰国後の第一回衆議院議員総選挙(七月一日)や両議院事務局の設置(一〇日)を経てもなお続けられた(大石・議院自律権二四一頁以下、同・日本憲法史二七三頁以下参照)。その過程で「議会事務局幷法制局員合同評議」も開かれたようであるが(一一月二四日伊藤宛て井上書簡。井上伝史〈四〉一六三～一六四頁)、立案作業の一端は最終段階の井上総裁宛て書簡からも知られる。

それは「臨時事務局立案衆議院規則に付き修正案を提出すべし」との命をうけた齋藤浩躬が「修正、表決及諸般の動議」に関する規定について逐条的に修正意見を述べた一節で(七月六日。井上伝史〈六〉三二二頁以下)、「昨日を以て右議了し、曾禰書記官長手元まで呈送致し置き候へば、不日貴覧に入り申すべしと存じ奉り候。素より評議の常として各条項の修正尽く愚見に合ひ候とは申し上げ難く候得共、大体同一に候得ば、右修正案を作り候意趣を以て御案に付き一二の愚見申し述べ候。序でながら御了承を仰ぎ奉り置きたき儀は、仏国代議院書記官長「ピエール」氏が「各議員が十分に心得居る不完全の規則は議員が心得居らざる完全の規則に勝る」と云へる一言に候。此意趣は幾分か小生等の修正案にも影況を為し申し候」という。

ここに「ピエール」とは、フランスの下院事務総長E・ピエールを指すが、その頃、井上は「憲法施行上之残件完結候はゞ、閑地に就きたい」と願い、山県総理大臣や山田司法大臣などに辞意を漏らし、転地療養中の神奈川から「法制局幷議会事務局共略相片付き候に付き、最早決意、骸骨を乞ふ之時機」とみて辞表を出した（一一日伊藤宛て書簡。井上伝史〈四〉一七五頁）。むろんそれは聞き届けられず、かえって枢密顧問官兼任を命じられた（一九日伊藤宛て元田書簡。伊藤文書〈七〉三七二頁）。まもなく井上総裁名の『臨時帝国議会事務局報告書』が山県総理大臣に提出され（八月二三日。井上伝史〈二〉二四七頁以下、議会資料〈上〉一〇九頁以下）、事務局自体も廃止されたが、ちなみに、議院規則の研究も近年進みつつある（とくに赤坂幸一「明治議院規則の制定過程〈1・2完〉」議会政治研究六〇―六一号、尚友倶楽部編『議院規則等に関する書類』など参照）。

議会開会・憲法施行

秋を迎え、「本年十一月二十五日を期して帝国議会を東京に召集す」る旨の詔勅とともに、初回の召集時にのみ意味をもつ両議院の成立仮規則が定められた（一〇月一〇日。十日後に元老院廃止）。この後、貴族院正副議長に伊藤・東久世が任命され（二四日）、衆議院では議会召集後、候補者三名選挙後に勅任という議院法所定の手続にしたがって、正副

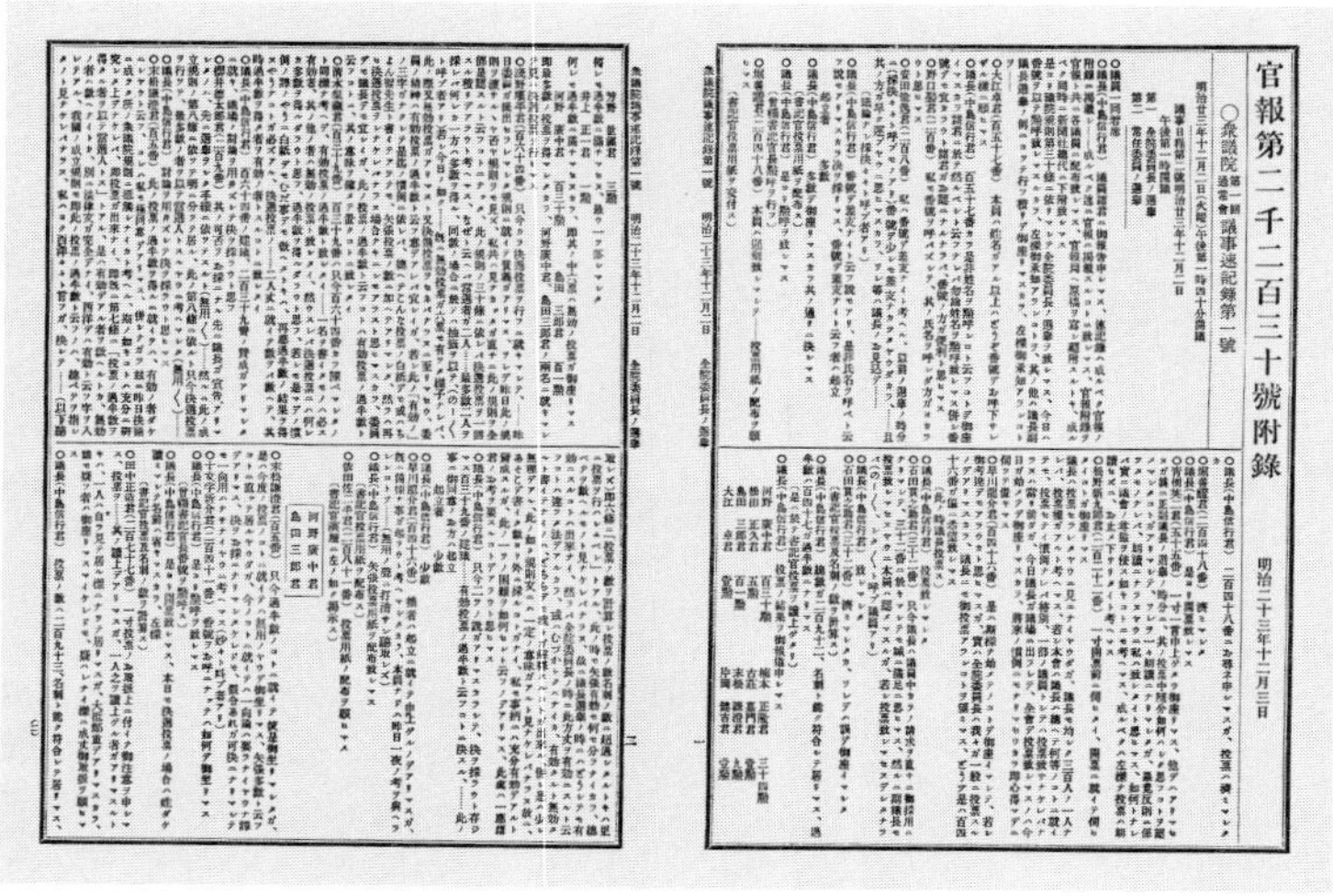
官報第二千二百三十號附錄

○衆議院第一回通常會議事速記錄第一號

明治二十三年十二月三日

衆議院帝国議会議事速記録1号

議長に中島信行・津田真道が選出・任命された（一一月二六日）。そして両議院は、先の臨時議会事務局で起草された規則案を検討するが、衆議院では曾禰書記官長の計らいで各派の長老議員による検討会がもたれた後、両議院の内部組織や議事手続などを定める規則をそれぞれ議決した（一二月一日）。その検討会は、現在の議院運営委員会理事会に相当する「各派交渉会なるものの濫觴」といわれる（林田・政界側面史〈上〉二二四頁）。

この時、衆議院（定数三〇〇）の政治勢力は、保守派の大政会七十余りに対し自由党一三〇・改進党四十余りと、民党優位の状況であった。そこで井上法制局長官は、議会開会直前、「政府は立憲政の精神を曠廃せずして議会の職務を敬重する為には時宜の許す限りの譲与を為さゞるべからず」との立場から、問題となる論点への対応を検討している（井上伝史〈二〉二九〇～二九一頁）。そのうち「法律八十四号命令に罰則を付する件廃止之件」など三件は採用すべきもの、「政費節減」「地租軽減」「議院法改正」など四件は斟酌すべきもの、選挙法改正などは拒絶すべきだとするが、とくに最前者に政府が固執するのは「正理に背く者」と厳しく断罪しているのが目を引く。

　これは、明治憲法施行の約二カ月前に、後任書記官長となった伊東が「命令ノ条項違犯ニ関スル罰則ノ件」という包括委任法を成立させたことに対する怒りを背景とする。その事情を詳しく述べる余裕はないが（小嶋和司「明治二三年法律第八四号の制定をめぐって」同・典憲体制三九五頁以下参照）、井上と伊東の間には以前から憲法解釈などをめぐる亀裂が生じており、伊藤への書簡の端々にも「余計なる事」「奇論」など井上に対する伊東の軽侮感がうかがえる（二二年七月二九日、二三年八月九日。伊藤文書〈二〉七三、一一三～一一四頁）。

　ともあれ、明治二十三年十一月二十九日午前、帝国議会開院式を迎え、憲法前文の「議会開会ノ時ヲ以テ此ノ憲法ヲシテ有効ナラシムルノ期トス」との定めにより、大日本帝国憲法も施行されることになった。第一期帝国議会は、一月二十日未明に議事堂が焼失して一週間ほど休会したため、会期を三月七日までの九日間延長して閉会している。それは、次年度総予算案の節減をめぐる攻防と自由党土佐派の「寝返り」による減額修正での決着といった活劇の舞台にもなったが、大局的に見れば「半ば紛擾の中に経過し、殆んど試験的議場」（工藤・帝国議会史九一頁）であったといえよう。

教育勅語への関与

　先の臨時議会事務局も終盤に差しかかり、法制局長官の辞表を差し出した頃、井上毅は別の用事を抱え込むことになった。それが「徳教に関する勅諭」、い

元田永孚

わゆる教育勅語の起草である。その構想は明治十年代初めからの長い歴史を持つが、本格化したのは榎本前大臣から代わった芳川文部大臣（五月一七日任）に勅命があり、その許で文部省案が作られてからである（明治紀〈七〉六七〇頁以下。古典的研究として、海後宗臣『教育勅語成立史の研究』、稲田正次『教育勅語成立過程の研究』参照）。

山県総理大臣からその検討を依頼された井上は、教育勅語に関する意見をつづけて総理に呈出したが（六月二〇・二五日。井上伝史〈二〉二三一〜二三二頁、二三三〜二三四頁）、その結論は「他の普通の政事上の勅語」と異なり、「数多の困難を避けて真成なる王言の体を全くするは、実に十二楼台を架するより難事」で「到底然るべからず」というものであった（伊藤之雄『山県有朋』二五一頁以下参照）。

そもそも、「立憲政体の主義に従へば君主は臣民の良心の自由に干渉せず」とされるため、宗旨上の争端を開くような敬天尊神などのことば、哲学上の理論や政事上の臭味などはすべて避けなくてはならない。したがって「勅諭を発して教育の方向を示さるゝは……社会上の君主の著作公告」としてのみ可能で、その発表方法も「文部大臣まで下付せられ世に公布せず」とするか、「文部省に下付されずして学習院か又は教育会へ臨御の序《つい》でに下付せらる」とするかのいずれかである。井上は、こうして後者による試案を作成して山県総理大臣に提出するとともに、元田にも送っている（同二八日元田宛て書簡、井上伝史〈四〉六〇二頁。〈五〉二一九頁参照）。

その後、山県総理と芳川文部大臣などの意向から、井上と元田とのあいだで勅語案の検討がつづいたが、天皇の意向で元田が起案の責任を負うようになった（同書〈五〉二二〇～二二一頁、〈四〉六〇三～六〇四頁）。そこで「啓発之語言ありて人を警醒致し候様」にしたいとの元田の希望（三一日、同書〈五〉二二一～二二二頁）をうけ、井上は「稍飽き足らぬ心地の文字あり」として多くの字句修正を提案したところ、元田もほぼ満足の意を表している（九月三～六日、同書〈四〉六〇四～六〇五頁、〈五〉二二二頁）。

この段階で「国を肇《はじ》むること宏遠に」「世世厥《そ》の美を済す」「学を修め」「徳器を成就し」「皇祖皇宗の遺訓」「拳拳服膺《けんけんふくよう》して」［しっかり体得して］など、ほぼ教育勅語正文の文言に落ち着いた。九月下旬には芳川文部大臣名の「勅諭草案及発表の方案」も閣議を請うまでになったが、なお慎重に検討が進められ、井上の眼にも「已に完璧」と映るほどになった（九月二二日）。

ただ、発表方法については最終決着がついていなかったようで、井上は「此の事、政事上之関係にあらずして、社会上即ち君主は億兆之師表たる位置に依りて発布せらるべきもの」であるから、「聖主之親衷より断ぜられ、内閣大臣之副署なき勅語又は御親書之体裁にして、広く公衆へ御下げに相成り方」が最上だと論じた（同二二日。同書〈四〉六〇五頁）。これには元田も「御賢考通り」と応じたものの、山県総理大臣と芳川文部大臣による微修正に井上も加わったため、天皇の意向を受けて元田が真意を質すなど、最終段階でも細かなやり取りがつづき（二二・二四日井上宛て元田書簡、同書〈五〉二二三～二二四頁。二六日元田宛て井上書簡、〈四〉六〇六頁）、天皇の還幸をまってようやく「徳教に関する勅諭」が下賜された（三〇日）。『明治天皇紀〈七〉』は「世に之れを教育勅語と称す。而して之れを公布するに年月日と御名及び御璽を記するに止め、大臣の副署を缺くは、全く他の詔勅と異なり、真に叡慮に出で、天皇親しく国民に訓示せられたるものなるに因る」と伝えている（六七五頁）。

第十章　新時代に向けて

1　前法制局長官として

帝国憲法の施行から半年経った一八九一年（明治二四）五月十一日午後二時前、発足したばかりの松方内閣というより日本政府、そして日本全体を震撼させる事件が起こった。くわしい事実関係は省くが、路上警備の巡査が、ギリシアのジョージ親王とともに琵琶湖見物を終えたロシア皇太子――のちのロシア皇帝ニコライ二世――に切りかかり、頭部に負傷を負わせたというもので、世にいう大津事件（湖南事件）である。皇太子は滋賀県庁で応急手当を受けた後、ただちに投宿先の京都「常盤ホテル」（現京都ホテルオークラ）に帰還した。当時ロシアは「オソロシヤ」と言われた大国で、その報復に対する恐怖心が日本を駆け巡った（関係当局・当事者の全般的記録として、家永三郎校注『大津事件日誌』、我部政男ほか編『大津事件関係史料集』など参照）。

大津事件の試練

この事件は、ちょうど山県内閣から松方内閣への交代（五月六日）、西成度《にしなりのり》大審院長の病死にともな

児島惟謙

う児島惟謙《こじまこれかた》の院長就任（同日）、井上毅の法制局長官辞任（八日）という時期に起こった。この事態に井上は、枢密顧問官兼宮内省文事秘書官長（前年一二月二日任）として対処したが、憲法起草の主任で幅広い人脈を持つ前長官としての強い立場があった。他方、児島は、五日前に大阪控訴院長から大審院長に着任したばかりだったが、憲法に明記された罪刑法定主義に反して大逆罪をあえて適用しようとする政府の方針に抗して司法権の独立を守ったというかたちで伝えられ、「護法の神様」として讃えられている。その意味で、帝国議会という立法府の整備とともに半年前に歩き始めた明治立憲制は、もう一つの試験に臨み、なんとか合格したことになる（古典的な尾佐竹猛『大津事件』〈三谷太一郎校注〉のほか、新井勉『大津事件の再構成』、同『大津事件――司法権独立の虚像』、田岡良一『大津事件の再評価』など参照）。

もっとも、一口に政府の方針といっても、伊藤・黒田という総理大臣経験者をも加えたその内部の動きは決して一枚岩ではなく、不協和音が流れたこともある。青木外務大臣などは、伊藤や黒田が来京して「事毎に容喙して殆ど一身に外務・内務両大臣の職権を兼帯する如き観」を呈したことにかなり立腹し、西郷内務大臣に辞意を漏らしたらしい（坂根義久校注『青木周蔵自伝』二五九頁）。

パテルノストロの教示

事件後直ちに、お雇い外国人のアドバイスにより天皇自ら京都におもむき、ロシア皇太子が神戸港からロシア艦で離日するまで同行するという異例の対応（五月

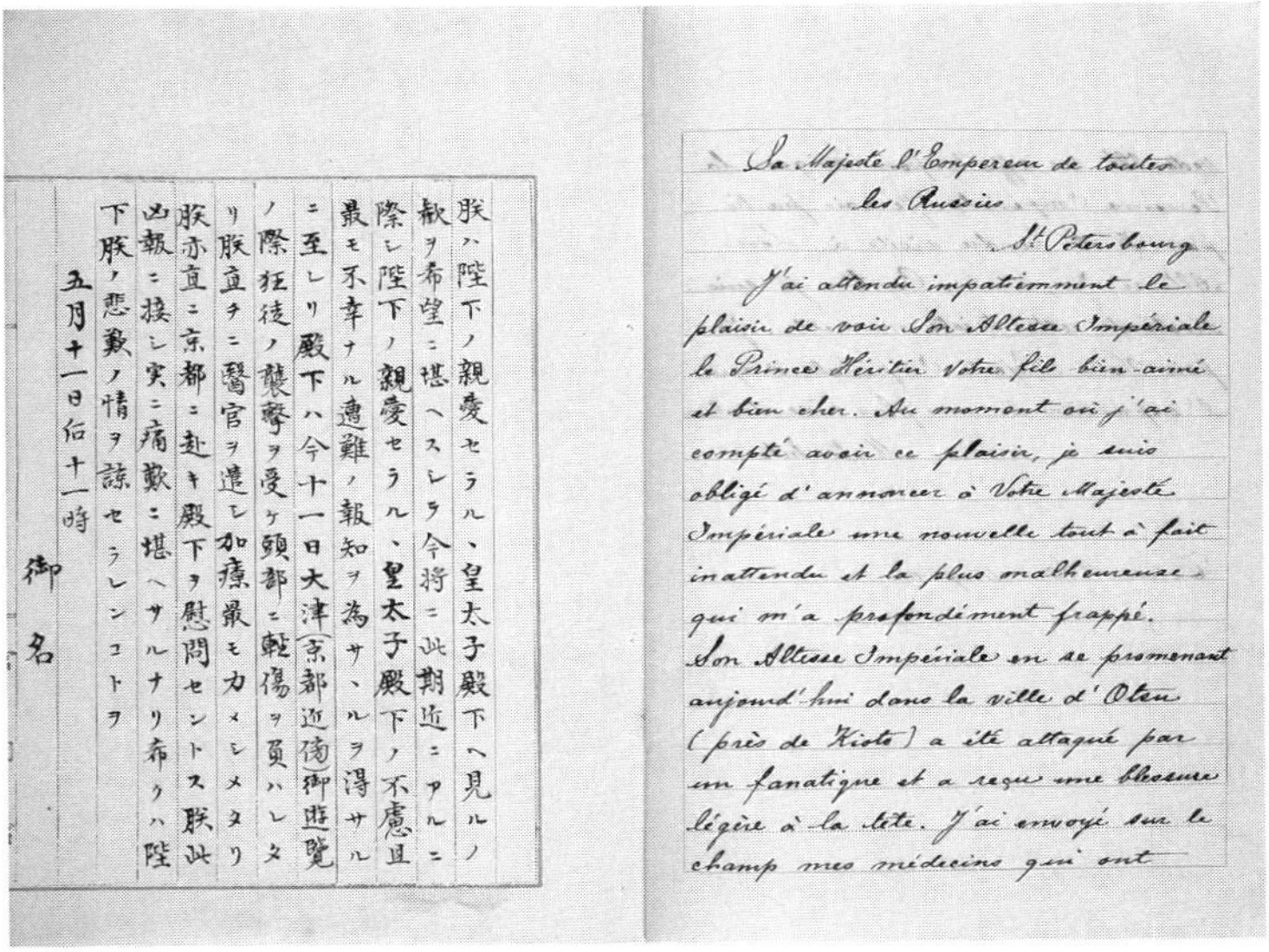
朕ハ陛下ノ親愛セラルヽ皇太子殿下ヘ見ルノ
歓ヲ希望ニ堪ヘスレヲ今将ニ此期近ニアルニ
際シ陛下ノ親愛セラルヽ皇太子殿下ノ不慮且
最モ不幸ナル遭難ノ報知ヲ為サヽルヲ得サル
ニ至レリ殿下ハ今十一日大津（京都近傍）御遊覧
ノ際狂徒ノ襲撃ヲ受ケ頭部ニ軽傷ヲ負ハレタ
リ朕直チニ醫官ヲ遣シ加療最モ力メシメタリ
朕亦直ニ京都ニ赴キ殿下ヲ慰問セントス朕此
凶報ニ接シ実ニ痛歎ニ堪ヘサルナリ希クハ陛
下朕ノ悲歎ノ情ヲ諒セラレンコトヲ
五月十一日后十一時
御名

Sa Majesté l'Empereur de toutes les Russies
St Petersbourg
J'ai attendu impatiemment le plaisir de voir Son Altesse Impériale le Prince Héritier votre fils bien-aimé et bien cher. Au moment où j'ai compté avoir ce plaisir, je suis obligé d'annoncer à Votre Majesté Impériale une nouvelle tout à fait inattendue et la plus malheureuse qui m'a profondément frappé. Son Altesse Impériale en se promenant aujourd'hui dans la ville d'Otsu (près de Kioto) a été attaqué par un fanatique et a reçu une blessure légère à la tête. J'ai envoyé sur le champ mes médecins qui ont

大津事件・皇室御往復書信

一二日〜一九日）が功を奏したようである。この対応は、主として、事件当日夜、日本側の緊急問合せに対してイタリア人の司法省顧問、A・パテルノストロが指示した十項目中の手順どおりであった（法制史料〈十一〉二三三〜二三四頁。木野・井上研究二三五頁以下、須賀博志「大津事件という「神話」〈一・二完〉」法学論叢一四二巻三号・一四四巻一号参照）。

他方、その二日後の答議は、皇室に対する罰条を適用できるかという論点について「了解し得べからざるの説」と切り捨てた上、司法省で「各高等官及御雇外国人の会議」が開かれたこと、「司法大臣の下問に対し、「普通殺傷罪の未遂犯を適用すべし」と答へ、満場一人の異論者なかりし」ことを明らかにしている（一三日、同書二三五頁以下。ロェスラーも同旨、法制史料〈七〉三頁以下）。その会議に誰が臨んだのか必ずしも明らかでないが、司法省・法制局などの「各高等官」が児島大審院長と一致した意見であったことは確かであろう。そこで井上は、同じ枢密顧問官の田中不二麿と連名で伊藤に対し、パテルノストロの答議を示しつつ、一般「謀殺犯の未遂として処分するの外なし」と伝え（同日）、その四日後にもロェスラー答議と同趣旨を説く毎日新聞の法律論を切り抜いて「宇内之公論」を示している（井上伝史〈四〉一八一頁以下）。

井上は、松方総理大臣に対しても、宮内省文事秘書官長としてロシアへの特派使節が持参すべき天皇の親書の案文――パテルノストロが指示し、自ら起案した――を届けて検討を依頼する（一六日午後、同書五五四頁）とともに、強い懸念を伝え、山田司法大臣にも回付してくれるよう頼んでいる（一八日、同書五五五～五五六頁）。いわく、「若し……普通の謀殺未遂の条に当てずして、皇室に対する罪の条に附会して処刑し、或は政府より裁判官に対して処刑を要求するが如きことあらば、即ち正条の外に臨時に刑例を造作する者にして、万一にも是の如きことあらんには……我が刑法の万国に光暉ありし名誉は、一時に地に堕つるのみならず……国家に法ありて法無く、政府及司法官に人ありて人なきことを示し、各国の嘲笑を招かんこと必然なり。且つ、憲法第二十三条に日本臣民ハ法律ニ依ルニ非ズシテ処罰ノ例を啓かば、是れ政府は違憲の責を免るべからず。若し又刑法に皇室とあるは、外国皇室をも指すもの也との附会の説は、以て三尺の童子を欺くべからずして、内外人の謦欬《けいがい》嘲笑を招くのみならず、且つ一国民にして多くの皇室を有すとならば……大義名分に妨ぐること少小ならず」と。

大審院特別法廷

井上は、こうした懸念を伊藤に二度伝えていることも添えているが、とくに「政府より裁判官に対して処刑を要求するが如きこと」に言及したのは、政府内の動きを強く牽制する意味をもつ。この時点で未だ政府の態度が決定していないことをも示唆するが、翌日、山田司法大臣は「津田三蔵被告事件の審問裁判を為す為め大審院は……大津地方裁判所に於いて法廷を開く」旨を告示した（一九日）。この措置は、皇室に対する罰条が適用可能との解釈を前提とする。そこで井上は改めて、伊藤に「政略を以て法律の外に法律を捏作する」ことは「国家立憲の存廃」に関わると切言している（二四日、井上伝史〈二〉三八一～三八二頁）。

大審院から派遣された七名の判事からなる第一審にして終審としての特別法廷は、検察側の主張をしりぞけて、謀殺未遂の犯罪として処断し無期徒刑の判決を下した（二七日）。その間、児島院長が事前にその内容を山田大臣に知らせたため、大臣が担当判事に接触しようとする場面もあったが、むなしい試みに終わっている（とくに法的評価を展開する山中敬一『論考　大津事件』参照）。そこには「大審院が公判開始決定と公判の判決と齟齬したる言渡を為した」点において「前後一貫せざる嫌」はあるが、結局「法律の適用を誤る所なく、正当なる判決を下し得て、我が国の威信を失墜するに至ら」なかった（加太・自歴譜一四八～一四九頁）。

こうして大津事件は、政府の意向から司法権の独立を確保したことで知られるが、それはパテルノストロなどの外国人顧問や井上などの法制官僚による側面支援の成果でもあったといえよう。

国家性と法治性

大津事件の決着後、松方内閣の一部交替があり、外務大臣が青木から榎本武揚に代わり（五月二九日）、三日後、内務・司法・文部各大臣の交代（それぞれ品川・田中・大木が着任）と伊藤博文を枢密院議長に当てる人事も行われたが（六月一日）、事件に際して、内務大臣に「新聞雑誌又は文書図画に外交上に係る事件を記載する者をして予め其の草案を提出せしめ、之を検閲して其の記載を禁ずる」ことを認める緊急勅令と省令が出された（五月一六・一七日即日施行、二八日廃止）。

その夏には、各章官制通則の改正など計七十六件の勅令による「稀有の大改革」といわれる官制改革が実施されたが（七月二四日。明治紀〈七〉八七七頁）、秋には濃尾大震災が起こり（一〇月）、松方内閣はそれへの対処にも追われ、岐阜・愛知両県に憲法に明文根拠のない国庫剰余金からの予算外支出をなした（一一月一一日）。いずれも衆議院によって不承諾とされ、国の必要から強い権力を求める国家性と憲法所定準則——緊急命令権・予算外支出（八条・六四条）——への適合を求める法治性のせめぎ合いを示した事例と見ることができよう（大石眞『立憲民主制』一三一〜一三三頁参照）。

ちなみに、大津事件から約一年後、児島院長ほか六名の大審院判事が待合茶屋で芸妓たちを相手に花札賭博に興じたとされ、判事懲戒法違反に問われて懲戒裁判にかけられたことがある（二五年六月）。このいわゆる司法官弄花事件は、結果的には「金銭を賭し博奕《ばくえき》を為したりと認むべき証憑一も之れ無きを以て……判事懲戒法……に適するの非行なきものと判定す」ということで免訴になったが（七月一二日）、政府の意趣返しと見るか検察の見立て違いと見るかで評価は分かれている（楠精一郎『明治立憲制と司法官』一一頁以下参照）。

2　文部大臣時代

着任前の状況

大津事件直前に本官の法制局長官から解放された井上は、その後、枢密顧問官兼文事秘書官長として公職をこなしてきたが、約二年後、病気療養中の河野敏鎌に代わって第二次伊藤内閣の文部大臣に任命された時、宮内省文事秘書局文事秘書官長の職を辞した（二六年三月七日）。しかし、その日、侍従長の徳大寺実則から「詔勅文案の御下問は従前の如く渝《かわ》ることなかるべし、卿之を諒せよ」と告げられている（明治紀〈八〉二二三頁参照）。その大役が余人をもって代えがたかったことの証しである。

ずっと以前に制定された教育令（一二年九月、第一次）は、学校の設置・管理と教科内容について「頗る自由放任に失するを以て漸く教育頽廃の形勢を馴致せん」（明治紀〈五〉二四八頁）という状況を改めるため全面改正されたが（一三年一二月。第二次教育令）、この改正教育令の下でも小学普通教育に重点が置かれ、中学校・農学校・職工学校等は、各府県が「土地の情況に随ひ」設置すべきものにすぎない。このように、従来の学校行政では、「高等なる普通学科を授くる所」とされる中学校はほとんど設けられず、実学教育も軽視されていた。

そこで井上は、これを改めて中学校を整備するとともに農学職工学の学教育に力を注ぐべきことを提案した（一四年一一月。前述一五九〜一六〇頁参照）。この提案は、中学・職工農業学校を全国的に義務化する意味をもつが、翌年三月の欧州派遣前にまとめられた伊藤博文名の三大臣宛て学制建議（一五年二月、井上代草）のことばを借りると、とくに公私の中学を奨励し、官立中学校を設けて「独乙学を広むるの要用は、我が国将来の主義を鞏固にするに於て、其の効益必少小ならず」（井上伝史〈六〉一二一頁以下参照）という含みもあった。こうした教育の重要性は、学制建議と同じ時期に出された三大臣の立憲政体意見でも説かれている（前述一六七頁参照）。

その後、内閣制度の発足（一八年一二月）とともに、森有礼が文部大臣に就いた。それから三年余りの文部行政の意義は大きく、それまでの教育令体制から師範学校令・中学校令・小学校令などの個別「学校令」制度に改められたが（一九年四月）、森は、憲法発布日に刺客のために斃れてしまう（前述二五二頁参照）。『明治天皇紀〈七〉』は、「少壮にして欧米に遊学し、夙に自由主義を奉じ、又最も急激なる改革家たり。故に往往守旧の人に憎まる」と評しつつ、後に「皇典・国史を研究し、深く国体の尊厳を思ひ、之れを以て文教の基礎とし、教育第一の主義と為すべきを主張す」と森を惜しんでいる（二一七頁）。

井上大臣の動き　森亡き後、文部大臣のポストは、大山・榎本・芳川・大木・河野とほぼ一年ごとに伝えられてきたが、その間とくに見るべき成果はない。井上毅は、在職期間は翌年（明治二七）八月二十九日までの一年五カ月余りであったが、着任するやスピード感をもって職務に臨んでいる（総合的な研究として、浩瀚な海後宗臣編『井上毅の教育政策』参照）。

実際、尋常師範学校生徒の定員の特例や尋常師範学校における学資の支給方法などを許可制から届出制に切り換えるなど地方官の裁量を拡大する方策を打ち出す（三月二九日文部省令七号・同日訓令二号）とともに、高等師範学校卒業生を大臣官邸に召集して「一体教育は恐ろしいものである。教育で国を強くすることが出来る、又教育で国を弱くすることも出来る。教育で国を富ますことが出来る、又教育で国を貧乏にすることも出来る……無教育の責任は大きなものである」などと説示し、強い自覚と責任を促している（三月三〇日。井上伝史〈五〉四四八頁以下。木村・教育事業史六頁以下参照）。

この頃、都下の新聞は「井上氏の技倆識見、共に是れ文部に適任の人、文部省僚の多くは、その良長官を得しを悦び、之を歓迎するの有様なり」と伝えている（教育報知三六一号一四頁）。実際まもなく、井上は教育関係記者数名の訪問を受け、三時間にわたり意見を交換したことがあるが（四月一一日夜）、この際、中学制度のあり方や学校教育費国庫支弁の方法なども話題に上った。記者は井上を評して「寛容慈語、待つに賓客の礼を以てして、交るに朋友の情を以てす」と結んでいる（井上伝史〈五〉四一一頁以下。教育報知三六五号参照）。

教育行政方針の策定——文部方針七カ条

その意見交換も一つの刺戟になったに違いないが、井上は「文部省の前途着手すべき件々堆積し、総じて皆精密なる調査を要し候」（四月一五日伊藤宛て書簡、井上伝史〈四〉二二八頁）として問題点の洗い出しに努め、ひと月半後には伊藤総理大臣に「文部の事務釐正《りせい》［改正］を要する件」をまとめた「施設の方案を具へて閣議を請ふの議」を提出している（六月一二日頃、井上伝史〈二〉六〇六頁以下「文部行政意見」）。

これは、総合的な教育行政方針を示したもので、「政府に於ける今日の義務」として「財政の許す所に於て教育費を国庫より補助する事」などを通じて初等教育の普及を図ること、工芸教育を充実させること、高等中学校を改正して大学の改革を行うこと、女子教育を推進すること、私立学校を含めて文部省の統率・保護監督権を徹底することなど七件を挙げ、これが中途半端に終わらないよう「内

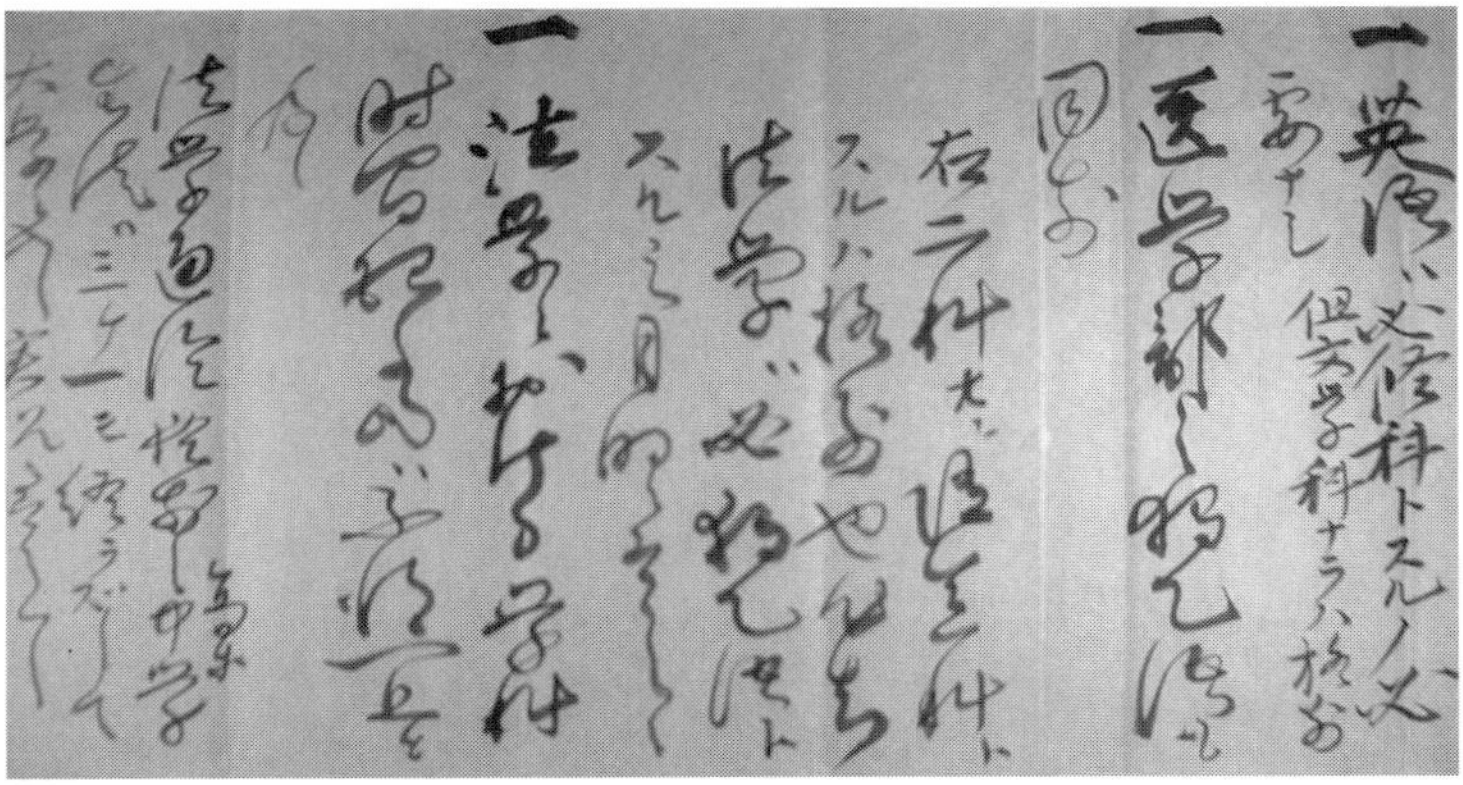

井上毅書簡（文部大臣時代，明治27年６月14日，木下広次宛て）

閣の決議」を望むことを伝えている。それは「文部方針七条」として「閣議伺定」されたようである（六月二三日伊藤宛て井上書簡。井上伝史〈四〉二五〇頁）。同日、高等学校令が制定され（勅令七五号）、翌月その学科・講座数も公布された（文部省令一七〇号）。

教育関係の記者を務めた伊能嘉矩《いのうかのり》や文部省大臣官房文書課にいた木村匡《きむらきょう》は、そうした方針で進められた井上大臣の事績を、小学校教育費国庫補助・中等教育の改修・実業教育の実行・大学の善後策・就学の奨励・徳育の涵養などに見出している（教育報知四四〇〜四五九号「文部大臣としての井上毅氏」。木村・教育事業史、文部省・学制百年史など参照）。このうち大学の善後策というのは、評議会の権限を限定して教授会を新設するなどの帝国大学令の改正と帝国大学官制の制定などとして具体化されるが（八月一〇日勅令八二〜八四号）、紙幅の関係から、以下では「殊に教育の進歩と改良とに與《あずか》りて力あり且つ益あるもの」と評される教育費国庫補助（教育報知四四三号一五頁）と、政治評論家三宅雪嶺によって日清戦役後の「戦後教育」としても意味をもつ（三宅・同時代史〈三〉一〇一〜一〇二頁）とされる、実業教育の振興の問題を取り上げるにとどめよう。

三宅雪嶺

教育費国庫補助と実業教育の振興

まず国庫補助の問題については、もともと第四議会で小学校教育費国庫補助の請願が多く出され、地方長官からも小学校教員俸給国庫支弁の建議も出されていた（井上伝史〈二〉六四五頁参照）。そこで立法者としては、「市町村に対し教員優遇の資を助け、教育の美果を収むると同時に間接に市町村の経済を補助する」意図をもって、尋常・高等小学校の教員で同一学校に勤続する者に国庫から年功加俸を給する小学校教員年功加俸国庫補助法案を第五回議会に提出したが（全一〇条。二六年一二月二日、衆議院議事速記録四号三八頁）、休会・停会の繰返しのすえ衆議院解散となり（一二月三〇日）、廃案になってしまった（その概要は工藤・帝国議会史二五九頁以下参照）。

その際、井上は「就学者は百人中の五十余人に過ぎず……日々出席生徒平均数は、学齢百人に対して僅に三十二人に過ぎず」という就学状況と「市に在りては百分の二十八、町村に在りては百分の三十六に上り、多数の町村は既に余力なきもの」という財政負担（明治二三年度）の両面から、いわば立法事実を示しており（井上伝史〈二〉六五二頁、木村・教育事業史二六〜二七頁参照）、きわめて説得的である（その後も重要な政策課題として残ることはいうまでもない）。そして、国庫補助の方法についても、具体的に「教員

星　亨

の年功加俸を給する」「町村の尋常小学校校舎建築を補助する」「初等の実業学校を補助する」などと挙げつつ、それぞれ理由も示している。

他方、実業教育の振興については、公立の工業学校・徒弟学校などに補助金を交付する実業教育費国庫補助法案が、前記の小学校教員年功加俸国庫補助法案とともに第五回議会に提出され、委員修正案も得られたが、ともに廃案となってしまった。そこで改めて、公立の工業・農業・商業学校や徒弟学校などを対象とする修正済み実業教育費国庫補助法案（全九条）が第六回議会に緊急事件として提出され、井上は大臣として法案説明に当たった（二七年五月一七日、衆議院議事速記録二号一九～二〇頁、その説明案は井上伝史〈二〉六七六頁以下。木村・前掲書二八～二九頁参照）。こうして義務教育費に対する国庫補助に先んじるかたちで、実業教育費国庫補助制度が実施に移されることになる（六月中に実業教育費国庫補助法施行規則・工業教員養成規程などが制定された）。

憲法・議院法の専門家として

なお、この第六回議会中、「国務大臣及政府委員ハ何時タリトモ各議院ニ出席シ及発言スルコトヲ得」「但シ之カ為ニ議員ノ演説ヲ中止セシムルコトヲ得ス」とする大臣・政府委員の発言権（明憲四八条・議院法四二条）をめぐって議場が騒然となったことがある（第六回議会・明治二七年五月三一日衆議院議事速記録一四号三五三頁以下。『衆議院先例彙纂』〈同年八〉二二頁以下参照）。

その際、第五回議会で除名処分を受け、解散後の総選挙で再選を果たした星亨《ほしとおる》議員が、「今政府と此議会と権限上の争が起こって居る」として「文部大臣の今まで言ったことは総て間違いなり、則ち甲の議論をして居る所で乙の議論をすると云ふことは出来ない」と断じた。そこで、井上は「内閣の憲法上の権利に関係する」重大論点として応じ、「星君の云われた要領は二段である……政府委員の席は則ち治外法権である、併し演壇に於けるは議長の許可に依らなければならぬと云ふのは則ち本大臣も認むる所のものである……今一つ甲と乙との問題である。是は星君の申さるゝ所が違って居る。勿論本大臣も則ち議院法にある通り他人の演説を中止する権利は内閣員にもこれなしと云ふことは是認して居る。今議員の演説中に内閣大臣が飛び出して演説すると云ふことは出来ない……併《しか》しながら問題の外のことは内閣たりとも臨時演説することがならないと云ふことは大変背いて居る……此の二つの間に星君は混雑の考を起こされたものと見える」と説諭し、議場を収めている。文部大臣の立場とは関係のない憲法・議院法の起草者としての面目躍如という場面であった。

3　終焉の地へ

大臣辞任の前後

その間も病状は進み、六月下旬に辞任を哀願したものの認められなかった（前述一四頁参照）。そこでひと月後、改めて井上は、伊藤にこれまで「非常の御引立を蒙むり候末、重職を任せられ候」ことに深謝するとともに「一身上の事情申出候」ことを詫びつつ、病勢について「近来は宿患益々烈しく胸膈常に痛苦を覚候て、爲に神経もいくらか麻痺と過敏とを発

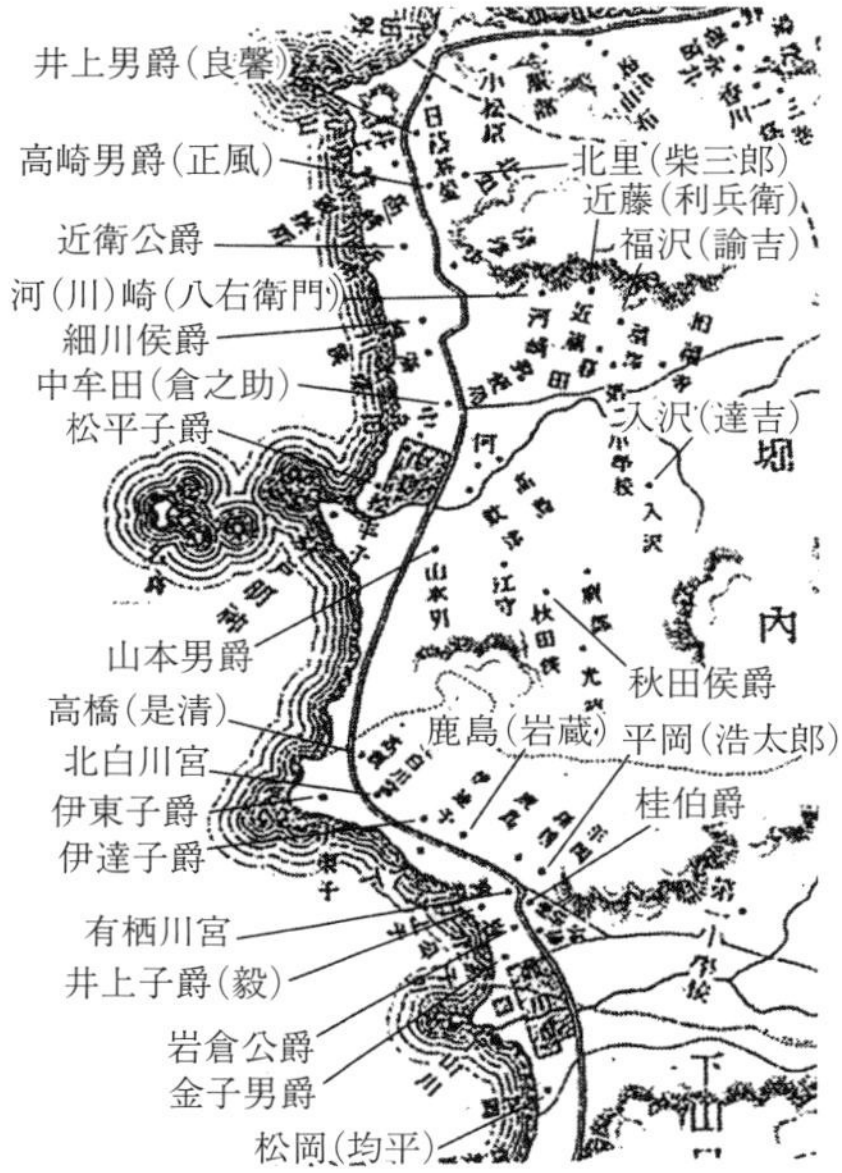

葉山別荘群

し、全身は疲労甚しく到底不用の身に落ち入り候は……自ら感覚致候」と伝え、「最早一日も早く御解放願わず候ては誤身のみならず、又は誤国の罪を犯すに至る」ことをおそれて「御旅行に臨候テ、是非御発程前に御果断願い奉りたく存込候、左もなく候ては第一後任の爲に迷惑と相成り申すべく、第二自己の養生も致し兼ね益々重患に落ち候外これなく候」と言い、「明日の閣議の序に速かに御決定相成、御発途前迅速に後任命せられ候方御都合存じ奉り候、長引き候ては世間に洩れ候てうわさに乗り候も好ましからず存じ奉り候」と嘆願している（七月一八日、井上伝史〈四〉二五一～二五二頁、伊藤文書〈一〉四六四頁）。

その間、清国に対する宣戦布告が行われ（八月一日）、日清戦役を憂慮し、非としたこともあって（三宅・同時代史〈三〉二一頁、一〇一頁参照）、井上の退任は八月二十八日付で認められた（翌日免官。後任には芳川司法大臣が臨時兼任）。これに前後して枢密顧問官就任への要請を受けたが、むろん固辞している（明治紀〈八〉四九五頁）。この日、井上は伊藤に深謝の意を伝え、「若し万一、幸にして意外の朽敗を扶けて再たび官務に堪ふるに至り候はゞ……先日御内諭の通り枢員［枢密顧問官］の末列に具はり（文事秘書局を兼ぬるも可なり）、是を以て小生終焉の地と相心得尽瘁いたしたく、且つは従前履歴上の名誉にも相当仕つるべき歟に存じ奉り候」とも付け加えた（同日書簡、井上伝史〈四〉二五四頁、伊藤文書〈一〉四六六頁）。そこに「再たび官務に堪ふる」云々とあるが、再起が叶わないことは百も承知であった。十日後に出た『教育報知』は、「此の日我が教育社会は万斛《ばんこく》の涙を注いで君の辞任を悲みたり。蓋し復た得ることの難き、君の如きの好適人者を失へるを以てなり」と惜しんでいる（九月八日四三八号）。

葉山の日々

こうして井上毅は、四年前に建てた葉山の別荘で静養する時を得ることができた。しかし、その容体は、すでに「よくよく佛神に見限られ候ものと見え、気息奄々草間に活を偸み候事、実に安からぬ次第にて、日本第一の不幸男児は小生に限ると沈むばかりに悔恨する事、日に幾度なるも知らず、最早読書病も抛却《ほうきゃく》いたし、毎日時計と寒暖計を相手にし、三次の食を貪るに過ぎず、はかなき有様、御憐察給わるべく候」（二七年一一月一九日伊藤宛て書簡、井上伝史〈四〉二五五頁、伊藤文書〈一〉四六六頁）という状態で、まもなく年末を迎えることになる（本書一頁参照）。

参考文献

〈基礎資料〉

池田・大森鍾一……池田宏編『大森鍾一』（一九三〇年）
伊藤伝〈上・中・下〉……『伊藤博文伝』上巻・中巻・下巻（一九三五年）
伊藤文書〈一～九〉……伊藤博文文書研究会編『伊藤博文関係文書』一～九（塙書房、一九七三～八一年）
伊藤秘録……平塚篤編『伊藤博文秘録』（一九二九年）
井上伝史〈一～補二〉……井上毅伝記編纂委員会・同日本文化研究所編『井上毅傳　史料編』第一～第六、補遺一・二（國學院大學図書館・國學院大學、一九六六～二〇〇八年）
岩倉実記〈上・下〉……多田好問編『岩倉公實記』上巻・下巻（皇后宮職、一九〇六年）
大隈文書〈四〉……『大隈重信関係文書』第四（日本史籍協会、一九三四年）
尾崎日記〈中・下〉……伊藤隆＝尾崎春盛編『尾崎三良日記』中巻・下巻（中央公論社、一九九一年）
尾崎自伝〈上・中・下〉……『尾崎三良自叙略伝』上・中・下（中央公論社、一九七六・七七年）
外交文書〈一～二三〉……外務省編『外務省蔵版（大）日本外交文書』（日本国際協会・日本国際連合協会、一九三六～五二年）
外交文書〈条約改正・会議録・経過概要〉……日本学術振興会編『条約改正関係 大日本外交文書』第二巻・別冊会議録・経過概要（日本国際協会・日本国際連合協会、一九四一・一九四八・一九五〇年）
加太・自歴譜……加太邦憲『自歴譜』（岩波文庫、一九八二年）

議会資料〈上・下〉……伊藤博文編『帝国議会資料』上巻・下巻（秘書類纂刊行会、一九三八年）

工藤・帝国議会史……工藤武重『帝国議会史』（一九〇一年）

憲政文書……国会図書館憲政資料室蔵『憲政史編纂会収集文書』

憲法資料〈上・中・下〉……伊藤博文編『憲法資料』上巻・中巻・下巻（叢文閣、一九三六年）

元老院〈一～一八〉……明治法制経済史研究所編『元老院会議筆記』前期第一巻～第十五巻、後期第十六巻～第十八巻（元老院会議筆記刊行会、一九六三～七一年、七二～七五年）

梧陰文庫……國學院大學日本文化研究所編『梧陰文庫総目録』（國學院大學、二〇〇五年）

五代伝記〈一～五〉……日本経営史研究所編『五代友厚伝記資料』（東洋経済新報社、一九七一～七五年）

自由党史……板垣退助監修『自由党史』上・中・下（岩波文庫、一九五七～五八年）

枢密院〈一～四〉……国立公文書館所蔵『枢密院会議議事録』第一巻～第四巻（東京大学出版会、一九八四年）

世外井上伝〈三・四〉……井上馨公伝記編纂会編『世外井上公伝』第三巻・第四巻（内外書籍、一九三四年）

法制関係〈上・下〉……伊藤博文編『秘書類纂　法制関係資料』上巻・下巻（秘書類纂刊行会、一九三四年）

法制史料〈一～二〇〉……國學院大學日本文化研究所編『近代日本法制史料集』第一～第二十（國學院大學、一九七九～九九年）

保古飛呂比〈十〉……『保古飛呂比　佐佐木高行日記十』（東京大学出版会、一九七八年）

三宅・同時代史〈一～三〉……三宅雪嶺『同時代史』第一巻～第三巻（岩波書店、一九四九～五〇年）

明治建白集成〈三〉……牧原憲夫編『明治建白書集成』第三巻（筑摩書房、一九八六年）

明治政史〈上・下〉……指原安三編・吉野作造校訂『明治政史』上篇・下篇（日本評論社、一九二八年）

明治紀〈一～九〉……宮内省臨時帝室編集局編『明治天皇紀』第一～第九（吉川弘文館、一九六八～七五年）

大山・山県意見書……大山梓編『山県有朋意見書』（原書房、一九六六年）

琉球資料〈一～八〉……横山学責任編集『ハワイ大学図書館蔵　琉球所属問題関係資料』全八巻（一九八〇年）

大石眞編著『日本立法資料全集3　議院法』（信山社、一九九一年）
金子・憲法制定と評論……金子堅太郎『憲法制定と欧米人の評論』（一九三七年）
木村・教育事業史……木村匡『井上毅君教育事業小史』（忠愛社、一八九五年）
古城・井上伝……梧陰文庫研究会編『古城貞吉稿　井上毅先生傳』（木鐸社、一九九六年）
小林＝島・皇室典範〈上・下〉……小林宏＝島善高編著『日本立法資料全集16・17　明治皇室典範〔明治22年〕』（信山社、一九九六・九七年）
小早川・梧陰先生……小早川秀雄「井上梧陰先生」平田信治編『元田井上両先生事蹟講演録』（一九一三年）
小柳・会計法……小柳春一郎編著『日本立法資料全集4　会計法』（信山社、一九九一年）
富島・井上先生……富島末雄編『井上毅先生』（熊本地歴研究会、一九三四年）
中原・明治警察史……中原英典『明治警察史論集』（良書普及会、一九八〇年）
林田・政界側面史〈上〉……林田亀太郎『明治大正政界側面史』上巻（一九二六年）

〈研究文献など〉
稲田・憲法成立史〈上・下〉……稲田正次『明治憲法成立史』上巻・下巻（有斐閣、一九六〇・六二年）
井上俊輔『忘れられた天才　井上毅』（図書刊行会、二〇一九年）
梅溪・お雇い外国人……梅溪昇『お雇い外国人』（講談社学術文庫、二〇〇七年）
梅溪・お雇い研究……梅溪昇『お雇い外国人の研究〈上〉』（青史出版、二〇一〇年）
大石・議院自律権……大石眞『議院自律権の構造』（成文堂、一九八八年）
大石・議院法制定史……大石眞『議院法制定史の研究』（成文堂、一九九〇年）
大石・憲法史の周辺……大石眞『日本憲法史の周辺』（成文堂、一九九五年）
大石・日本憲法史……大石眞『日本憲法史』（講談社学術文庫、二〇二〇年）
大久保・十四年政変……大久保利謙「明治十四年の政変」（一九五七年）同歴史著作集2『明治国家の形成』（吉

川弘文館、一九八六年）所収
笠原・明治官僚制……笠原英彦『明治国家と官僚制』（芦書房、一九九一年）
木野・井上研究……木野主計『井上毅研究』（続群書類従完成会、一九九五年）
久保田・元老院研究……久保田哲『元老院の研究』（慶應義塾大学出版会、二〇一四年）
久保田・十四年政変……久保田哲『明治十四年の政変』（集英社、二〇二一年）
梧陰研・井上毅……梧陰文庫研究会編『井上毅と梧陰文庫』（汲古書院、二〇〇六年）
梧陰研・井上と周辺……梧陰文庫研究会編『井上毅とその周辺』（木鐸社、二〇〇〇年）
梧陰研・明治国家と井上……梧陰文庫研究会編『明治国家形成と井上毅』（木鐸社、一九九二年）
小嶋・典憲体制……小嶋和司『明治典憲体制の成立』（木鐸社、一九八八年）
坂井雄吉『井上毅と明治国家』（東京大学出版会、一九八三年）
坂本・伊藤と明治国家……坂本一登『伊藤博文と明治国家形成』（吉川弘文館、一九九一年）
島・近代皇室制度……島善高『近代皇室制度の形成』（成文堂、一九九四年）
瀧井一博『ドイツ国家学と明治国制』（ミネルヴァ書房、一九九九年）
鶴田・元老院議官……鶴田徹『元老院議官 鶴田皓——日本近代法典編纂の軌跡』増補改訂版（鶴鳴社、一九九九年）
村木嵐『やまと錦』（光文社、二〇一七年）
森川・ドイツ化構想……森川潤『井上毅のドイツ化構想』（雄松堂、二〇〇三年）
山下・沖縄史研究……山下重一『琉球・沖縄史研究序説』（御茶の水書房、一九九九年）
山室・法制官僚……山室信一『法制官僚の時代』（木鐸社、一九八八年）

＊本文中、略記しているものはここに書誌情報を改めて示した。

＊なお、各種史料類の閲覧などについては多くの関係機関にお世話になったが、なかでも國學院大學図書館、国立国会図書館・国立公文書館、市政専門図書館（市政会館内）、日本体育大学図書館、そして京都大学の法学部図書館・大学文書館の方々には、格別の高配をたまわった。ここに特記して深く謝意を表したい。

井上毅略年譜

＊一八七二年（明治五）十二月三日の改暦より前は陰暦による。

和暦	西暦	齢	関係事項	一般事項
天保一四	一八四三	1	12・18肥後藩家老長岡監物家臣・飯田権五兵衛の三男として誕生、幼名は多久馬。	
嘉永五	一八五二	10	1月長岡家家塾「必由堂」に入塾。	
安政一	一八五四	12		3月日米和親条約（神奈川条約）。8月日英和親条約。
四	一八五七	15	7月時習館訓導の木下犀潭塾に入門。	12月日米通商条約交渉の開始。
万延一	一八六〇	18		3月桜田門外の変。
文久一	一八六一	19		5月英公使館襲撃。
二	一八六二	20	10月藩学「時習館」の居寮生（官費寄宿生）となる。	1月坂下門外の変。8月生麦事件。
三	一八六三	21		7月薩英戦争。
元治一	一八六四	22	10月沼山津の四時軒に横井小楠を訪問・対談（沼山問答書留）、『交易論』。	7月蛤御門の変、第一次征長の役。
慶応一	一八六五	23	6~8月第二次征長の役のため小倉に出征（宿舎係）。11月時習館退寮、なお居寮生同様の待遇を受	5月英公使パークス来航。

			ける。	
二	一八六六	24	2月井上茂三郎の養子となり、井上多久馬と名乗る。	8月征長停止の沙汰書。10月幕府派遣の英国留学生出港。
三	一八六七	25	2月病気のため長崎遊学を断念。9月フランス学のため横浜遊学。	11月大政奉還。
四 明治一	一八六八	26	3月江戸市街混乱のため東京を離れ、海路で九州に向う。4月東京変動のため熊本に帰着。7月長崎遊学、外国通事名村に師事、仏学に勤しむ（広運館）。	1月王政復古の宣言。4月五箇条誓文。6月政体書。9月明治に改元。
二	一八六九	27	9月東京転学の命を受ける（翌年1月病気のため転学免除）。	6月版籍奉還。7月職員令制定・官制改革。
三	一八七〇	28	4月フランス学修業のため東京転学。9月大学南校小舎長。12月同中舎長（翌年2月依願免官）。	3月大学南校「貢進生」制度。
四	一八七一	29	1月学制意見。夏来、横浜で仏語修学、鶴田の世話により司法省で翻訳に従事。12月司法省十等出仕。	7月司法省設置、廃藩置県。11月岩倉派遣外使節団の横浜出港。
五	一八七二	30	2月司法省中録。3月井上毅と改名。9月（陽暦10・15）司法省欧州調査随行。10月マルセイユ港着（11月パリ着）。11月フランス法制講義受講（～翌4月）。	2月陸軍省・海軍省設置。8月学制。9月新橋・横浜間の鉄道開業。11月太陽暦採用。12月改暦。
六	一八七三	31	6月リヨン行、中江篤介（兆民）と会う。7月マルセイユ港発。9月帰朝。11月司法省七等出仕。	10月征韓論の変（西郷・板垣等下野）。11月内務省設置、ボアソナード来日。

七	一八七四	32	2月佐賀の乱で九州出張。4月官吏改革意見。6月備警兵設置意見。8月『治罪法備攷』。9月北京出張（～11月）。12月権中法官。	1月民撰議院設立建白。2月佐賀の乱。
八	一八七五	33	3月司法省改革建言、政体取調局書記官、『王国建国法』刊行。4月立憲政体詔勅起案、六等出仕。7月五等出仕・正院法制官。9月二等法制官。	1月大阪会議。3月政体取調掛設置。4月漸次立憲政体樹立の詔勅。12月特命全権黒田、副使井上馨派遣。
九	一八七六	34	2月汽船衝突事件臨時裁判所審判官（～10月）。6月法制局主事・一等法制官。	2月日鮮修好条約署名。3月黒田帰国。9月元老院国憲案起草勅命。10月熊本・秋月・萩の乱。
一〇	一八七七	35	1月太政官大書記官。3月長崎・熊本差遣（別働隊第二旅団は、～4月）。5月帰京。12月刑法草案審査委員。	2～9月西南の役。
一一	一八七八	36	3月地方官会議御用掛（太政官）。10月内務大書記官（専任）。12月奏議局開設反対意見提出。	5月地方官会議三新法議決、大久保遭難。9～11月北陸・東海地方巡幸。12月ロェスラー来日。
一二	一八七九	37	3月内閣大書記官（兼任内務大書記官）。7月内務大書記官（専任）。11月地方官会議草案取調局長。	3月東京府会の開会。琉球藩廃止、沖縄県設置。7月グラント前米国大統領訪日。
一三	一八八〇	38	3月太政官大書記官。4月通商条約改正交渉のため上海・北京出張（11月帰朝）。12月再び北京出張	3月愛国社大会、国会期成同盟結成。4月集会条例の制定。7

			（翌3月帰朝）。	月井上外務卿の条約改正案。12月元老院第三次国憲案。
一四	一八八一	39	6月憲法制定意見を岩倉に提出。9月内閣職制意見、開拓使一件建策。10月国会開設勅諭起案、参事院議官。11月人心教導意見、官報新聞発行意見。	3月参議大隈重信の憲法意見書。4月交詢社の私擬憲法案。7月右大臣岩倉具視の憲法意見書。10月大隈派下野（十四年政変）。
一五	一八八二	40	1月内閣書記官長（兼任）。2月条約改正御用掛。	3月立憲改進党結成、伊藤憲法調査団横浜発。6月集会条例追加改正。
一六	一八八三	41	7月内閣書記官長兼任を解かれる。	7月岩倉具視死去。8月憲法調査団帰国。11月鹿鳴館竣工。
一七	一八八四	42	3月制度取調局御用掛。8月宮内省図書寮図書頭（〜21年）。11月元配の常子死去。	3月制度取調局設置。5月群馬事件。7月華族令制定。9月加波山事件。
一八	一八八五	43	2月京城事変談判のため伊藤・西郷に随行（〜4月帰朝）。5月生母美恵子死去。9月木下犀潭の長女鶴子と再婚。12月臨時官制審査委員長。	7月万国商法会議にロェスラー派遣。12月内閣制度の創設、伊藤内閣発足、法制局・内大臣設置。
一九	一八八六	44	2月勅任官一等。3〜4月上旬名古屋・関西方面旅行。11月憲法上諭草案を伊藤に提出。12〜翌1月ロェス	2月宮内省官制・公文式・各省官制通則。3月帝国大学令。5月条約改正会議　モッセ来日。

二〇	一八八七	45	ラーとの問答。3月皇室典範高輪会議（伊藤・柳原・井上・伊東）。4月憲法乙案。5月憲法甲案・議院法案。8月夏島憲法草案、井上「逐条意見」。10月憲法高輪会議、十月草案。	8月外務省に法律取調委員設置。6月ボアソナード条約改正反対意見。7月条約改正会議の無期延期。
二一	一八八八	46	2月法制局長官、従三位。3～4月憲法・議院法など再検討。4月枢密院書記官長（兼任）。5～12月枢密院会議で説明員。	4月黒田内閣発足、枢密院設置、基本法典の上奏。5～12月枢密院、皇室典範・憲法・議院法・選挙法などを順に審議する。
二二	一八八九	47	1月枢密院再審会議で説明員を務める。2月憲法発布式典、勲章授与。3月勲一等瑞宝章。5月枢密院書記官長兼任を解かれる。10月臨時帝国議会事務局総裁（兼任）。	1月パテルノストロ来日。2月森有礼文部大臣刺殺される。7月金子堅太郎の欧米議院制度調査。12月条約改正交渉打切り、山県内閣。
二三	一八九〇	48	6月教育勅語草案を元田に送付、葉山に別荘建設。7月枢密顧問官（兼任）、正三位。8月臨時帝国議会事務局報告書を山県首相に提出。12月宮内省文事秘書官長。	4月民法財産編・民訴法・商法公布。7月第一回衆議院議員選挙。9月立憲自由党結成。10月民法人事編・刑訴法公布、教育勅語。11月帝国議会召集、開会・憲法施行。
二四	一八九一	49	2月議会対策意見。3月皇族令取調委員長。5月法	5月松方内閣発足、大津事件。

			制局長官退任、大津事件諸意見。6月枢密顧問官。	10月濃尾大震災。
二五	一八九二	50	3月非議院制内閣論（東京日日）。7月入閣要請を断る。8〜10月東北・北海道旅行。	8月第二次伊藤内閣発足。11月民法典・商法典施行延期。12月パテルノストロ帰国。
二六	一八九三	51	3月文部大臣就任。5月海軍改革意見を起案。6月教育全面改革を伊藤に進言。	3月法典調査会設置。
二七	一八九四	52	4月中国・京阪地方学事視察。6月文相辞任を伊藤に申出（7月再申出）。8月文部大臣退任。	7月日英改正通商航海条約署名。8月日清戦争（〜翌年4月）。
二八	一八九五	53	1月岡松甕谷二男匡四郎を養子に迎える。子爵授与。3月葉山別邸で死去、谷中瑞輪寺で仏式埋葬。	3月ボアソナード帰国。4月下関条約の締結（台湾割譲）。
三八	一九〇五		3月上野精養軒で井上毅十年祭（伊藤博文主催）。	

人名索引

あ　行

青木周蔵　44, 133, 212, 276
渥美契縁　81
荒川邦蔵　190, 198
有栖川宮熾仁　73, 88, 109, 128, 141, 148, 196
伊地知正治　47
板垣退助　45, 63, 64, 167, 168, 222
伊藤博文　5, 16, 17, 27, 29, 33, 45, 50, 61, 63, 64, 67, 73, 78, 90, 101, 102, 108, 118, 126, 129, 142-144, 152-154, 157, 165, 168, 170, 173, 183, 189, 190, 193, 196, 197, 199, 202, 204, 206, 215, 218, 219, 221, 225, 227, 228, 235, 241, 243, 244, 247, 251-253, 256, 262-265, 269, 276, 278, 279, 281, 283, 287
伊東巳代治　5, 174, 190, 191, 195, 198, 199, 202, 206, 215, 221, 227, 231, 232, 236, 237, 242, 243, 271
犬養　毅　151
井上　馨　16, 33, 90, 97, 102-105, 107-109, 116-118, 121, 165, 178, 179, 181, 196, 212, 215, 218, 219, 222, 256, 257, 259, 264
井上　毅　1, 3, 13, 15, 21, 24, 28, 29, 31, 38, 41, 50, 52, 54, 56, 57, 61, 68, 72, 74, 82, 88, 94, 96, 100, 107, 109, 114, 125, 129, 131, 134, 142, 143, 149, 152, 154-159, 168, 171, 178, 180, 182, 184, 186, 187, 190, 191, 195, 198-200, 202, 204-206, 208, 214, 217, 220, 226, 232, 235, 237, 238, 240, 243, 246-248, 251, 254, 257-261, 266-268, 270-273, 276, 278, 279, 281-283, 285, 287-289
伊能嘉矩　284
今村和郎　36
イレブラン（ヒレブラント），K.　39, 40, 54, 55
岩倉具定　174
岩倉具視　16, 27, 29, 33, 61, 73, 74, 87, 98, 109, 111, 112, 130-132, 136, 139, 141, 144, 147, 150, 154, 155, 168, 170-172, 178, 185, 189, 239
岩村通俊　78
ヴァンゲロー，K.　49
牛場卓蔵　151
呉　大澂　120
江藤新平　32, 45, 47, 56
榎本武揚　279
大木喬任　45, 47, 153, 177, 183, 196, 279
大久保利通　29, 33, 50, 52, 56, 64, 71, 78, 81, 89, 93, 94
大隈重信　11, 45, 81, 90, 127, 128, 144, 146, 147, 167, 222, 236, 255, 256, 258, 259, 262, 263, 265, 266
太田峰三郎　267
大森鍾一　9, 154-156, 158
大山　巌　90, 150, 186, 188, 196, 227
大山綱良　78
岡松甕谷　2, 18, 25
岡松（井上）匡四郎　2
岡本隆徳　188
尾崎三良　1, 68, 72, 79, 84, 173, 190, 195, 204, 216, 227, 239
尾崎行雄　151, 227, 253

尾崎行正　81
小野 梓　125
折田平内　144

か　行

カークウッド，W.　213
海江田信義　230, 259
香川敬三　173, 204
片岡健吉　227, 253
勝 安芳　45
桂 太郎　164
加藤高明　255
加藤弘之　164, 165
金井之恭　94
金子堅太郎　190–192, 195, 198, 202, 215, 221, 236, 237, 242, 267, 268
嘉納治五郎　10
樺山資紀　150
加太邦憲　37
川路利良　35
河島 醇　174
河田景與　148, 167
川村純義　90, 150
木内重四郎　267
岸良兼養　35, 40, 42, 56, 58
木戸孝允　33, 49, 50, 63–65, 67, 77, 78
城戸又一　38
木野主計　12, 20
木下犀潭　12, 18, 20
木下助之　80
木下哲三郎　12
木下廣次　12
金 弘集　117, 121
木村 匡　284
木村弦雄　19, 27, 31
清浦圭吾　12
楠田英世　38
グナイスト，R.　175
グラント，U.　98, 100, 105–107, 111
クルメツキ，J.　230
黒田清隆　109, 144, 146, 150, 194, 219, 235, 258, 260, 262, 266, 276
神足勝記　5, 6
河野敏鎌　35, 40, 42, 50, 56, 89, 151, 281
河野広中　253
児島惟謙　276, 279, 280
五代友厚　145, 146
籠手田安貞　79
後藤象二郎　45, 222
米田虎雄　23, 56

さ　行

西園寺公望　123, 174, 213
西郷隆盛　44, 77, 101, 253
西郷従道　83, 90, 93, 94, 116, 150, 153, 165, 171, 196
財津志満記　80
齋藤浩躬　267, 268
坂井雄吉　21
阪谷芳郎　203
櫻井能監　199, 239
佐々木高行　32, 36, 39, 55, 65, 90, 130, 148, 183, 217, 220
佐々友房　11
サトウ，E.　100
佐野常民　65, 85, 89, 90, 144, 148, 153, 245
鮫島尚信　36
澤村友義　80
三条実美　35, 44, 65, 77, 98, 109, 129, 130, 141, 146, 148, 150, 162, 173, 177, 178, 185, 193, 196, 205, 236, 237, 239, 266
塩田三郎　180, 190
宍戸 璣　97, 98, 103, 105, 109, 110
品川弥二郎　80, 81, 164, 279
島 義勇　56

志水小一郎　12
シュタイン，L.　175, 176, 191
シュルチェ，H.　165, 166
尚　泰　96
白根専一　41
白木為直　11, 80
末広重恭（鉄腸）　70, 120
末松謙澄　211, 221
杉山直治郎　38
鈴木大亮　145, 146
周布公平　190
副島種臣　45, 259
曾禰荒助　187, 188, 268, 270

た　行

高崎正風　94
竹添進一郎　19, 81, 104, 107, 110, 116, 160
田中賢道　24, 31
田中不二麿　90, 157, 278, 279
田辺太一　110
谷　干城　78, 148, 160, 217
趙　秉鎬　117
津田真道　89, 270
津田道太郎　236
鶴田　皓　18, 31, 35, 44, 73, 83, 157
鄭　永寧　116
大院君　113
デニソン，H.　212, 255
テヒョー，H.　165, 198
寺島宗則　91, 98, 144, 153, 156, 173, 179, 191, 192, 235, 240, 243, 245
徳大寺実則　189, 193, 236, 261, 281
徳富猪一郎（蘇峰）　6, 7, 12
トックヴィル，A.　40
富岡敬明　80
友枝庄蔵　27
鳥尾小弥太　148, 259

な　行

中江篤介（兆民）　41, 123, 197, 227, 253
長岡是容（監物）　15, 18
中島信行　73, 85, 89, 270
中根重一　210, 263, 268
中野梧一　145
中橋徳五郎　267
中村弘毅　72, 148, 157
永山盛輝　157
鍋島直彬　96, 239
名村泰蔵　23, 35, 37
成島柳北　70, 71
ニコライ二世　275
西　周　164
西　成度　275
西村茂樹　259
沼間守一　35

は　行

橋本綱常　14
パテルノストロ，A.　277-279
花房直三郎　236
花房義質　113-115
馬場辰猪　124
林田亀太郎　268
ピエール，E.　269
東久世通禧　33, 75, 172, 216, 239, 269
東伏見宮嘉彰（小松宮彰仁）　56
土方久元　205, 216, 217, 219, 228, 236, 239, 243
日高藤吉郎　9
平田東助　25, 162, 164, 165, 174
広瀬宰平　145
広橋賢光　174
ビンガム，J.　105
福岡孝弟　33
福沢諭吉　124, 159, 160, 172

福地源一郎（桜痴） 161, 167
福羽美静 73, 157
フット，L. 118
ブルーアム，H. 138
古沢 滋 68
ブルンチュリ，J. 138, 165, 210
ブロック，M. 47, 55, 60, 138
ベルツ，E. 14
ボアソナード，E. 36, 37, 43, 52, 53, 69, 94, 95, 115, 120, 179, 185, 213-217, 220
何 如璋 96
星 亨 287
細川潤次郎 73
穂積八束 28

ま 行

前島 密 85, 151
牧野伸顕 190, 204
槇村正直 35
馬 建忠 113
股野 琢 173
松方正義 90, 148, 172, 196, 203, 217, 260, 262, 265, 280
松田道之 84, 97
水本成美 188
三宅雪嶺 284
三好退蔵 213
陸奥宗光 5, 85, 256
村田 保 162
メレンドルフ，P. 117
モッセ，A. 175, 176, 191, 210, 216, 255, 257
元田永孚 171, 193, 217, 235, 240, 243, 258, 263, 264, 272, 273
森 有礼 196, 201, 240, 252, 282

や 行

安田定則 145, 146
安場保和 5, 18, 82, 85, 87, 157, 167
柳原前光 2, 65, 73, 85, 93, 94, 172, 205-207, 238, 239, 249
矢野文雄（龍渓） 124, 127, 128, 151, 167
山尾庸三 157, 197
山県有朋 9, 13, 77, 157, 162, 167, 169-171, 173, 178, 185, 186, 188, 196, 264-266, 269, 272, 273
山口権三郎 158
山口尚芳 33, 85
山崎直胤 174
山田顕義 33, 79, 109, 147, 153, 171, 183, 196, 214, 217, 221, 222, 257-259, 262, 263, 278, 279
山室信一 42
山脇 玄 164, 165, 190, 198, 268
ヤング，R. 101, 111, 112
横井小楠 21, 22
吉井友実 199
芳川顕正 14, 272, 273, 288
吉田清成 106, 119, 245

ら・わ 行

ラートゲン，K. 165
李 鴻章 104, 120
劉 坤一 104
ルードルフ，C. 165, 198
ルードルフ，O. 165
ロェスラー，H. 37, 133, 134, 166, 176, 187, 198, 199, 205, 206, 209-211, 216, 222, 224-226, 231, 241, 246, 257, 277
渡辺国武 13, 245
渡辺千秋 78
渡辺廉吉 190, 268
渡 正元 187, 188

事項索引

あ 行

赤坂喰違いの変　56
秋月の乱　76
委員会議原案　232
異時施行制　163
伊藤立憲政体意見　126
岩倉意見書　131, 135, 136
岩倉遣欧使節団　177
永世皇族主義　237, 238
澳国下院議長国会意見　231
王国建国法　40, 54, 134
王室家憲　205
欧米議院制度調査団　267
大隈意見書（国議院設立に関する意見）
127, 132, 133
大阪会議　50, 63, 64
大津事件（湖南事件）　12, 275, 279
尾去沢鉱山疑獄事件　32
小野組転籍事件　35
お雇い外国人　37, 276

か 行

会計検査院官制　201
会計法　203, 244, 245
会計法補則　255
外国人法官（外人判事）任用　256, 261
開拓使　143
開拓使官有物払下げ　194
各省官制　199, 200
各省官制通則　254
学制建議　281
各派交渉会　270
学校党　21
各国憲法異同科目　192
官紀五章　58, 197
勧業費　85, 86, 88
漢城条約　116, 117, 120, 190
官　報　162
官報新聞　161
官吏改革意見案　57
官吏服務紀律　220
起案権　250
議院規則　67
議院憲法　67
議員歳費　242, 244
議院自律権（自治権）　210, 224, 268
議院内閣制　125, 128, 195
議院法　17, 202, 207, 209, 210, 231, 232, 269, 287
議院法諮詢案　241
議院法試草　210, 211, 232
紀尾井坂の変　89
帰化法　257–259, 261
儀制調査局　74, 172
貴族院組織令　232, 244
貴族院令　202
既定費　247
基本法　202
義務費　247
宮中顧問官　196, 205, 206, 235, 266
教育勅語　272, 273
教育令　281
協　賛　240, 251
行政裁判法　255
居寮生　20

緊急勅令　280
欽定憲法　136, 202
欽定憲法考　62, 136, 142
宮内省官制　199
宮内省図書頭　190
クルメツキ意見書　208, 230
黒田右大臣登用　194
郡区町村編制法　84, 89
軍法会議　186, 187
形式的公布制度　163, 200
検視制度　66, 155
憲兵設置意見案　76
憲法乙案　208, 209
憲法起草グループ　236
憲法起艸手続付意見　136, 139
憲法起草トリオ　191, 195, 202
憲法甲案　17, 207, 209, 210
憲法綱領之議　136, 138, 139
憲法諮詢案　236, 240
憲法初稿　208
憲法発布式典　252
憲法附属法　254
元老院　63, 65, 184
元老院改革問題　153
元老院国憲案　109
梧陰文庫　4, 24
皇位継承　206
口供結案　46, 52
皇室財産　171, 172
皇室制規　204, 205
皇室制規案　190
皇室典憲　205
皇室典範　202, 232
皇室典範再稿　206
皇室典範諮詢案　237
皇室典範艸案　207
皇室法典初稿　205
交詢社　11, 124, 125, 138, 142
工場払下ケ概則　144
甲申事変（政変）　16, 19, 116, 190
拷訊廃止意見　52
皇族会議　206, 249
皇族賜姓列臣制　237, 238
皇族条例　205
皇男子孫　251
皇　統　204
高等学校令　284
高等中学校　283
公文式　199, 254
公式令　237
国民新聞　6, 7, 9, 10
国約憲法　136
国会開設勅諭　75, 150, 151, 173
国会規則案　190
国　憲　48
国憲起草の勅命　73, 75
国憲編纂局　48

さ　行

最恵国待遇　260
罪刑法定主義　276
再審会議　241, 249, 250
裁判管轄条約案　212, 213, 221, 255
裁判権の独立　51
裁判所官制　201
裁判所構成法　255
済物浦条約　114, 115
参　議　90
参議省卿兼任制　90, 108, 153, 158
参事院　156, 157
三条グループ　238, 239
三大椿事　252
讒謗律　68, 69
私擬憲法　124, 139, 142
時習館　12, 18–20, 23
士族授産処分意見　87

士族授産問題　80
実学党　21
実業教育費国庫補助法案　286
質問権　251
斯文学会　160, 184
司法官弄花事件　280
司法権の独立　276, 279
司法省　32
司法省改革建言　50, 64, 75
司法職務定制　34, 57
紫溟会　11, 167
集会条例　178, 253
十月草案　226, 232
自由党　167, 178
自由民権運動　123, 124
十四年政変　150
出版条例　168
小学校教育費国庫補助　285
浄写三月案　229-231
上奏権　250, 251
条約改正会議　212, 219
条約改正問題　255
条約改正予議会　113, 180, 181, 212
女　系　204, 205
諸省事務章程通則　158
女　帝　204
壬午事変　113, 119, 184
人心教導意見　159, 166
辛未学制意見　25, 27
神風連の乱　76, 78
新聞紙条例　68, 69, 168, 254
臣民権利義務論争　240
新律綱領改定律例　46
枢密院　235
枢密顧問官　235
正　院　64
請願規則　168, 178
征韓論　44
征韓論の変　49, 56
税権回復　179
制度取調局　173, 189, 190, 203, 204
西南戦役　5, 77, 78
政府統制権　224
世変論　169, 170, 184
責任政治　194
選挙法　232, 244
選挙法案　245
選挙法諮詢案　247
前年度予算施行制　209, 225, 226

た　行

第一審会議　241
大学南校　24, 25
大権内閣制　125, 153, 195, 202, 209, 210
大綱領　141, 142
大宰相主義　197, 199, 254
第三審会議　241, 252
大赦令　253
大審院　51, 63, 66
大審院特別法廷　279
大政紀要　184, 185
大政奉還　23
第二回地方官会議　84
第二次伊藤内閣　14
台湾事件　67, 93-95
高輪会議　206
竹橋事件　83
太政官制　193, 194, 196
逐条意見　222
治罪法　46
治罪法備攷　45, 47, 49, 60
地方官会議　66, 67, 87
地方官会議憲法　84
地方官官制　201
地方三新法　84
地方税規則　84, 89

勅裁施行制　224, 225
通商航海条約（案）　212, 255
帝国議会開院式　271
帝国大学官制　284
帝国大学令　200
帝国大学令改正　284
帝室典則　205
天津条約　116, 118
独逸学協会　165
独乙書籍翻訳意見　163
東洋議政会　167

な　行

内外臣民公私権考　263
内閣官制　255, 266
内閣職権　196, 254, 266
内閣制度　196
内規取調局　172, 173, 190
内大臣　196
内治干渉　217, 218
内地通商権　103
夏島草案　209, 222, 225
二月草案　229
日清修好条規　97, 102, 106
日清戦役（戦争）　5, 10, 12, 288
日本帝国憲法草案　209
濃尾大震災　280

は・ま　行

萩の乱　76
備警兵　58
必由堂　18
府県会　168
府県会規則　84, 89
仏国司法三職考　55
仏国大審院考　36
佛国地方都市見聞録　43
仏蘭西国政覚書　43
仏蘭西備警兵考　60
不平等条約　33
文武叢誌　9
米欧遣外使節団　33
ペルソナ・ノングラータ　118
ボアソナード機密漏洩処分問題　220, 222
保安条例　227, 228, 253, 254
奉儀局取調不可挙行意見　75
法権回復　47, 53, 91, 179, 183, 185
法制局　254
法律取調委員　213, 219
法律費　247
孛国憲法　55, 166
宮古・八重山二島割譲案（論）　103-106, 108, 111
問駁議一則　48
文部方針七カ条　283

や・ら・わ　行

予算外支出　280
予算議定権　246
力食社　80-82, 87
陸軍治罪法　185, 186, 188, 189
立憲改進党　167
立憲カリスマ　177, 189
立憲君主制　194, 196
立憲政体意見　282
立憲政体建議　108, 109
立憲政体樹立の詔勅　27, 51, 52, 63
立憲帝政党　167
琉案始末要略　111
琉球問題　91, 96, 100, 101, 107, 110
臨時官制審査委員　198
臨時帝国議会事務局　268
臨時帝室制度取調局　239
老朽司法官淘汰問題　52
和親通商航海条約案　255, 256

《著者紹介》
大石　眞（おおいし　まこと）
1951年　宮崎県生まれ
1974年　東北大学法学部卒業
現　在　京都大学名誉教授，法学博士
主　著　『憲法制度の形成』信山社，2021年
『権利保障の諸相』三省堂，2014年
『憲法秩序への展望』有斐閣，2008年
『議院自律権の構造』成文堂，1988年など多数

ミネルヴァ日本評伝選
井《いの》上《うえ》　毅《こわし》
——大僚を動かして，自己の意見を貫けり——

2025年1月10日　初版第1刷発行　〈検印省略〉

定価はカバーに
表示しています

著　者　大　石　眞
発行者　杉　田　啓　三
印刷者　江　戸　孝　典

発行所　株式会社　ミネルヴァ書房
607-8494 京都市山科区日ノ岡堤谷町1
電話代表（075）581-5191
振替口座 01020-0-8076

共同印刷工業・新生製本

ISBN978-4-623-09847-7
Printed in Japan

刊行のことば

歴史を動かすものは人間であり、興趣に富んだ人間の動きを通じて、世の移り変わりを考えるのは、歴史に接する醍醐味である。

しかし過去の歴史学を顧みるとき、人間不在という批判さえ見られたように、歴史における人間のすがたが、必ずしも十分に描かれてきたとはいえない。二十一世紀を迎えた今、歴史の中の人物像を蘇生させようとの要請はいよいよ強く、またそのための条件もしだいに熟してきている。

この「ミネルヴァ日本評伝選」は、正確な史実に基づいて書かれるのはいうまでもないが、単に経歴の羅列にとどまらず、歴史を動かしてきたすぐれた個性をいきいきとよみがえらせたいと考える。そのためには、対象とした人物とじっくりと対話し、ときにはきびしく対決していくことも必要になるだろう。

今日の歴史学が直面している困難の一つに、研究の過度の細分化、瑣末化が挙げられる。それは緻密さを求めるが故に陥った弊害といえるが、その結果として、歴史の大きな見通しが失われ、歴史学を通しての社会への働きかけの途が閉ざされ、人々の歴史への関心を弱める危険性がある。今こそ歴史が何のためにあるのかという、基本的な課題に応える必要があろう。評伝という興味ある方法を通じて、解決の手がかりを見出せないだろうかというのも、この企画の一つのねらいである。

狭義の歴史学の研究者だけでなく、多くの分野ですぐれた業績をあげている著者たちを迎えて、従来見られなかった規模の大きな人物史の叢書として、「ミネルヴァ日本評伝選」の刊行を開始したい。

平成十五年（二〇〇三）九月

ミネルヴァ書房

ミネルヴァ日本評伝選

上代

* 俾弥呼　古田武彦
日本武尊　西宮秀紀
* 仁徳天皇　若井敏明
雄略天皇　吉村武彦
継体天皇　若井敏明
* 蘇我氏四代　遠山美都男
* 推古天皇　義江明子
聖徳太子　仁藤敦史
斉明天皇　武田佐知子
* 小野妹子・毛人・毛野　大橋信弥
* 額田王　梶川信行
弘文天皇　遠山美都男
持統天皇　丸山裕美子
阿倍比羅夫　熊田亮介
* 藤原四子　木本好信
役小角　脊古真哉
* 柿本人麿　古橋信孝
* 元明天皇・元正天皇　渡部育子
聖武天皇　本郷真紹
光明皇后　寺崎保広
* 孝謙・称徳天皇　勝浦令子

平安

藤原不比等　荒木敏夫
橘諸兄・奈良麻呂　遠山美都男
吉備真備　今津勝紀
* 藤原仲麻呂　木本好信
* 藤原種継　木本好信
* 行基　吉田靖雄
* 桓武天皇　井上満郎
嵯峨天皇　西別府元日
宇多天皇　古藤真平
醍醐天皇　石上英一
村上天皇　京樂真帆子
花山天皇　上島享
* 三条天皇　倉本一宏
藤原薬子　中野渡俊治
* 藤原良房・基経　瀧浪貞子
* 紀貫之　神田龍身
* 安倍晴明　斎藤英喜
* 藤原道長　朧谷寿
* 藤原伊周・隆家　倉本一宏
藤原定子　山本淳子
* 藤原彰子　朧谷寿
藤原頼通　末松剛

藤原師通　中島和歌子
紫式部　高木和子
清少納言　三田村雅子
和泉式部　ツベタナ・クリステワ
大江匡房　小峯和明
* 阿弖流為　樋口知志
* 源満仲・頼光　元木泰雄
平将門　西山良平
* 藤原純友　寺内浩
源義家　大津雄一
最澄　吉田一彦
空海　武内孝善
円珍　岡野浩二
* 空也　石井義長
奝然　上川通夫
* 源信　小原仁
慶滋保胤　吉原浩人
安倍貞任　野中哲照
* 後白河天皇　美川圭
* 式子内親王　奥野陽子
建礼門院　生形貴重
* 藤原頼長・師長　樋口健太郎
* 藤原秀衡　入間田宣夫
平維盛　根井浄

鎌倉

木曾義仲　樋口州男
守覚法親王　阿部泰郎
藤原隆信・信実　山本陽子
* 源頼朝　川合康
* 源義経　近藤好和
源実朝　神田龍身
* 九条兼実　加納重文
九条道家　上横手雅敬
* 北条時政　野口実
* 熊谷直実　佐伯真一
* 北条政子　関幸彦
* 北条義時　岡田清一
曾我十郎・五郎　杉橋隆夫
後鳥羽天皇　兵藤裕己
* 北条時頼　山本隆志
北条時宗　近藤成一
平頼綱　細川重男
竹崎季長　堀本一繁
西行　西澤美仁
鴨長明　浅見和彦
藤原定家　赤瀬信吾
* 京極為兼　今谷明
* 兼好　島内裕子

南北朝・室町

重源　横内裕人
* 運慶　根立研介
快慶　井上一稔
法然　今堀太逸
* 栄西　中尾良信
明恵　西山厚
* 親鸞　末木文美士
恵信尼・覚信尼　西口順子
覚如　今井雅晴
* 道元　船岡誠
叡尊　細川涼一
* 忍性　松尾剛次
* 日蓮　佐藤弘夫
一遍　蒲池勢至
夢窓疎石　原田正俊
* 宗峰妙超　竹貫元勝

後醍醐天皇　上横手雅敬
* 護良親王　新井孝重
* 懐良親王　森茂暁
* 赤松氏五代　渡邊大門
* 北畠親房　岡野友彦
楠正成　兵藤裕己

＊楠木正行・正儀　生駒孝臣
＊新田義貞　山本隆志
＊光厳天皇　深津睦夫
足利尊氏　市沢　哲
＊足利直義　亀田俊和
佐々木道誉　下坂　守
細川頼之　亀田俊和
円観・文観　田中貴子
足利義詮　早島大祐
＊足利義持　吉田賢司
足利義教　秦野裕介
足利持氏　植田真平
足利義政　木下昌規
三条西実隆　前田雅之
＊日野富子　田端泰子
＊大内義弘　平瀬直樹
伏見宮貞成親王　松薗　斉
＊山名宗全　山本隆志
細川勝元・政元　古野　貢
畠山義就　呉座勇一
足利成氏　阿部能久
＊世阿弥　西野春雄
雪舟等楊　河合正朝
宗祇　鶴崎裕雄
一条兼良　田村　航
＊満済　森　茂暁
一休宗純　原田正俊
蓮如　岡村喜史

戦国・織豊

北条早雲　家永遵嗣
＊北条氏綱　黒田基樹
＊北条氏政　黒田基樹
大内政弘　山田貴司
＊大内義隆　藤井　崇
＊斎藤氏四代　木下　聡
＊毛利元就　岸田裕之
＊毛利輝元　光成準治
＊小早川隆景・秀秋　光成準治
＊六角定頼　村井祐樹
＊今川義元　小和田哲男
＊武田信玄　笹本正治
＊武田勝頼　笹本正治
＊真田氏三代　笹本正治
＊三好長慶　天野忠幸
松永久秀　天野忠幸
＊宇喜多直家・秀家　渡邊大門
＊上杉謙信　矢田俊文
＊大友義鎮　鹿毛敏夫
龍造寺隆信　中村知裕
島津義久・義弘　福島金治
村上武吉・元吉　藤田達生
細川幽斎　鈴木　元
＊長宗我部元親・盛親　平井上総
＊最上氏三代　松尾剛次
浅井長政　長谷川裕子
蠣崎・松前氏五代　新藤　透
吉田兼倶　西山　克
山科言継　松薗　斉
正親町天皇・後陽成天皇　神田裕理
＊雪村周継　赤澤英二
＊足利義輝・義昭　山田康弘
織田信長　三鬼清一郎
織田長益　八尾嘉男
織田信雄　柴　裕之
＊明智光秀・秀満　小和田哲男
豊臣秀吉　藤井讓治
豊臣秀次　矢部健太郎
＊北政所おね　田端泰子
＊淀殿　福田千鶴
筒井氏三代　片山正彦
蜂須賀正勝・家政　三宅正浩
前田利家　東四柳史明
＊山内一豊・忠義　長屋隆幸
＊黒田如水　小和田哲男
＊蒲生氏郷　藤田達生
大谷吉継　石畑匡基
石田三成　堀越祐一
＊細川ガラシャ　田端泰子
＊支倉常長　田中英道
千利休　熊倉功夫
＊長谷川等伯　宮島新一
＊顕如　神田千里
教如　安藤　弥

江戸

＊徳川家康　笠谷和比古
板倉勝重　谷　徹也
本多忠勝　柴　裕之
本多正純　小川　雄
柳生宗矩　福田千鶴
＊徳川家光　野村　玄
柳沢吉保　福留真紀
徳川吉宗　横田冬彦
＊後水尾天皇　久保貴子
＊光格天皇　藤田　覚
＊春日局　福田千鶴
宮本武蔵　渡邊大門
上杉鷹山　小関悠一郎
＊池田光政　倉地克直
保科正之　八木清治
シャクシャイン　岩崎奈緒子
天草四郎　菊池庸介
＊田沼意次　藤田　覚
細川重賢　安高啓明
松平治郷　小林准士
＊二宮尊徳　小林惟司
末次平蔵　岡美穂子
＊高田屋嘉兵衛　生田美智子
沢庵宗彭　芳澤　元
＊林羅山　鈴木健一
吉野太夫　渡辺憲司
＊熊沢蕃山　川口　浩
＊山崎闇斎　澤井啓一
山鹿素行　前田　勉
＊北村季吟　島内景二
＊伊藤仁斎　澤井啓一
貝原益軒　辻本雅史
関孝和　佐藤賢一
＊ケンペル　B・M・ボダルト＝ベイリー
新井白石　大川　真
＊雨森芳洲　上田正昭
＊石田梅岩　高野秀晴
賀茂真淵　盛田帝子
白隠慧鶴　芳澤勝弘
前野良沢　松田　清
平賀源内　石上　敏
＊本居宣長　田尻祐一郎
杉田玄白　吉田　忠
木村蒹葭堂　有坂道子
＊大田南畝　沓掛良彦
菅江真澄　赤坂憲雄
＊鶴屋南北　諏訪春雄
＊山東京伝　佐藤至子
＊滝沢馬琴　高田　衛
平田篤胤　山下久夫
国友一貫斎　太田浩司
シーボルト　宮坂正英
本阿弥光悦　岡　佳子
＊狩野探幽・山雪　山下善也
尾形光琳　仲町啓子
尾形乾山　河野元昭
＊二代目市川團十郎　田口章子
伊藤若冲　狩野博幸
＊浦上玉堂　高橋博巳
＊佐竹曙山　成瀬不二雄
葛飾北斎　岸　文和
酒井抱一　玉蟲敏子
孝明天皇　青山忠正
＊和宮　辻ミチ子
徳川慶喜　大庭邦彦
島津斉彬　原口　泉
鍋島直正　伊藤昭弘
＊横井小楠　沖田行司

＊古賀謹一郎　小野寺龍太
＊永井尚志　高村直助
＊岩瀬忠震　小野寺龍太
＊栗本鋤雲　小野寺龍太
＊大村益次郎　竹本知行
岩倉具視　斎藤紅葉
河井継之助　小川和也
松平春嶽　大石学
＊西郷隆盛　家近良樹
＊由利公正　角鹿尚計
＊橋本左内　角鹿尚計
＊塚本明毅　塚本学
松平容保　白石烈
＊山岡鉄舟・高橋泥舟　岩下哲典
三条実美　奈良勝司
毛利敬親　三宅紹宣
＊月性　海原徹
＊吉田松陰　海原徹
＊高杉晋作　海原徹
＊久坂玄瑞　一坂太郎
ペリー　遠藤泰生
ハリス　福岡万里子
オールコック　佐野真由子
アーネスト・サトウ　奈良岡聰智

近代

＊明治天皇　伊藤之雄
＊大正天皇　F・R・ディキンソン
＊昭憲皇太后・貞明皇后　小田部雄次

大久保利通　三谷太一郎
木戸孝允　落合弘樹
井上馨　伊藤之雄
＊松方正義　室山義正
榎本武揚　醍醐龍馬
北垣国道　小林丈広
板垣退助　小川原正道
長与専斎　笠原英彦
大隈重信　五百旗頭薫
伊藤博文　坂本一登
＊井上毅　大石眞
＊井上勝　老川慶喜
三浦梧楼　大澤博明
＊桂太郎　小林道彦
東郷平八郎　金澤裕之
＊渡邉洪基　瀧井一博
＊乃木希典　佐々木英昭
星亨　小林道彦
林董　奈良岡聰智
＊児玉源太郎　小林道彦
＊高宗・閔妃　木村幹
山本権兵衛　室山義正
＊金子堅太郎　松村正義
＊高橋是清　鈴木俊夫
小村寿太郎　簑原俊洋
＊犬養毅　小林惟司
原敬　季武嘉也
＊加藤高明　櫻井良樹
牧野伸顕　小宮一夫
田中義一　黒沢文貴
内田康哉　高橋勝浩
平沼騏一郎　堀田慎一郎

＊鈴木貫太郎　小堀桂一郎
宇垣一成　北岡伸一
＊宮崎滔天　榎本泰子
＊浜口雄幸　川田稔
幣原喜重郎　西田敏宏
関一　玉井金五
水野広徳　片山慶隆
＊広田弘毅　井上寿一
安重根　上垣外憲一
＊グルー　廣部泉
＊永田鉄山　森靖夫
東條英機　牛村圭
今村均　前田雅之
蔣介石　劉岸偉
近衛文麿　庄司潤一郎
＊岩崎弥太郎　武田晴人
伊藤忠兵衛　末永國紀
＊五代友厚　田付茉莉子
大倉喜八郎　村上勝彦
＊安田善次郎　由井常彦
＊渋沢栄一　武田晴人
中野武営　佐賀香織
山辺丈夫　宮本又郎
＊大川平三郎　四方田雅史
武藤山治　阿部武司・桑原哲也
池田成彬　松浦正孝
西原亀三　森川正則
小林一三　橋爪紳也
大倉恒吉　石川健次郎
大原孫三郎　猪木武徳
＊河竹黙阿弥　今尾哲也

イザベラ・バード　加納孝代
＊林忠正　木々康子
＊森鷗外　小堀桂一郎
＊二葉亭四迷　ヨコタ村上孝之
＊正岡子規　井上泰至
＊夏目漱石　佐々木英昭
＊徳冨蘆花　半藤英明
巌谷小波　千葉信胤
樋口一葉　佐伯順子
＊島崎藤村　十川信介
上田敏　小林茂
＊有島武郎　亀井俊介
志賀直哉　小林幸夫
北原白秋　平石典子
菊池寛　山本芳明
＊芥川龍之介　高橋龍夫
＊宮沢賢治　千葉一幹
＊高浜虚子　坪内稔典
与謝野晶子　佐伯順子
＊種田山頭火　村上護
＊斎藤茂吉　品田悦一
＊高村光太郎　湯原かの子
石川啄木　先崎彰容
萩原朔太郎　坪井秀人
＊原阿佐緒　秋山佐和子
＊狩野芳崖・高橋由一　古田亮
川村清雄　落合則子
＊小堀鞆音　小堀桂一郎
竹内栖鳳　北澤憲昭
中村不折　石川九楊
＊橋本関雪　西原大輔

土田麦僊　天野一夫
岸田劉生　北澤憲昭
濱田庄司　濱田琢司
＊山田耕筰　後藤暢子
松旭斎天勝　川添裕
中山みき　鎌田東二
佐田介石　谷川穣
＊ニコライ　中村健之介
＊出口なお・王仁三郎　川村邦光
＊新島襄　太田雄三
新島八重　佐伯順子
木下広次　冨岡勝
山川健次郎　小宮京・中澤俊輔
嘉納治五郎　クリストファー・スピルマン
＊柏木義円　片野真佐子
津田梅子　田中智子
＊澤柳政太郎　新田義之
＊河口慧海　高山龍三
＊山室軍平　室田保夫
大谷光瑞　白須淨眞
＊久米邦武　髙田誠二
フェノロサ　伊藤豊
井上哲次郎　井ノ口哲也
三宅雪嶺　長妻三佐雄
＊岡倉天心　木下長宏
志賀重昂　中野目徹
徳富蘇峰　杉原志啓
＊竹越与三郎　西田毅
＊廣池千九郎　橋本富太郎
岩村透　今橋映子

*西田幾多郎　大橋良介
*金沢庄三郎　石川遼子
*柳田国男　鶴見太郎
厨川白村　張　競
*村岡典嗣　水野雄司
大川周明　山内昌之
西田直二郎　林　淳
*折口信夫　斎藤英喜
九鬼周造　古川雄嗣
シュタイン　瀧井一博
*西　周　清水多吉
*福澤諭吉　平山　洋
加藤弘之　田中由香里
成島柳北　山田俊治
*福地桜痴　山田俊治
*村山龍平　早房長治
*島田三郎　武藤秀太郎
田口卯吉　鈴木栄樹
*陸　羯南　松田宏一郎
有賀長雄　森田吉彦
*黒岩涙香　奥　武則
幸徳秋水　馬渕浩二
長谷川如是閑　織田健志
*上杉慎吉　今野　元
*吉野作造　田澤晴子
*山川　均　米原　謙
*岩波茂雄　十重田裕一
*北　一輝　岡本幸治
*穂積重遠　大村敦志
中野正剛　吉田則昭
*荒畑寒村　川村邦光
*満川亀太郎　福家崇洋
*エドモンド・モレル　林田治男

*北里柴三郎　福田眞人
高峰譲吉　木村昌人
田辺朔郎　秋元せき
*南方熊楠　飯倉照平
*辰野金吾　河上眞理・清水重敦
*七代目小川治兵衛　尼崎博正
本多静六　岡本貴久子
*ブルーノ・タウト　北村昌史
*ウィリアム・メレル・ヴォーリズ　山形政昭・吉田与志也

現代

昭和天皇　御厨　貴
高松宮宣仁親王　後藤致人
*李方子　小田部雄次
芦田　均　矢嶋　光
吉田　茂　中西　寛
マッカーサー　柴山　太
鳩山一郎　楠　綾子
*石橋湛山　増田　弘
重光　葵　武田知己
*市川房枝　村井良太
*池田勇人　藤井信幸
高野　実　篠田　徹
和田博雄　庄司俊作
ライシャワー　廣部　泉
朴正熙　木村　幹
*全斗煥　木村　幹

*田中角栄　新川敏光
宮沢喜一　村上友章
竹下　登　真渕　勝
*松永安左エ門　橘川武郎
鮎川義介　井口治夫
*出光佐三　橘川武郎
*松下幸之助　米倉誠一郎
渋沢敬三　井上　潤
*本田宗一郎　伊丹敬之
*井深　大　武田　徹
*佐治敬三　小玉　武
幸田家の人々　金井景子
*正宗白鳥　大嶋　仁
*大佛次郎　福島行一
*井伏鱒二　滝口明祥
*川端康成　大久保喬樹
*薩摩治郎八　小林　茂
坂口安吾　千葉一幹
太宰　治　安藤　宏
松本清張　杉原志啓
司馬遼太郎　山本幸正
*安部公房　鳥羽耕史
*三島由紀夫　島内景二
井上ひさし　成田龍一
R・H・ブライス　菅原克也
柳　宗悦　熊倉功夫
バーナード・リーチ　鈴木禎宏
*熊谷守一　古川秀昭
川端龍子　岡部昌幸
藤田嗣治　林　洋子

*井上有一　海上雅臣
*手塚治虫　竹内オサム
古賀政男　藍川由美
*吉田　正　金子　勇
武満　徹　船山　隆
小津安二郎　宮本明子・松浦完二
*八代目坂東三津五郎　田口章子
*力道山　岡村正史
*西田天香　宮田昌明
安倍能成　中根隆行
サンソム夫妻　平川祐弘・牧野陽子
*天野貞祐　貝塚茂樹
和辻哲郎　田中久文
*矢代幸雄　稲賀繁美
石田幹之助　岡本さえ
*平泉　澄　若井敏明
*早川孝太郎　須藤　功
安岡正篤　片山杜秀
*青山二郎　田野　勲
*島田謹二　小林信行
田中美知太郎　川久保剛
西脇順三郎　加藤孝男
前嶋信次　杉田英明
*唐木順三　澤村修治
*亀井勝一郎　山本直人
*宮本常一　須藤　功
知里真志保　モコットゥナシ
竹内　好　田澤晴子
*保田與重郎　谷崎昭男
*石母田正　磯前順一

*福田恆存　川久保剛
井筒俊彦　安藤礼二
*吉田　満　貝塚茂樹
*佐々木惣一　伊藤孝夫
高田保馬　金子　勇
小泉信三　都倉武之
*瀧川幸辰　伊藤孝夫
式場隆三郎　服部　正
大宅壮一　有馬　学
*清水幾太郎　庄司武史
*山本健吉　井上泰至
丸山眞男　河野有理
鶴見俊輔　冨山一郎
*フランク・ロイド・ライト　大久保美春
*中谷宇吉郎　杉山滋郎
今西錦司　山極寿一

*は既刊
二〇二五年一月現在